Von der Genossenschaft zur Betriebsgemeinschaft

Rechtshistorische Reihe

Band 16

Verlag Peter Lang
FRANKFURT AM MAIN · BERN

Helga Spindler

Von der Genossenschaft zur Betriebsgemeinschaft

Kritische Darstellung der Sozialrechtslehre Otto von Gierkes

Verlag Peter Lang
FRANKFURT AM MAIN · BERN

CIP-Kurztitelaufnahme der Deutschen Bibliothek

Spindler, Helga:

Von der Genossenschaft zur Betriebsgemeinschaft :
krit. Darst. d. Sozialrechtslehre Otto von
Gierkes / Helga Spindler. - Frankfurt am Main ;
Bern : Lang, 1982.
(Rechtshistorische Reihe ; Bd. 16)
ISBN 3-8204-6966-4
NE: GT

ISSN 0344-290x
ISBN 3-8204-6966-4

Druck und Bindung: fotokop wilhelm weihert KG, darmstadt

Die vorliegende Arbeit wurde 1980 von der Juristischen Fakultät der Ludwig-Maximilians Universität zu München als Dissertation angenommen. Ihre Entstehung wurde gleichermaßen angeregt und beeinflußt durch die rechtstheoretischen Seminare bei Professor Dr. Arthur Kaufmann, die sich mit der rechtswissenschaftlichen Begriffsbildung und ihrer philosophischen Grundlegung beschäftigten, wie durch die Seminare bei Professor Dr. Hermann Nehlsen, die ihren Schwerpunkt in der neueren Privatrechts- und Arbeitsrechtsgeschichte hatten.

Beide Professoren haben auch die Arbeit betreut und sowohl Raum für selbständiges Arbeiten gegeben, als auch durch kritische Auseinandersetzung zu Verbesserung und Überprüfung angespornt. Ich bedanke mich für diese beständige Unterstützung und persönliche Anteilnahme, ohne die die Arbeit, die teilweise unter schwierigen Bedingungen fertiggestellt wurde, nicht zustande gekommen wäre.

Mein Dank gilt auch Herrn Dr. Rückert, der mir wertvolle Anregungen gegeben hat.

Herr Professor Dr. Nehlsen hat die Arbeit zur Aufnahme in die vorliegende Reihe empfohlen.

INHALT

VORWORT

Soziale Ideen und Sozialrechtsvorstellungen im Rechtsdenken des ausgehenden 19. und des beginnenden 20. Jahrhunderts zu untersuchen war der ursprüngliche Arbeitsplan. Die Arbeit konzentriert sich nun wesentlich auf die Darstellung der Sozialrechtslehre Otto von Gierkes, womit nicht nur eine wichtige Entwicklung von den siebziger Jahren des 19. Jahrhunderts bis zum Beginn der Weimarer Republik erfaßt, sondern auch ein durch Gierkes Person vermitteltes anschauliches Bild rechtswissenschaftlicher Ideengeschichte nachgezeichnet werden konnte.

Diese Beschränkung hat mehrere Gründe. Zum einen ist der Begriff des Sozialen und des Sozialrechts alleine in der Rechtswissenschaft schon so vieldeutig und unscharf, zudem meist mit unausgesprochenen sozialpolitischen Zielsetzungen befrachtet - "Was heißt denn sozial? Man versteht oft das allerverschiedenste darunter. Es nennt eigentlich jeder das sozial, was ihm in dem Augenblick als erwünscht erscheint ..." sagt Gierke einmal richtig [1] -, daß der ursprüngliche Plan über eine Beschreibung und mehr oder weniger vollständige Katalogisierung rechtswissenschaftlicher Literatur hinaus nichts Neues gebracht hätte. Gerade das genauere Aufspüren von Grenzen, Bedingungen und Implikationen einer sozialen Rechtstheorie erfordert eine Vertiefung der Untersuchung, ein Überprüfen von Klischees, die sich in der Literatur oft fortschleppen, und das ist nur durch eine Beschränkung des Untersuchungsgegenstands zu erreichen.

Zum anderen ließ die Beschränkung gerade auf Gierke durchaus Erkenntnisse im Hinblick auf das Verständnis des geltenden Rechts erwarten. Gierke hat nicht nur einen immer noch starken Einfluß auf Grundideen und Grundstrukturen des bis heute gültigen Sozialrechts im weitesten Sinne; sein umfangreiches Werk, das von zeitgenössischen sozialpolitischen Strömungen so deutlich beeinflußt wird wie durch seine Bindung an die Entwicklung des preußischen Kaiserreichs, erlaubt es darüber hinaus die Entstehung einer spezifisch deutschen Sozialrechtsvorstellung genau zu rekonstruieren. Gerade in einer Zeit, in der die Grenzen sozialen Schutzes und sozialer Sicherung wieder so deutlich werden wie heute, scheint mir das notwendig.

---

1 Gierke, in: Verhandlungen des 13. ev. sozialen Kongresses, Göttingen 1902, S. 32

Obwohl die umfangreiche Literatur über Gierke durch eine ganze Reihe von Arbeiten aus neuester Zeit ergänzt wird, waren doch noch Lücken zu schließen und Neubewertungen vorzunehmen. So ist einmal durch Heranziehung eines bisher unbekannten Artikels von Gierke über Genossenschaftswesen aus dem Jahre 1875 und bisher nicht ausgewerteter zeitgenössischer Quellen ein klareres Bild des jungen liberal-demokratischen Gierke entstanden, was ermöglicht, den Unterschied zur späteren Sozialrechtslehre, den Bruch zwischen Genossenschaftsrecht und dem späteren Gemeinschaftsrecht deutlich herauszuarbeiten. Welche politischen Konsequenzen diese spätere Sozialrechtslehre hat, wird nicht zuletzt illustriert an Gierkes sozialpolitischem Engagement für die Deutschnationale Volkspartei, das ebenfalls erstmals untersucht und in die Wertung einbezogen wird. Die Darstellung versucht außerdem die Ergebnisse sozial- und wirtschaftsgeschichtlicher Forschung für die Interpretation des Gierkeschen Werkes zu nutzen: so wird seine Verbindung zum Verein für Sozialpolitik nicht nur am Rande erwähnt wie üblich, sondern Parallelen in der Auffassung herausgestellt; so wird dem Einfluß imperialistischer Ideologie und nicht zuletzt des Krieges auf die Entwicklung von Sozialrecht und Sozialpolitik nachgegangen, anstatt ihn auszublenden. Dieser Bezug zwischen der Entwicklung sozialrechtlicher Gedanken und den politischen und sozialen Problemen seiner Zeit macht eine veränderte Interpretation von Gierkes Werk und dem daraus entstandenen Sozialrecht möglich und hat, wie im letzten Teil der Arbeit angedeutet, Konsequenzen für die Gierke-Rezeption.

Es besteht eine weitverbreitete Unsicherheit in der Bewertung Gierkes, die oft beklagt wird und deren Grund in seinem übersteigerten Pathos, in dem in seinen Quellen nicht immer offengelegten romantischen und geschichtsphilosophischen Erbe, in gedanklichen Widersprüchen und Leerformeln und nicht zuletzt in dem Heranziehen fragwürdiger historischer Forschungsergebnisse gesehen wird [1]. Dies macht es eigentlich bei

---

1 Vgl. dazu besonders Wieacker, Privatrechtsgeschichte, S. 453 f., 454 mit der wenig schmeichelhaften Beurteilung, Gierkes Rechtschaffenheit sei "freilich keine intellektuelle", sie hindere nicht, daß ein starkes Gefühl gedankliche Widersprüche mit trügerischen Pathosformeln überbrücke oder gar stehen lasse.

So auch Lewis, Genossenschaft-theory, a.a.O., S. 25, und Mundt, Sozialpolitische Wertungen, a.a.O., S. 19.

Das führte dazu, daß sich die Vertreter unterschiedlichster sozialpolitischer Richtungen Gierkes bemächtigten: Lewis, a.a.O., S. 13;

jeder Arbeit über Gierke notwendig, einige Begriffe vorabzuklären, die Voraussetzungen, auf die er sich zeitbedingt positiv oder negativ beziehen mußte, offenzulegen. Seine polemischen Angriffe auf das Pandektenrecht und auf die Romanisten erfordern es, auf die Grundstruktur des Privatrechts, wie es Savigny entwickelt hat, und auf den oft irreführenden Streit zwischen den Romanisten und Germanisten der historischen Rechtsschule kurz einzugehen. Daran anknüpfend wird dann die Entwicklung des Gierkeschen Sozialrechts unter ausführlicher Einbeziehung des ökonomischen Umfelds geschildert und der systematische Standort bestimmt, den das Sozialrecht nach Gierkes Verständnis im Privatrecht einnehmen soll.

...vgl. dazu die Zusammenstellungen bei Jobs, Die Bedeutung Otto v. Gierkes, a.a.O., S. 81 ff.; Dilcher, Genossenschaftstheorie und Sozialrecht, a.a.O., S. 320 f.; Janssen, Otto v. Gierkes Methode, S. 2 f.
Kennzeichnend auch die Unterschiede in der Darstellung Gierkes sozialrechtlicher Forderungen zwischen der 1. Auflage 1939 und der 4. Auflage 1963 bei Wolf, Große Rechtsdenker. Doch beide Male werden Gierkes Forderungen als "erstaunlich gegenwartsnah" bezeichnet (1. Aufl. S. 563; 4. Aufl. S. 705), allerdings wird dies in der ersten Auflage mit einem deutlichen Bezug zur nationalsozialistischen Gesetzgebung und Literatur verbunden, der in der 4. Auflage spurlos verschwunden ist.

Kapitel I

DAS PANDEKTENRECHT - SEINE SOZIALEN BEDINGUNGEN UND KONSEQUENZEN

1. Die historische Rechtsschule

Die Geltung des allgemeinen und gleichen bürgerlichen Rechts begann in Deutschland mit der Durchsetzung eines umfassenden rechtlichen Begriffssystems und der Heranziehung systematischer Methoden, bestimmte, abstrakt gewonnene Rechtsbegriffe und Rechtsregeln zur Einheit zu verbinden. Träger und Vollender dieser Entwicklung im 19. Jahrhundert war die historische Rechtsschule. "Historisch" bedeutet nicht, daß es sich hier um eine Vereinigung von Rechtshistorikern oder Wissenschaftlern mit rein antiquarischem Forschungsinteresse gehandelt hat [1]. Wieacker charakterisiert sie mit Recht so: "...[sie] zielte nicht auf historisches Verstehen ab, sondern auf Erneuerung der Rechtswissenschaft ihrer Zeit, auch *ihr* Gegenstand war also wirklich die aktuelle Rechtsordnung der Nation und ihre gesellschaftliche Realität" [2].

Ihre historischen Studien entsprangen dem neugewonnenen Bewußtsein von Geschichtlichkeit des Rechts, das erlaubte die Strukturen des neuen Rechts im Vergangenen aufzuspüren [3]. In Wahrheit haben beide Parteien der historischen Rechtsschule - die so verfehdeten Romanisten und Germanisten - den Anspruch auf Erneuerung des gesamten Rechtssystems erhoben und diesen Anspruch auch verwirklicht. Ihre heftigen Auseinandersetzungen erschienen daher nur oberflächlich betrachtet als Zusammenstoß zweier Rechtsordnungen oder als "Verdrängung" einer einheitlichen, nationalen, deutschen Rechtsordnung durch eine fremde, römische, ebenfalls einheitliche Rechtsordnung [4]. In Wirklichkeit wurden die verschiedensten Quellen zu einer neuen Einheit zusammengefaßt.

---

1 Wieacker, Privatrechtsgeschichte, S. 403.
Savigny, System Bd. I, Vorrede, S. XIV.
Savigny, Zeitschrift für gesch. Rechtsw. Bd. 3, 1817, S. 13

2 Wieacker, a.a.O., S. 411

3 Gierke, Historische Rechtsschule, S. 7

4 Wieacker, a.a.O., S. 411

Den am meisten beachteten Beitrag zum bürgerlichen Recht leistete der romanistische Zweig der historischen Rechtsschule, angeführt von Savigny und Puchta, die der Pandektenwissenschaft zur Vollendung verhalfen. Der Savigny-Schüler Windscheid prägte als Mitglied der ersten Kommission zur Ausarbeitung des bürgerlichen Gesetzbuches den ersten Entwurf des BGB, der 1887 veröffentlicht wurde [1]. Objektiver Anstoß und zugleich Bedingung für den Einfluß der Forschungen Savignys auf die bürgerliche Privatrechtsentwicklung waren dabei die aufkeimenden kapitalistischen Produktionsverhältnisse, die eine adäquate rechtliche Regelung erforderten.

In der ersten Hälfte des 19. Jahrhunderts waren die Produktion und die Märkte bereits derart ausgedehnt, daß die feudalen Verhältnisse in Deutschland sich als hemmend erwiesen. Angehäuftes Kapital - vor allem aus Handel und Wuchertätigkeit - ließ sich in den Städten, in denen noch Zunftverfassung herrschte, nicht gewinnbringend anlegen [2]. Grundbedingung für die Verwandlung in industrielles Kapital war die Gewerbefreiheit, die Mobilität und freie Verfügbarkeit der Arbeitskräfte. Zuerst in Preußen wurden mit verschiedenen Erlassen die alten Hemmnisse beiseite geschafft. Mit den Edikten von 1810/1811 wurde die Gewerbefreiheit und die Vertragsfreiheit auch für den gewerblichen Arbeitsvertrag verkündet, 1807 erfolgte die sogenannte Bauernbefreiung [3]. Das Gewerbesteueredikt erlaubte jedem, der einen Gewerbeschein gelöst hatte, ein Gewerbe fortzusetzen oder ein neues anzufangen [4]. Der Gewerbetreibende durfte Lehrlinge, Gehilfen und Gesellen beschäftigen [5]. Bestätigt wurden diese Edikte durch die

---

1 Vgl. dazu Wieacker, a.a.O., S. 469

2 Kaiser, Vertragsfreiheit und Gesellschaftsordnung, S. 25, spricht davon, daß gerade im 18. Jh. in erheblichem Maße öffentlich-rechtliche und allgemeinverbindliche Regelungen der Arbeitsbedingungen stattfanden, die nicht einseitig verändert werden konnten.
Marx, Kapital Bd. I, schildert für England den erbitterten Widerstand, den die alten Stände gegen das neue Fabriksystem leisteten, MEW 23, 778

3 Dazu ausführlich Zycha, Deutsche Rechtsgeschichte, 1. Aufl., S. 184 f., S. 302 f.

4 Gewerbesteueredikt vom 28.10.1810, Gesetzessammlung für die königlich preußischen Staaten (GS), 1810, S. 79, § 2

5 § 17, 18 des Gesetzes über polizeiliche Verhältnisse der Gewerbe vom 7.9.1811, GS, 1811, S. 236. Einzelheiten des Arbeitsverhältnisses wurden nach § 8 dieses Gesetzes "bloß durch freien Vertrag bestimmt".

preußische Gewerbeordnung von 1845. Die sogenannte Bauernbefreiung begann mit dem Steinschen Edikt vom 9.10.1807 zur Aufhebung der Erbuntertänigkeit [1]. Die Bauern wurden dadurch keineswegs von wirtschaftlicher Belastung frei, sondern ermächtigt, nun als freie Leute Verträge zu schließen, die sie in neue, aber jetzt vertragliche Abhängigkeit brachte. Diese Bauern und verarmten Handwerker stellten das Potential derer, die nun den "freien" Arbeitsvertrag in den neu entstandenen Fabriken abschließen konnten. Im Laufe der ersten Jahrhunderthälfte erfolgte ein wirtschaftlicher Aufschwung Deutschlands. Der Einsatz von Maschinen und Kapital ermöglichte die Manufakturen durch Fabrikbetriebe abzulösen und die gesamte Industrieproduktion zu versechsfachen [2]. Auch in der Landwirtschaft konnte durch Anwendung neuer Maschinen und rationeller Wirtschaftsformen eine bedeutende Produktionssteigerung erzielt werden [3].

Das neue Privatrecht mußte nun an diese Entwicklung angepaßt werden. Das justinianische römische Recht war hierzu in mancher Beziehung geeignet und bot Grundlagen für das heutige Privatrecht: Es enthielt das Vertrags- und Deliktsrecht, einzelne Typen von Schuldverträgen, Kauf-, Miet-, Arbeitsvertrag und Werkvertrag (locatio conductio operis und locatio conductio operarum, die als rein vermögensrechtliche Austauschverträge gestaltet waren), die Lehre vom Fahrniseigentum und Eigentumserwerb, den absoluten Eigentumsbegriff, die Grundpfandrechte, das Erbrecht [4]. Es ermöglichte den endgültigen Übergang vom überlieferten zum geschriebenen Recht, von der anschaulichen zur logischen, begrifflichen Rechtsfindung. Dieses Recht hatte den Vorteil, ausgearbeitetes Recht einer warenproduzierenden Gesellschaft mit entwickelten Handelsbeziehungen zu sein; zwar noch nicht einer entwickelten kapitalistischen Warenproduktion, aber die römische Wirtschafts- und Sozialordnung der Kaiserzeit zeigte eine bemerkenswerte strukturelle Ähnlichkeit zur neuen Wirtschaftsordnung. Auch dort hatte sich eine gewerbliche Warenproduktion etabliert, die in steigendem Maße freie Lohnarbeiter beschäftigte, nachdem die Sklavenarbeit zu unrentabel geworden war [5]. Das justinianische römische Recht war als Rechtssystem in seiner formalen wissenschaftlichen Quali-

---

1 GS 1807, S. 168

2 Kuczynski, Die Bewegung der deutschen Wirtschaft, S. 54

3 Kaiser, a.a.O., S. 43

4 Wieacker, a.a.O., S. 225 f.

5 Kaiser, a.a.O., S. 108 f., 113 m.w.N.

tät auch deshalb so geeignet, weil in Folge seiner Anwendung auf die verschiedenen Völker des römischen Weltreichs in ihm die für jedes Recht sonst typische nationale Eigenheit weitgehend abgeschliffen war [1].

Bereits Engels hatte im letzten Jahrhundert hervorgehoben, daß das römische Recht die ausgearbeitete rechtliche Form des Warenaustauschverhältnisses, den Vertrag enthielt [2]. Und auch Wieacker konstatiert rückblickend, daß Voraussetzungen und Axiome der Pandektenwissenschaft aufs Genaueste den Forderungen einer auf freier Entfaltung der wirtschaftlichen Interessen beruhenden Wirtschaftsgesellschaft entsprachen [3].

Nun begann aber die Rezeption des römischen Rechts nicht mit dem 19. Jahrhundert, sondern war ein Vorgang, der sich über das gesamte Mittelalter hinweg in den vielfältigsten Formen vollzog, unter Bedingungen, die mit dem kapitalistischen Warentausch noch nichts gemein hatten. Dementsprechend war das mittelalterlich rezipierte Recht für die neuen Bedürfnisse ein unförmiger, uneinheitlicher und zersplitterter Körper, der unterschiedlich stark praktische Wirkung entfaltete [4]. Das Verdienst der historischen Rechtsschule und insbesondere Savignys war nun, die grundlegenden Strukturen des römischen Rechts von seinen mittelalterlichen Schalen befreit und damit in Wirklichkeit einen Bruch gegenüber diesem eigentlichen Rezeptionsvorgang herbeigeführt zu haben [5]. Diese Tatsache bestätigt Gierke, wenn er Savigny fehlendes historisches Verständnis für die Leistungen der Glossatoren und für die Entwicklung der Theorie und Praxis des deutschen Rechts vorwirft,

---

1 Kaiser, a.a.O., S. 113

2 Engels, Der Ursprung der Familie, des Privateigentums und des Staats, MEW 21, 169, 170.
Engels Brief an Kautsky vom 26.6.1884, MEW 36, 167. "1. das Römische Recht vollendetes Recht der einfachen Warenproduktion, d.h. also der vorkapitalistischen, die aber auch die Rechtsverhältnisse der kapitalistischen Periode meist einschließt. Also gerade was unsere Städtebürger bei ihrem Aufkommen brauchten und im heimischen Gewohnheitsrecht nicht fanden."

3 Wieacker, Pandektenwissenschaft und industrielle Revolution, S. 5

4 Wieacker, Privatrechtsgeschichte, S. 238

5 Wieacker, weist mehrfach darauf hin, daß Savigny in seinem Drang zum römischen Recht nicht zum mittelalterlichen rezipierten, sondern zum antiken, justinianischen römischen Recht strebte; a.a.O., S. 394

das aus der im Mittelalter erfolgten Verschmelzung von römischem und deutschem Recht entstanden sei [1]. Savigny begreife diese Entwicklung als auszumerzende Mißbildung, wenn er fordere, ein vorzügliches Bestreben der Wissenschaft, die sich mit der Rezeption des Mittelalters beschäftige, müsse darauf gerichtet sein, "den gegenwärtigen Zustand des Rechts allmählich von demjenigen zu reinigen, was durch bloße Unkunde und Dumpfheit literarisch schlechter Zeiten, ohne alles wahrhaft praktische Bedürfnis hervorgebracht worden ist."[2] Gierke verkennt bei diesem Vorwurf, daß gerade hierin eine dem ökonomischen Fortschritt entsprechende wissenschaftliche Entwicklung lag, durch die der merkantilistisch-feudale Ballast im Zivilrecht in kürzester Zeit abgestoßen wurde [3].

Savigny in seinem "System des heutigen römischen Rechts" und vor allem später Puchta in seinem "Gewohnheitsrecht", in den "Pandekten" und dem "Cursus der Institutionen" entwickelten die Grundstruktur für dieses Rechtssystem. Puchta verstand es dabei eine letzte Unschärfe im Werk von Savigny zu überwinden [4] und die klassische Begriffsjurisprudenz zu begründen, in der die lückenlose Ableitbarkeit der Rechtssätze oberstes Gebot wurde. Die Legitimität eines Rechtssatzes sollte sich nun ausschließlich auf seine systematische Richtigkeit und logische Deduzierbarkeit gründen, was eine Entfremdung der Rechtswissenschaft von der politischen und moralischen Wirklichkeit des Rechts bewirken mußte. Daß hinter diesem Formalismus weiterhin wirtschaftliche und soziale Einzelinteressen wirkten, daß durch ihn soziale Ungerechtigkeit oft nur verschleiert wurde, ist seit Ihering in der Folgezeit immer wieder angesprochen und kritisiert worden, ohne allerdings das Privatrechtssystem grundlegend zu erschüttern [5].

Die historische Rechtsschule selbst hat sich aber, wie auch Wieacker betont, keineswegs nur der begrifflichen Deduktion, sondern weit eher einer "produktiven Konstruktion" [6] verschrieben. Es handelte sich nicht um eine bloße unselbständige Übernahme römischen Rechts, wie

---

1 Gierke, Historische Rechtsschule, S. 14

2 Gierke, a.a.O., S. 14 m. Verweis auf Savigny, Beruf, S. 119

3 Wie hier, Kaiser, a.a.O., S. 114 m.w.N.

4 Wieacker, a.a.O., S. 400

5 Dazu Wieacker, a.a.O., S. 401 f.

6 Wieacker, a.a.O., S. 401

ihr oft vorgeworfen wird, sondern um die durchaus gezielte Ausarbeitung grundlegender rechtlicher Strukturen unter Rückgriff auf einzelne römische Rechtsinstitute. Die Bindung der Pandektenwissenschaft an das justinianische corpus juris war viel lockerer als häufig angenommen wird. Die Quellenmasse des corpus juris gab der Jurisprudenz fast vollkommene Freiheit der Dogmenbildung. Nach dem Vorbild von Savignys "Recht des Besitzes" fühlte sich die Wissenschaft zu "rücksichtsloser Selektion der Quellen unter dem Gesichtspunkt ihres Systems und ihrer Begriffe" ermächtigt [1]. Zum anderen behielt man sich vor, historisch zu überprüfen, ob ein Rechtssatz des corpus juris im Einzelfall auch wirklich rezipiert worden war [2]. Schwierigkeiten entstanden nur da, wo sich rechtliche Probleme ergaben, die in den römischen Quellen nicht auftauchten, oder da, wo die Quellen in eklatantem Widerspruch zu einem den kapitalistischen Bedürfnissen angepaßten Recht standen. Das ergab sich besonders aus der zunehmenden Arbeitsteiligkeit des Produktions- und Verteilungsprozesses, aus dem Bedürfnis nach Abstrahierung der Kreditsicherungsgeschäfte und aus der rücksichtslosen Ausdehnung und Intensivierung der Arbeit. Diese Probleme wurden von der historischen Rechtsschule noch nicht gelöst.

Sie wurden erst in der offeneren und wirtschaftliche Gesichtspunkte erörternden Diskussion zum BGB-Entwurf oder sogar noch später berücksichtigt. Eine ganze Reihe wesentlicher Begriffe des heutigen Rechts wurden nicht aus dem römischen Recht, sondern aus dem Vernunftrecht übernommen [3]. Ganze Bereiche, die bis heute von wirtschaftlich größter Bedeutung sind, wie das gesamte Handels- und Gesellschaftsrecht, Patent-, Wertpapier- und Wettbewerbsrecht blieben den Pandekten, weil ohne römisches Vorbild, im wesentlichen fremd. Die Entwicklung dieser Rechtsgebiete wurde sogar den Germanisten überlassen [4].

---

1 Wieacker, Pandektenwissenschaft und industrielle Revolution, S. 12

2 Wieacker, Pandektenwissenschaft und industrielle Revolution, S. 12

3 Dazu gehören: objektives Recht, subjektives Recht, Rechtsgeschäft, Willenserklärung, Leistungspflicht, Unmöglichkeit der Leistung. "Der größere Teil dieser Begriffe ist ... in dieser Form erst vom Vernunftrecht formuliert worden." Wieacker, Privatrechtsgeschichte, S. 229, 374

4 So war Gierke z.B. Mitglied der HGB Kommission Jobs, Otto v. Gierke, S. 27, Anm. 5.
Georg Müller, Otto v. Gierke, in: Archiv für Urheberrecht, S. 47, Anm. 146, m.w.N.

Darüber hinaus wurden Begriffe des römischen Rechts häufig nach eigenem System interpretiert. Kiefner belegt, daß Savigny Schwierigkeiten bei der Konstruktion der juristischen Person durch eine unzutreffende Auslegung des lateinischen Wortes "fungitur" löste. Nicht nur an diesem handgreiflichen Beispiel, so bemerkt er, sondern schlechthin stelle sich die Frage, wie sich der Systematiker Savigny den römischen Quellen gegenüber verhielt, "man kann nur sagen: Mit großer Unbefangenheit regelmäßig so, daß zuerst aus dem System gefolgert, hernach erst nach den 'Aussprachen der Römer' gefragt wird, die sich den Ansprüchen aus dem System zu fügen hatten."[1]

2. Grundlegende Begriffe in Savignys Privatrecht

Im folgenden sollen die Grundprinzipien des Pandektenrechts im Hinblick auf ihre soziale Relevanz kurz charakterisiert werden [2]. Dies besonders, um später den Punkt markieren zu können, an dem das Sozialrecht in das Privatrecht eingebaut wurde.

Es beginnt mit der Entwicklung bzw. der Konstruktion des Rechtssubjekts, das im Verständnis von Savigny mit dem Begriff des sich frei betätigenden Menschen identisch ist und im positiven Recht allenfalls modifiziert werde. Der ursprüngliche Begriff der Person und des Rechtssubjekts müsse zusammenfallen mit dem Begriff des Menschen [3]. Diese Identität zu konstruieren erlaubt Savigny sein abstrakter, idealistischer Persönlichkeitsbegriff.

---

1 Kiefner, Der Einfluß Kants auf Theorie und Praxis des Zivilrechts, S. 14, Anm. 22

2 Eine knappe und einprägsame Zusammenfassung dazu findet sich bei Larenz, Allgemeiner Teil, 1. Aufl. 1967 in dem Kapitel über das rechtstheoretische Strukturmodell des Privatrechts. In der nächsten Auflage ist dieser Teil leider zugunsten der unmittelbaren Heranführung des Anfängers an das Gesetz gestrichen (vgl. Vorwort zur 2. Auflage, 1972).

3 "Alles Recht ist vorhanden um der sittlichen, jedem einzelnen Menschen innewohnenden Freiheit willen. Darum muß der ursprüngliche Begriff der Person oder des Rechtssubjects zusammen fallen mit dem Begriff des Menschen." Savigny, System Bd. II, 1840, S. 2.
Ebenso Puchta, Institutionen Bd. I, S. 9: "Der Mensch ist Subjekt des Rechts darum, daß ihm jene Möglichkeit, sich zu bestimmen zukommt, daß er einen Willen hat."

Gierke weist demgegenüber darauf hin, daß im deutschen Recht, insbesondere im feudalen Rechtssystem eine grundlegend andere Auffassung herrschte. Dort existierte nicht einmal ein Begriff, der dem Begriff "Person" und "Rechtssubjekt" entsprach. "Niemals war die Persönlichkeit von durchweg gleichem Gehalt. Ursprünglich brachten Stand, Besitz, Beruf, Bekenntnis, Alter, Geschlecht, Körperschaft usw. eine so weitgreifende Ungleichheit der Rechtsfähigkeit, daß man über der konkreten Verschiedenheit noch nicht einmal das, worin sich die Persönlichkeit gleich blieb sah ..."[1] Erst durch die Pandektenwissenschaft wurde endgültig von der lebendigen konkreten Persönlichkeit abstrahiert und auf die abstrakte freie Willensmacht des einzelnen abgestellt.

Nach der Rechtslehre Savignys verwirklicht die menschliche Persönlichkeit ihren Willen durch Wahrnehmung ihrer Rechte, sie hat einen Machtbereich, worin mit aller Zustimmung ihr Wille herrscht. Savigny nennt das Recht dieser Person auch Befugnis oder Recht im subjektiven Sinn [2]. Das Rechtsverhältnis ist dementsprechend "ein Gebiet unabhängiger Herrschaft des individuellen Willens" [3]. Das subjektive Recht, als die dem "Einzelnen eingeräumte Willensmacht" ist von Savigny bei Kant entlehnt, der in seiner Rechtsphilosophie das Recht bestimmt hat als Regel, nach der die möglichste Freiheit des einzelnen mit der Freiheit eines jeden anderen zusammen, bestehen kann [4].

Besonders bemerkenswert sind die neueren Forschungen Kiefners, der nachweist, daß Savigny unter dem Einfluß der kantischen Rechtslehre das subjektive Recht zum eigentlichen Ausgangspunkt seiner Systembil-

---

1 Gierke, Genossenschaftsrecht, Bd. II, S. 30, 35. Paschukanis, Allgemeine Rechtslehre und Marxismus, S. 98, bemerkt dazu, "in der feudalen Welt war jedes Recht ein Privileg, sagt Marx. Jede Stadt, jeder Stand, jede Zunft lebte nach eigenem Recht, das den Menschen überall hin verfolgte, wo immer er hingeriet. In dieser Epoche fehlte vollkommen die Idee eines allen Bürgern, allen Menschen gemeinen formal-juristischen Status. Diesem Zustand entsprachen in der ökonomischen Sphäre die selbstversorgenden geschlossenen Wirtschaften, das Verbot der Ein- und Ausfuhr usw."

2 Savigny, System Bd. I, S. 7

3 Savigny, System Bd. I, S. 334

4 Kant, Metaphysik der Sitten, S. 35

dung gemacht hat und insofern das römische Recht umgebildet hat [1]. Wie auch Kant geht Savigny von der sittlichen Persönlichkeit aus, wobei es die ausschließliche Aufgabe des Rechts sei, deren freie Entfaltung und Willensbetätigung zu sichern. Zwar existiere der Oberbegriff "subjektive Rechte" bei Kant noch nicht, doch als "Sachenrechte" und "persönliche Rechte" seien sie dort entwickelt [2].

Savigny entwickelt nun den Unterschied zwischen den Rechten an der unfreien Natur, die sich absolut beherrschen läßt (Eigentum) und dem Recht an fremden Personen. Letzteres müsse sich aus der Bestimmung des Menschen her von der absoluten Herrschaft an Sachen unterscheiden, da es sonst zur Sklaverei führen würde [3]. Aus dem philosophischen Postulat entwickelt Savigny nun, daß eine solche Herrschaft nicht auf die freie Person im ganzen, sondern nur auf einzelne Handlungen derselben bezogen werden kann [4]. "Diese Handlung wird dann, als aus der Freiheit des Handelnden ausgeschieden, und unserm Willen unterworfen gedacht. Ein solches Verhältnis der Herrschaft über eine einzelne Handlung der fremden Person nennen wir Obligation" [5]. Dieses Recht auf die Handlung sei nun dem Eigentum in ganz spezieller Weise ähnlich: Es erweitere nicht nur die Herrschaftsmacht des Rechtssubjekts über Stücke der äußeren Welt, sondern es könne insbesondere in Geld geschätzt werden und habe meist keinen anderen Zweck als zum Erwerb von Eigentum

---

1 Vgl. Bericht vom 16. dtsch. Rechtshistorikertag SZ Rom.Abt. Bd. 48, 1967, S. 640 und Kiefner, a.a.O., S. 11 ff., 14, 23. Kiefner weist zu Recht darauf hin, daß kein Zeitalter je römisches Recht ohne Vermittlung eines außerhalb seiner gelegenen theoretischen Ansatzes angewendet habe. Man müsse die 'Nachrezeption' nicht rein stofflich als bloße 'Nachromanisierung' verstehen, sondern als erneute Verwissenschaftlichung des Rechts aufgrund einer durch die kritische Philosophie inaugurierten neuen Wissenschaftsidee". a.a.O., S. 14, Anm. 22

2 Savigny, System Bd. I, S. 331 ff.

3 Was "etwas durchaus unmoralisches" wäre.
Savigny, System Bd. VIII, S. 37. Wieder ein Beweis für die selbständige Haltung zum römischen Recht.

4 Ein "besonderes Rechtsverhältnis, welches in der Herrschaft über eine fremde Person, ohne Zerstörung ihrer Freiheit besteht."
Savigny, System Bd. I, S. 338 f.

5 Savigny, System Bd. I, S. 339

oder zum vorübergehenden Genuß desselben zu führen [1]. Hier wird bereits deutlich, daß Savigny die subjektiven Rechte insgesamt als geldwerte Rechte auffaßt.

Noch präziser faßt Savigny dies beim Begriff des Vermögens, der für ihn die Totalität aller subjektiven Rechtsverhältnisse darstellt. Alle diese Rechtsverhältnisse (Rechte an Sachen und Obligationen) ließen es nämlich zu, von ihrer Beschaffenheit zu abstrahieren und sie als reine Quantität von gleichartigem Gehalt aufzufassen.
"Diese rein quantitative Behandlung des Vermögens, ohne welche eine Handhabung des Rechts nur in sehr unvollkommener Weise möglich sein würde, wird vermittelt durch den Begriff des Werthes oder der Gleichstellung verschiedenartiger Vermögensrechte durch Reduktion auf ein gemeinschaftliches Drittes. Und dieser Begriff wiederum wird äußerlich dargestellt und in das wirkliche Leben eingeführt durch das Geld, so daß also für den juristischen Gebrauch Wert und Geldwert gleichbedeutende Ausdrücke sind, und auch in der Tat abwechselnd angewendet zu werden pflegen."[2] Wie sich aus einer Anmerkung an diesem Punkt ergibt, überwindet dabei Savigny bewußt den sehr viel engeren Vermögensbegriff bei Hegel, um den Wert der Handlungen, insbesondere der Arbeit, erfassen zu können [3]. Der Begriff des Vermögens verdrängt für ihn den des Eigentums an Bedeutung. Das Eigentum und weitere dingliche Rechte werden im Gegensatz zum alten römischen Recht, in dem das Eigentum als absolute Herrschaftsmacht charakteristisch hervortrat, nur noch als Teil des Vermögens zusammen mit dem Obligationenrecht betrachtet [4].

---

1 Savigny, System Bd. I, S. 339

2 Savigny, System Bd. I, S. 376

3 Savigny, System Bd. I, S. 376, Anm. k.
"Hegel, Naturrecht § 63 bestimmt die Begriffe von Werth und Geld im Ganzen richtig, und ist nur darin einseitig, daß er lediglich einen Eigenthums- oder Verkaufswerth anerkennt, also weder einen Gebrauchswerth annimmt, noch einen Sachwerth unter Voraussetzung eines unveräußerlichen Eigenthums; gewiß also noch weit weniger einen Werth der Handlungen, insbesondere der Arbeit, die er in jener Stelle nur nicht erwähnt. Allein, durch diese unnötige Beschränkung verliert jener Begriff den größten Teil seiner Brauchbarkeit."

4 Savigny, a.a.O., S. 369; vgl. auch Puchta, Institutionen Bd. I, S. 34, der diesen Vermögensbegriff übernimmt und darauf hinweist, daß bei fortschreitender Entwicklung das Recht der Obligationen immer größere Bedeutung gegenüber dem Eigentumsrecht gewinnt.

Den deutschen Begriff "Vermögen" hält Savigny für außerordentlich treffend. "Denn es wird dadurch unmittelbar das Wesen der Sache ausgedrückt, die durch das Daseyn jener Rechte uns zuwachsende Macht, das was wir durch sie auszurichten im Stande sind oder v e r m ö - g e n ."[1]

Dementsprechend versteht Savigny auch das Eigentum nicht als Zustand, sondern als subjektives Recht, als Herrschaftsmacht über Sachen. Er überwindet auch darin die Hegelsche Philosophie, die das Eigentum zum Bestandteil der Persönlichkeit macht: "Jeder hat also das Recht, seinen Willen zur Sache zu machen und die Sache zu seinem Willen." "Die Seite aber, daß ich als freier Wille nur im Besitze gegenständlich und hiermit auch erst wirklicher Wille bin, macht ... die Bestimmung des Eigentums aus" [2].

Savignys Vermögen- und Obligationenbegriff, genauso wie seine Abhandlung über die Geldlehre [3] machen deutlich, wie sehr die Pandektenwissenschaft den ökonomischen Bedürfnissen ihrer Zeit entgegenkam, ohne sich dessen bewußt zu sein. Konsequent wurden die Rechtsverhältnisse unter Menschen auf die abstrakte Wertbeziehung einer warentauschenden Gesellschaft reduziert [4].

---

1 Savigny, a.a.O., S. 340, Anm. b

2 Hegel, Rechtsphilosophie, § 44, 45.
Dem folgend kommt etwa Larenz zu dem Schluß: "Vom rechtsphilosophischen Standpunkt aus kann nur gesagt werden, daß Eigentum als Rechtsinstitution unentbehrlich ist, weil der Mensch, um im Zusammenleben mit anderen Personen zu existieren das notwendige Eigentum haben muß ... der vollständige Mangel an Gütern führt dagegen zu wirtschaftlicher und sozialer Abhängigkeit und bedeutet Unfreiheit." Allg. Teil, 1. Aufl., S. 63. Unter den Bedingungen der bürgerlichen Gesellschaft hat Larenz damit durchaus recht. Hier, aber nur hier, hat das Eigentum diese Funktion.

3 Savigny, Obligationenrecht Bd. I, S. 404 f.

4 Dazu Wieacker, Pandektenwissenschaft und industrielle Revolution, S.8. "Aber zugleich war es der Pandektenwissenschaft infolge ihres methodischen Ansatzes unmöglich, sich dieses geheimen Einverständnisses mit der Gesellschaft ihrer Zeit bewußt zu werden." Und mit Bezug auf die Forschungen Kiefners über den Vermögensbegriff bei Savigny: zugleich enthülle sich "an einer versteckten Stelle das Einverständnis der Pandektenwissenschaft mit einer mobilisierten Verkehrsgesellschaft, in der Freiheit wie Macht sich in der Verfügung über abstraktes

Die Lehre über die Rechtsverhältnisse mündet in die Bestimmung des Vertrages. "Vertrag ist die Vereinigung mehrerer zu einer übereinstimmenden Willenserklärung, wodurch ihre Rechtsverhältnisse bestimmt werden" [1]. Hierbei sprengt Savigny bewußt den Begriff des Vertrages bei Kant, bei dem Vertrag nur diejenige vereinigte Willkür zweier Personen ist, wodurch Eigentum veräußert wird [2].

Ausgehend von seiner Bestimmung der subjektiven Rechtsverhältnisse, kann Savigny mit seinem Vertragsbegriff nicht nur Kauf und Tausch erfassen, sondern alle obligatorischen Verträge, also auch diejenigen, die auf Dienst und Arbeit gehen [3]. Savigny begründet damit die Einbeziehung des Arbeitsvertrages in die allgemeine Vertragslehre der Pandektenwissenschaft. Im Ergebnis hat er auch hier wieder eine Umbildung der römisch-rechtlichen Dienst- und Werkmiete vorgenommen, die den römischen Juristen als Unterfall des allgemeinen Mietvertrages über Sachen, und damit auch Sklaven, galt. So bezeichnet zwar die Pandektenwissenschaft des 19. Jahrhunderts im Gefolge von Savigny den Dienstvertrag in Analogie zur Sachmiete als Miete von Diensten auf Zeit gegen Geld [4], sieht dabei aber nicht den Menschen, wie die römischen Juristen, als Sache an, sondern nur einzelne seiner Handlungen, die aus seiner Freiheit ausgeschieden gelten.
Der so verstandene Arbeitsvertrag drückt nun die radikale Trennung der Arbeitskraft von der Person des Arbeitenden aus. Die Person bleibt Person, Subjekt der Rechtsordnung, die Arbeitskraft wird zum Objekt der Rechtsordnung [5].

.. Kapital ausdrückt. Mit welcher Begierde hätte Marx diese in Savignys Obligationenbegriff verborgene Prämisse enthüllt, wenn er sie aufgespürt hätte - welche Bestätigung dafür, daß die moderne Gesellschaft 'kein Band zwischen Mensch und Mensch übrig gelassen hat, als die gefühllose, bare Zahlung.'"

1 Savigny, System Bd. III, S. 309

2 Kant, Metaphysik der Sitten, S. 84

3 Savigny, System Bd. III, S. 318 mit Bezug auf Hegel; auch Savigny, System Bd. I, S. 372 f. gegen den Code civil.

4 So Puchta, Pandekten, 3. Aufl., Leipzig 1845, § 365; Windscheid, Pandekten II 1866, S. 399; Dernburg, Pandekten II, S. 303

5 Simitis, Faktische Vertragsverhältnisse, S. 267

Die Möglichkeit diese Vertragsbeziehung frei einzugehen, aufzulösen und zu gestalten bildet fortan das Fundament des bürgerlichen Privatrechts: die Privatautonomie [1].

An dieser Struktur des Rechtsverhältnisses setzt auch die marxistische Rechtstheorie mit ihrer Analyse an, und will bewußt machen, daß die reale Grundlage dieser Verhältnisse im kapitalistischen Warentausch liegt.

Paschukanis weist in Anlehnung an Karl Marx darauf hin, daß die reale Bedingung, die die juristische Abstraktion des Rechtssubjekts als Träger aller möglichen Rechtsansprüche hervorgebracht hat, in der entwickelten Warenzirkulation liege. "Auf dem Markt wird der Verpflichtungen Auferlegende zugleich auch selbst verpflichtet. Er wechselt alle Augenblicke aus der Lage eines Fordernden in die Lage eines Verpflichteten hinüber. So wird die Möglichkeit geschaffen, von den konkreten Unterschieden zwischen den Rechtssubjekten zu abstrahieren und diese auf einen Gattungsbegriff zu bringen."[2] Die Fähigkeit Rechtssubjekt zu sein, sei somit keineswegs identisch mit der Fähigkeit Mensch zu sein, sondern sie hafte dem Menschen in der kapitalistischen Gesellschaft als gesellschaftliche Bestimmung an [3].
Die abstrakte Vertragsform ermögliche dabei alle Tauschverhältnisse in einer Grundstruktur rechtlich zu fassen, auch solche, die scheinbar verschieden voneinander sind; Tausch von Gegenständen oder deren Nutzen gegen Geld, sogar Tausch menschlicher Arbeit gegen Geld. Nach der marxistischen Analyse der politischen Ökonomie ist dies darin begründet, daß alle diese Tauschgegenstände den kleinsten gemeinsamen Nenner haben, Waren zu sein, Tauschwert, sobald sie auf dem Markt auftreten [4]. Deshalb können die subjektiven Rechtsbeziehungen auf einer quantitativen Ebene auf ein gemeinschaftliches Drittes, den Wert, reduziert werden.

Aber das neu ausgebildete Privatrecht hat auch politische Aufgaben, nämlich aus dem Machtbereich des absoluten Staates einen Freiraum für die bürgerliche Gesellschaft auszugrenzen und die Privatautonomie von staatlicher Beschränkung freizuhalten [5]. Savigny postuliert des-

---

1 Flume, Allgemeiner Teil § 1

2 Paschukanis, a.a.O., S. 96

3 Paschukanis, a.a.O., S. 94

4 Marx, Kapital Bd. I, S. 183, 184

5 Grimm, Trennung von öffentlichem und privatem Recht, a.a.O., S. 238 f.; Mundt, Sozialpolitische Wertungen, S. 12 f.

halb eine klare Trennung zwischen privaten und Gemeinschaftszwecken. Nur das öffentliche Recht habe das Ganze zum Zweck, im Privatrecht sei der Einzelne Zweck für sich [1]. Diese Unterscheidung hat für Savigny die ausdrückliche Konsequenz, daß soziale Hilfe und Unterstützung, ja das sittliche Element überhaupt nur im Rahmen des öffentlichen, nicht aber des Privatrechts denkbar ist [2].

3. Die Idee von Freiheit und Gleichheit und die Kritik am Pandektenrecht

Das neue Privatrechtssystem, das wie oben dargestellt, keinesfalls eine leblose Übernahme römischen Rechts bildete, sondern im idealistischen philosophischen System begründet lag, war nicht nur Ausfluß der Idee des freien sittlichen Individuums, sondern wirkte auch wiederum in diesem Sinne in alle gesellschaftlichen Bereiche hinein: Die so geregelte Gesellschaft wurde als die der freien und in ihrer Freiheit gleichen Menschen überhaupt angesehen [3]. Umfassende Freiheit sei nur durch diese Rechts- und Wirtschaftsordnung möglich. Puchta faßt die Grundlagen des Systems in Abgrenzung zum Naturrecht nochmals knapp zusammen: "Der Grundbegriff des Rechts ist die Freiheit." Und "seine, des Menschen, Freiheit ist das Fundament des Rechts. Alle Rechtsverhältnisse sind Ausfluß derselben."[4] Die grundlegende Bestimmung Kants ist hier bereits vulgarisiert und verkürzt. Nach Kant ist das Recht nämlich präziser der Inbegriff der Bedingungen, unter denen die Willkür der einzelnen nach einem allgemeinen Gesetz der Freiheit zusammen vereinigt werden kann [5]. Ein Recht bedeutet lediglich ein Verhältnis auf die Willkür des anderen. Mit dieser Formel grenzt Kant - und hierin folgen ihm allerdings die Pandektenwissenschaftler - die Sphäre des Rechts gegen die Sphäre der Sittlichkeit, der Moral überhaupt gegen Erwägungen des gesellschaftlichen Zwecks, Motivs und ihrer Funktion ab. "Das

---

1 Savigny, System Bd. I, S. 23

2 Savigny, System Bd. I, S. 371

3 Grimm, a.a.O., S. 239

4 Puchta, Institutionen I, S. 4

5 Kant, Metaphysik der Sitten, S. 34

Recht hat überhaupt nur das zum Objekt ... was der Handlung äußerlich ist."[1] Das Recht als bloße Bedingung der Freiheit hat mit ihrer realen Begründung und Praktizierung somit nichts zu tun. Zur Vertragfreiheit genügt, daß jeder jedes Vertragsverhältnis begründen kann, die Gleichheit ist dadurch verwirklicht, daß jeder als Rechtssubjekt Träger von gleichen Rechten sein kann. Freiheit und Gleichheit wurden nicht nur zu Grundbegriffen des Privatrechts, sie nahmen einen allgemeinen Charakter an, wurden zu Menschenrechten [2], die das Bürgertum auf seine Fahne geschrieben hatte, und es entstand der Anschein, als müsse diese Ordnung, die auf so hehren Prinzipien beruhte, Wohlstand und Glück der gesamten Gesellschaft vermehren. Doch war es nicht so.

Die Auswirkungen der unter dieser Rechtsordnung aufblühenden Gesellschaft waren katastrophal und riefen die Kritik der Zeitgenossen und der Nachwelt auf den Plan. Materielle Not bei Krankheit, Alter und Wirtschaftskrise, Arbeitslosigkeit, Intensivierung der Arbeit, menschenfeindliche Arbeitsbedingungen, Herausbildung einer industriellen Reservearmee auf der einen Seite, Konzentration und Zentralisierung der wirtschaftlichen Macht auf der anderen Seite waren und sind die Konsequenzen dieses Systems. Soweit diese Erscheinungen der Historie angehören, werden sie wohl einhellig verurteilt. Dies findet sich des Gegenstandes wegen vornehmlich in den Einleitungen zu Lehrbüchern des Arbeitsrechts. So, statt vieler, im Lehrbuch des Arbeitsrechts von Hueck/Nipperdey zur Auswirkung der Vertragsfreiheit: "Das führt vielfach zu einer Ausbeutung der Arbeiter wie sie heute kaum noch vorstellbar erscheint. Übermäßig lange Arbeitszeiten, Hungerlöhne, Trucksystem, ungenügender Gesundheits- und Unfallschutz, vor allem übermäßige Ausdehnung der Frauen- und Kinderarbeit, das sind die kennzeichnenden Züge der damaligen sozialen Verhältnisse."[3] Zurückhaltend und getragen von stetiger Besorgnis über die Einschränkung der Privatautonomie finden sich die Hinweise dort, wo sie eigentlich hingehörten, in den

---

1 Kant, a.a.O., S. 37

2 Vgl. den Ausspruch Rudolph Sohms im Reichstag, die Magna Charta der öffentlichen Freiheit liege nicht in der Staatsverfassung, sondern im Privatrecht.
Erste, zweite und dritte Beratung des Entwurfs eines bürgerlichen Gesetzbuchs im Reichstag, Berlin 1896, S. 102

3 Hueck/Nipperdey, Lehrbuch des Arbeitsrechts, 7. Aufl., S. 9 und Hanau/Adomeit, Arbeitsrecht, S. 32

Lehrbüchern des Privatrechts, BGB, Allgemeiner Teil. Larenz kritisiert, daß das BGB dasjenige, dessen die sozial schwächeren Teile der Bevölkerung auf dem Felde des Privatrechts bedurften, nicht gegeben habe. Gleichzeitig betont er die Bedeutung von Eigentum und Privatautonomie, "gerade in einer Zeit, in der die Freiheit der Einzelperson neuartigen Bedrohungen ausgesetzt ist."[1] Flume äußert fast beschwörend, es bestehe kein Anlaß, an der Privatautonomie als einem Wert irre zu werden [2].

Oft wird das Bild vermittelt, die Pandektenwissenschaft habe gewissermaßen losgelöst von der gesellschaftlichen Wirklichkeit gearbeitet, die Pandektenwissenschaftler hätten die Auswirkung ihres Systems eben nicht erkennen können [3]. Dagegen weist Kaiser mit überzeugenden Belegen schon bei Kant und Hegel darauf hin, daß die sozialen Folgewirkungen dieses Systems von Anfang an nüchtern zur Kenntnis genommen und im Ergebnis akzeptiert worden sind [4]. Insbesondere war von vornherein deutlich, daß die Rechtsgleichheit der Individuen in bezug auf ihre Vermögensbeziehungen (den Austausch von Sachen und Dienstleistungen im weitesten Sinne) niemals die reale, materielle Gleichheit etwa in Beziehung auf die Verteilung der Güter meinte oder meinen sollte [5].

Nach Hegel resultiert aus der bürgerlichen Gesellschaft notwendigerweise die Anhäufung von Reichtümern auf der einen und die Abhängigkeit und der an die Arbeit gebundenen Klassen auf der anderen Seite [6]. Beim Verhältnis von Recht und Sittlichkeit erörtern sowohl Savigny als auch Puchta die möglichen harten Auswirkungen der Privatautonomie auf die Armen und Besitzlosen, ohne deshalb an ihrem System zu zweifeln [7]. Hegel geht noch weiter: Durch soziale Hilfseinrichtungen von staatlicher oder privater Seite würde nur "die Subsistenz der Bedürftigen gesichert, ohne durch Arbeit vermittelt zu sein", das aber ver-

---

1 Larenz, Allgemeiner Teil, 1. Aufl., S. 28

2 Flume, Allgemeiner Teil, 2. Band, S. 17

3 Gierke, Entwurf, S. 25 mit Anmerkung und Wieacker, Pandektenwissenschaft und industrielle Revolution, S. 8

4 Kaiser, Industrielle Revolution und Privatautonomie, KJ 76, S. 69 ff.

5 Hegel, Rechtsphilosophie, § 49 Zusatz

6 Hegel, a.a.O., § 243

7 Savigny, System Bd. I, S. 371 ff.
Puchta, Institutionen I, § 3

stoße "gegen das Prinzip der bürgerlichen Gesellschaft und des Gefühls ihrer Individuen von ihrer Selbständigkeit und Ehre."[1] Ernsthaft sollte man deshalb nicht davon sprechen, daß diese Wissenschaft sich der praktischen Konsequenz ihrer selbst nicht bewußt war. Sie hatte nur die gleichen Auffassungen von sozialen und moralischen Werten, wie die gesamte bürgerliche Gesellschaft ihrer Zeit, und die war auf rasche industrielle Expansion, heißt: freie Ausweitung ihres Herrschaftsbereiches ausgerichtet, in der soziale Gefühle weder im Sinne von Hilfe für sozial Schwache noch im Sinne sozialer Rechte und Selbstbestimmung einen Platz fanden [2]. Dennoch war ihre Leistung eine soziale, wenn man den Begriff sozial in seinem älteren, wertneutralen Bedeutungsgehalt versteht. Sozial bedeutete ursprünglich: gesellschaftlich, die Beziehung des Einzelnen zur Gesellschaft [3] und diese Beziehung der Bürger der kapitalistischen Gesellschaft wurde durch die Pandektenwissenschaft umfassend geregelt. Savigny vollbrachte diese Leistung, obwohl bei ihm die paradoxe Konstellation herrschte, daß politische, weltanschauliche, ökonomische und gar noch juristische Leitbilder keinesfalls übereinstimmten. Er war keinesfalls politischer Vertreter eines nationalen und demokratischen Bürgertums, sondern als Rechtspolitiker Vertreter der preußischen Restauration, weltanschaulich von einer mystisch, romantischen Volksgeistidee befangen und beherrscht von der Angst vor der Auflösung der ständischen Gesellschaft durch die bürgerliche Gleichheit, deren Geltung im Recht er objektiv zum Durchbruch verhalf [4]. Die politischen Ideen setzten

---

1 Hegel, a.a.O., § 245

2 Ganz vergleichbare Auffassungen zu Freiheit, Gleichheit und dem Problem der ökonomischen Ungleichheit finden sich schon bei der klassischen, bürgerlichen Nationalökonomie; dazu: Teuteberg, ökonomischer Liberalismus, S. 50. Vgl. auch Wieacker, Sozialmodell, S. 10: "Das soziale Modell der west- und mitteleuropäischen Kodifikationen beruht danach, wenn man es zuspitzen will, auf der Usurpation einer einzigen Klasse der Wirtschaftsgesellschaft; es macht das 'besitzende Bürgertum' zum vornehmlichen Repräsentanten der nationalen Rechtsordnung, und konnte dies notwendig nur auf Kosten anderer Klassen und Berufsstände tun."

3 Geck, Das Eindringen des Wortes sozial, a.a.O., S. 19 f., 25 f.

4 Wieacker, Privatrechtsgeschichte, S. 392.
Das Verdienst Savignys wird nicht einmal dadurch geschmälert, daß er sich zunächst gegen Thibauts gesamtdeutsche Kodifikation wandte. Thibaut vertrat zwar politisch und wirtschaftlich die

sich letztendlich unabhängig von der persönlichen Intention ihrer Träger durch.

Bedingt durch die neu entstehende Klasse der Lohnarbeiter und die ökonomische Ungleichheit veränderte sich der Aussagegehalt des Begriffes 'sozial' erst ab Mitte des 19. Jahrhunderts: er bezeichnete nunmehr stärker die Beziehung des Individuums zur Gesellschaft im Hinblick auf seine ökonomische Situation und schloß dabei eine kritische Haltung zur Ideologie des Liberalismus ein [1]. Die entstandenen sozialen Konflikte brachten nicht nur Widerstand und Unruhe hervor, sondern auch eine neue Weltanschauung, den Marxismus. Eindringlich erläuterte Marx am Beispiel des Kampfes um den Normalarbeitstag die Auswirkungen des bürgerlichen Rechts auf die neu entstandene Arbeiterklasse: "Der Kapitalist behauptet sein Recht als Käufer, wenn er den Arbeitstag so lang wie möglich und womöglich aus einem Arbeitstag zwei zu machen sucht. Andererseits schließt die spezifische Natur der verkauften Ware [Arbeitskraft, d. Verf.] eine Schranke ihres Konsums durch den Käufer ein und der Arbeiter behauptet sein Recht als Verkäufer, wenn er den Arbeitstag auf eine bestimmte Normalgröße beschränken will. Es findet hier also eine Antinomie statt, Recht wider Recht, beide gleichmäßig durch das Gesetz des Warenaustausches besiegelt, zwischen gleichem Recht entscheidet die Gewalt."[2]

Der soziale Kampf werde durch den Abschluß eines Vertrages also nicht etwa beigelegt, sondern erst angeheizt durch den Anspruch auf Ausübung der widerstreitenden Rechte. Das bürgerliche Recht stelle daher für die Bevölkerung von Anfang an eine Bedrohung ihrer Existenz dar [3].

.. Forderung des aufstrebenden Bürgertums, wollte das Zusammenwachsen des Bürgertums gegen die Anschläge der Reaktion fördern. Auf der anderen Seite ist nicht zu verkennen, daß seine Forderung im idealistischen Überschwang "zu früh" (Wieacker) gestellt war. Es ging eben nicht nur darum, den code civil zu übernehmen, sondern den ganzen politischen und rechtlichen Überbau in Deutschland umzuwälzen. Und dem standen Anfang des 19. Jahrhunderts nicht nur Kleinstaaterei und Reaktion, sondern in erster Linie die noch nicht entwickelten neuen Produktionsverhältnisse entgegen.

1 Schmid, Sozialrecht, a.a.O., S. 2 f.

2 Marx, Kapitel I, MEW 23, 249; vgl. auch Simitis, Faktische Vertragsverhältnisse, S. 269

3 So auch Wieacker, Sozialmodell, S. 10

Deshalb fordert der Marxismus nicht nur die Abschaffung des bürgerlichen Eigentums, sondern die Veränderung des Gesellschafts- und Rechtssystems von Grund auf; nicht nur humanere Behandlung der unteren Klassen, sondern Abschaffung der Klassen überhaupt [1], nicht nur gerechteren Lohn, sondern Abschaffung des Lohnsystems als Ganzes [2]. In dem hier in Rede stehenden Zusammenhang am interessantesten ist die Forderung nach Abschaffung des gleichen bürgerlichen Rechts und deren Begründung. Nach Marx kann das Recht "seiner Natur nach nur in der Anwendung von gleichem Maßstab auf ungleiche Individuen bestehen" und ist daher ein Recht der Ungleichheit. In der kommunistischen Gesellschaft solle der enge bürgerliche Rechtshorizont ganz überschritten werden und die gesellschaftlichen Güter nach dem Prinzip "jeder nach seinen Fähigkeiten, jedem nach seinen Bedürfnissen" [3] verteilt werden.

Im Gegensatz zu dieser radikalen Alternative, wohl aber durch sie provoziert, entstanden in der Rechtswissenschaft nach und nach eine ganze Reihe Theorien, die nach Möglichkeiten suchten, die sozialen Konflikte die der Kapitalismus in seiner ganzen Hemmungslosigkeit produzierte, mit Hilfe des Rechts zu regeln. Ihr negativer Orientierungspunkt blieb der Kapitalismus in seiner ersten, historisch vollendeten Ausprägung, die er im sogenannten Manchestertum erfahren hatte. Diese Theorien postulierten im wesentlichen ein "Hinüberwachsen von Individualrecht zum Sozialrecht" [4].

Wieacker spricht an einer Stelle von der "Zurückverwandlung der formalen Freiheitsethik, die der Privatrechtsordnung zugrunde lag, in die materielle Ethik sozialer Verantwortung, wie sie im alten europäischen Naturrecht zugrunde lag."[5] Larenz will ein "Sozialprinzip" in die Privatautonomie eingebaut sehen. Auf alle Fälle habe die bisherige Entwicklung des Arbeitsrechts die damaligen sozialen Versäumnisse weitgehend nachgeholt [6]. Neben Gierke entwickelt

---

1 Engels, Anti-Dühring, MEW 20, 99; Marx, Engels, Kommunistisches Manifest, MEW 4, 482

2 Marx, Lohn, Preis, Profit, MEW 16, 152

3 Marx, Kritik des Gothaer Programms, MEW 19, 21 ff.

4 Dies findet sich ausdrücklich in der Sozialrechtslehre von Gierke (s.u.) und später auch bei Radbruch.

5 Wieacker, Sozialmodell, S. 18

6 Larenz, a.a.O., S. 28

besonders Radbruch die Vorstellung von dem Hinüberwachsen in das Sozialrecht. Dieses Sozialrecht sei vor allem im Arbeits- und Wirtschaftsrecht verwirklicht und knüpfe nicht mehr an die Person, sondern den "konkreten vergesellschafteten Menschen" an [1]. Hanau/Adomeit begreifen das Arbeitsrecht als ein "großes Kontrollsystem gegenüber der Vertragsfreiheit."[2] Die Meinung, daß gerade das Arbeitsrecht sich aus den Grenzen des Privatrechts heraus entwickelt hat, wird von der herrschenden Privatrechtswissenschaft bestätigt [3], allerdings gehen die Ansichten darüber auseinander, ob dies als Ausnahme [4] oder als allgemeiner Zug der Zeit zu begreifen ist [5]. Wieacker beklagt sogar eine Auflösung der inneren Einheit des Privatrechts durch das Sozialrecht [6]. Bereits 1918 spricht Kaskel von einem fest umrissenen Gebiet des Sozialrechts als Sonderrecht für alle zu unselbständiger Lohnarbeit verpflichteten Berufsstände, das nicht auf die Schutzbedürftigkeit des einzelnen, sondern einer ganzen sozialen Gruppe abstellt. Dieses Sozialrecht bestehe aus den vier Bestandteilen Versicherungsrecht, Vertragsrecht, Schutzrecht und Verbandsrecht, die sämtlich Sonderrecht bestimmter Berufsgruppen darstellten und umfassend die gegenseitigen öffentlichen und privaten Rechte und Pflichten regelten [7].

Genauso wie es bei der Entstehung des Privatrechts von Interesse war und weitgehend erforscht ist, welches seine Bedingungen und Voraussetzungen bildeten, so ist für die Entstehung des Sozialrechts zu bestimmen - und noch weit weniger erforscht - welches seine Bedingungen waren. Alleine die Erklärung aus dem Spannungsverhältnis des klassischen Privatrechts zur sozialen Wirklichkeit genügt dabei nicht. Zu viele Fragen bleiben offen. Entstand das Sozialrecht, weil das Bürgertum seine sozialen Pflichten erkannte und gutwillig erfüllen

---

1 Radbruch, Vom individualistischen zum sozialen Recht, S. 37

2 Hanau/Adomeit, Arbeitsrecht, S. 32

3 Larenz, a.a.O., S. 28; Flume, a.a.O., § 19

4 So wohl Flume, a.a.O.

5 So Radbruch, a.a.O., S. 36

6 Wieacker, Privatrechtsgeschichte, § 28, S. 543 ff. Zum Verhältnis Arbeitsrecht, Privatrecht vgl. auch Isele, Juristenjahrbuch Bd. 8, 1967/68, S. 50 f. und Zöllner, Privatautonomie und Arbeitsverhältnis, AcP, Bd. 176 S. 222 f.

7 Kaskel, Begriff und Gegenstand des Sozialrechts, a.a.O., Sp. 543, 544

wollte, oder gar durch die soziale Rechtsprechungspraxis des Reichsgerichts? Wie weit können mit dem Instrumentarium des Sozialrechts soziale Konflikte behoben oder eingeebnet werden und wie können Sozialrecht und Privatrecht eigentlich gemeinsam existieren?
Diese Untersuchung der sozialen Rechtsideen und insbesondere auch der ökonomischen, politischen und weltanschaulichen Voraussetzungen seiner Entstehung sollen dabei von vornherein auf ein Teilgebiet und auf die Lehre eines Wissenschaftlers beschränkt werden: auf die Auffassung vom Arbeitsverhältnis und vom betrieblichen Verband bei Otto von Gierke. Diese Beschränkung ist durch ihren exemplarischen Charakter gerechtfertigt: das Arbeitsrecht stellt als geschlossenes Rechtsgebiet die weitestgehende Realisierung der Idee vom sozialen Recht dar. Das Arbeitsverhältnis steht im Kern dieses Rechtsgebiets, ist sozusagen zu einer Folie geworden, von der sich die Konturen eines neuen Vertragstyps abheben [1]. Das Arbeitsverhältnis bildet schließlich einen Brennpunkt, in dem sozial gegensätzliche Interessen aufeinander prallen. Gierkes Kritik am geltenden Privatrecht ist zudem exemplarisch, weil seine rechtswissenschaftliche Tätigkeit in enger Wechselwirkung mit relevanten sozialpolitischen Strömungen seiner Zeit stand [2].
Zunächst soll Gierkes Sozialkonzept im Genossenschaftsrecht (Kapitel II dieser Arbeit) und dann die Bedeutung seines Sozialrechts (Kapitel III und IV dieser Arbeit) untersucht werden.

---

1 Wieacker, Sozialmodell, S. 21

2 Wieacker nennt Gierke auch den "zukunftsreichsten und tiefsten Kritiker des Privatrechts seiner Zeit" und daß "vielleicht keine juristische Konzeption des 19. Jahrhunderts den sozialen Geist der freiheitlichen Rechtsordnungen des 20. Jahrhunderts seherischer vorweggenommen hat, als Gierkes Entdeckung des Sozialrechts als Aufgabe." - Wieacker, Sozialmodell, S. 14

Kapitel II
DIE SOZIALRECHTSVORSTELLUNGEN IM GENOSSENSCHAFTS-RECHT VON OTTO VON GIERKE UND DIE GERMANISTEN

1. Die politische Wirksamkeit der Germanisten und ihre Haltung zur sozialen Frage

Dem System der Pandektenwissenschaft stand sozusagen als erste geschlossene wissenschaftliche Opposition der germanistische Zweig der historischen Rechtsschule gegenüber. Er verstand sich in der Tradition eines germanischen Volksrechts und strebte nach einem einheitlichen deutschen Nationalstaat. Auf den Germanistenversammlungen in Frankfurt und Leipzig schlossen sich Juristen wie Beseler, Mittermaier, Reyscher mit Sprachforschern wie den Gebrüdern Grimm und Historikern zusammen und drückten damit den Anspruch auf Erneuerung der gesamten deutschen Volkskultur aus. Die Versammlungen wurden zunächst weitgehend von juristischen, verfassungsrechtlichen Themen geprägt, man befaßte sich mit der schleswig-holsteinischen Frage, mit den Geschworenengerichten und den allgemeinen deutschen Bürgerrechten.
Beseler und Reyscher hatten überdies engen Kontakt zu den Göttinger Sieben. Das politische Engagement der Germanistenversammlungen war so weitreichend, "daß manchen die Versammlung in der Paulskirche (1848) geradezu als die Fortsetzung der Germanistenversammlung erschien."[1] Ihr wissenschaftliches Ziel war die Herausarbeitung der nationalen Eigenarten des deutschen Rechts und die Entwicklung eines volkstümlichen Rechts im Gegensatz zum systematischen "römischen" Juristenrecht [2].

---

1 Gierke, Historische Rechtsschule, S. 24, 25 m.w.N., dort werden alleine zehn namhafte Germanisten als Mitglieder der Nationalversammlung benannt.
Vgl. auch Heymann, Geschichte der Berliner Juristenfakultät, DJZ 1910, Sp. 1141. Ausführlich zu Reyscher: Rueckert, August Ludwig Reyschers Leben und Rechtstheorie, Berlin 1974.

2 So die Programmschrift Georg Beselers, Volksrecht und Juristenrecht, Leipzig 1843.

Dieser Anspruch legte es zunächst nahe, den Ansatz für eine soziale Rechtsgestaltung in diesem Kreis zu suchen, was auch durch die Arbeiten Gierkes suggeriert wird. Doch diese Suche blieb ergebnislos. Außer Gierke und dem Schweizer Bluntschli beschäftigte sich kein Germanist in seinem Werk auch nur in relevanten Teilen mit sozialen und sozialpolitischen Problemen. Insbesondere auch Beseler nicht, obwohl er gerade in der Paulskirchenversammlung des öfteren hart damit konfrontiert war und dort, wie Reyscher treffend formuliert, "die ganze Linke auf dem Nacken hatte."[1] Auch Beseler orientierte sich, obwohl führendes Mitglied des Verfassungsausschusses [2], immer noch an einem vorkapitalistischen, an ständischen Beziehungen ausgerichteten Gesellschaftsbild. Obwohl einerseits Verfechter der bürgerlichen Gleichheit und Freiheit, der staatlichen Einheit [3], der öffentlichen Gerichtsverfahren und der Einstellung von Laienrichtern, machte er sich auf der anderen Seite für das preußische Erbkaisertum und für den Kompromiß mit dem Adel stark [4].

Er stimmte zwar der Aufhebung der Standesprivilegien des Adels zu [5], nicht aber für die Beseitigung des Adels überhaupt oder für die Aufhebung oder Begrenzung seines Vermögens; im Gegenteil, er wußte die positiven Seiten des Adels immer wieder zu würdigen [6]. Seine weitere

---

1 Reyscher, in: Zeitschrift für deutsches Recht, 1852, Bd. XIII, S. 1 ff. Anmerkung.

2 Verweis bei Gierke, Historische Rechtsschule, Anmerkung 91

3 Kennzeichnend für seine kompromißlose Einstellung ist die Tatsache, daß er die Universität Kiel 1833 verlassen mußte, weil er den Huldigungseid für die dänische Krone verweigerte.

4 Wigard, Stenogr. Bericht über die Verhandlung der deutschen konstituierenden Nationalversammlung Bd. VII 4789. Böckenförde, Verfassungsgeschichtliche Forschungen, S. 92 f. betont, daß im klassischen Sinne die Germanisten nur mit großen Vorbehalten oder gar nicht Liberale gewesen sind und daß ihr Verfassungsideal gekennzeichnet war vom Ausgleich zwischen überkommener Monarchie und neu erwachter Volksfreiheit.

5 Was ihm offenbar die Rüge des noch konservativeren Germanisten Gerber eintrug. Reyscher, a.a.O., S. 7

6 Scholler, Die Grundrechtsdiskussion in der Paulskirche, S. 38, S. 247

politische Laufbahn über das preußische Abgeordnetenhaus und das preußische Herrenhaus machen überdies deutlich, daß er sich mit der Niederlage der demokratischen Bewegung des Jahres 1848 abgefunden hatte [1].

Seine Haltung zur sozialen Frage schimmert durch bei den Stellungnahmen zur Freizügigkeit und zum Wahlrecht. So steht er dem Einwand der Linken, die öffentliche Stimmabgabe bei den Wahlen berge die Gefahr, daß dadurch die abhängigen Klassen unter Druck gesetzt würden, geradezu naiv verständnislos gegenüber; er tritt für die Öffentlichkeit ein, weil dies ein wichtiges Prinzip der alten germanischen Freiheit sei [2]. Er ist gegen die Freizügigkeit für das Proletariat, weil er dadurch die Gefahr einer Zusammenballung in den Städten befürchtete [3]. Bei der Diskussion zu § 30 der Grundrechte (Steuergleichheit) wird sein Unvermögen die Probleme zu begreifen am deutlichsten. Die Debatte über diese Vorschrift ging in erster Linie um das, was nicht in ihr enthalten war. Gefordert wurden eine Reihe ergänzender Bestimmungen zur sozialen Sicherheit. Es sollte eine weitergehende progressive Besteuerung der Adelsvermögen, sozialer Schutz für Erwerbslose, staatliche Garantie des Rechts auf Arbeit und Absicherung des Arbeiters gegen die Übermacht des Kapitals in die Verfassung aufgenommen werden [4]. In seinem Schlußwort tritt Beseler entschieden für die

---

1 Wieacker, Privatrechtsgeschichte, S. 410.
"Die Niederlage der demokratischen Bewegung von 1848 und der Sieg des monarchischen Prinzips seit 1866 ließen von diesen nationaldemokratischen Forderungen nur noch das nationalstaatliche Pathos zurück ...". Zu Beselers weiterer Laufbahn: Heymann, a.a.O., Sp. 1141-1143.

2 Stenographischer Bericht, a.a.O., S. 5497/98

3 Scholler, a.a.O., S. 30

4 Die Nationalversammlung erreichte auch eine ganze Reihe von Stellungnahmen deutscher Arbeitervereine und der Kommunisten, die zum Teil weitergehende Forderungen enthielten. Vgl. Schraepler, Quellen zur Geschichte der sozialen Frage I, S. 158 f.
Erwähnt werden soll hier auch die Rede Eisenstucks vcm 8.2.1849, Stenographischer Bericht, a.a.O., S. 1518, der die Notwendigkeit des Zusammenschlusses der Arbeiter hervorhebt. "Die Anerkennung gegenseitiger Interessen, die wahre Vereinbarung zwischen Arbeitgeber und Arbeitnehmer ... ist nur möglich, indem sie den Arbeiter durch diese freie Institution auf der einen Seite schützen

vollständige Ausklammerung der sozialen Frage aus der Verfassung ein: "Es wäre kein Ende abzusehen, wenn wir uns in die Wildnis begeben wollten, die uns eröffnet worden ist für allerlei Ansichten, soziale Projekte, Träumereien ..."[1] Die Regelung dieser Frage in der Verfassung berge die Gefahr, das deutsche Staatswesen zu zerrütten. "Legen wir nicht in die Verfassung den Keim des Zwiespalts!." Das einzige wirtschaftliche Problem zu dem er Zugang findet, ist das der Übermacht der Fabriken über das Handwerk und das des Schutzzolls [1].

Völlig ausgeklammert scheinen die Probleme auch in seinem juristischen Hauptwerk, dem "System des gemeinen deutschen Privatrechts" [2], wo die Behandlung des Lehenrechts ca. 70 Seiten, die Behandlung der Dienstmiete als Rechtsverhältnis des Fabrikarbeiters aber nur knapp 10 Zeilen in Anspruch nimmt [3]. Genauso geht es in der von Reyscher und Wilda herausgegebenen "Zeitschrift für deutsches Recht und deutsche Rechtswissenschaft" zu, die sich neben verfassungsrechtlichen Fragen mit besonderer Vorliebe den Rechtsproblemen des Adels und der vermögenden Stände zu widmen scheint. Gefesselt an das Vorbild des Ständestaats waren die Deutschrechtler sogar nur mühsam imstande, das von ihnen traditionell bearbeitete Recht der Berufsstände von altem Ballast zu befreien [4]. Dort wo es doch gelang, wie im Handelsgesetzbuch, fügte es sich später in das Privatrechtssystem vorzüglich ein, nicht mehr als Standesrecht, sondern als Spezialregelung für den freien Gewerbetreibenden [5]. Dort, wo an überholten Rechtsinstituten festgehalten wurde, wie etwa an der "Gesindemiete", blieb der Weg zur weiteren Rechtsentwicklung verbaut [6]. Die grundlegende Arbeit

---

.. gegen die moralische Übermacht, welche das Kapital von selbst über ihn hat und wenn sie auf der anderen Seite dem Arbeiter alle Mittel an die Hand geben, seine Bedingungen in dem Kontrakt, die ihm notwendig und zugleich als erfüllbar erscheinen, auf eine Art und Weise zur Geltung zu bringen, die die Abschließung des Kontraktes überhaupt möglich macht."

1 Stenographischer Bericht, a.a.O., S. 5141 und Band I 700, 701

2 Beseler, System des gemeinen deutschen Privatrechts, 2. Aufl., Berlin 1866

3 Beseler, a.a.O., S. 881 f. und S. 525 f.

4 Zum Ganzen: Krause, Der deutschrechtliche Anteil an der heutigen Privatrechtsordnung, JuS 70, 313 f.

5 Wieacker, Sozialmodell, S. 8, 9

6 Krause, a.a.O., S. 316

zum Arbeitsvertrag erschien nicht von einem Germanisten, sondern von dem Romanisten Philipp Lotmar [1].

Krause weist in diesem Zusammenhang auf den bis Ende der sechziger Jahre einzigen Ausnahmefall, den Germanisten Blutschli hin, der allerdings das Verdienst hatte, einige Jahrzehnte vor Gierke die soziale Unzulänglichkeit des modernen Arbeitsvertrages erkannt zu haben [2]. In den von Blutschli entworfenen Arbeitsschutzregelungen sind tatsächlich zu einem frühen Zeitpunkt bereits das Verbot der Kinderarbeit, das Truckverbot, Arbeitszeitbegrenzung für Männer (12 1/2 Stunden) und Frauen (10 Stunden), Regelungen zur Überstundenentlohnung und die Ernennung von Fabrikinspektoren vorgesehen [3], Regelungen, die eine gewisse soziale Pflichtigkeit des Arbeitgebers unmittelbar im Arbeitsvertragsrecht verankern sollen. Es blieb allerdings bei dem Entwurf, da sich Blutschli dem systematischen Einwand der ZPG-Kommission, man könne solche Normen doch nicht in das gefestigte Privatrechtssystem übernehmen, letztlich beugte. Außerdem war Blutschlis Beitrag zur Lösung der sozialen Problematik, sowohl was die philosophischen Grundlagen [4] als auch was seine Orientierung an feudalständischer, gesellschaftlicher Gliederung anbelangte [5], noch derart unentwickelt, daß auch ein späterer Rückgriff auf seine Sozialideen eher kurios erschienen wäre.

---

1 Philipp Lotmar, Der Arbeitsvertrag nach dem Privatrecht des Deutschen Reiches. 1902/1907

2 Bluntschli, Allgemeines Staatsrecht, München 1851, S. 635 f.

3 Bluntschli, Privatrechtliches Gesetzbuch für den Kanton Zürich, 1855, Bd. III; Kom. zu § 1565 ZPG, S. 483-485

4 Gemeint ist die Pseudophilosophie des Weissenburger Philosophen Friedrich Rohmer, vgl.:
Vontobel, Die liberal konservative, organische Rechts- und Staatslehre J.C. Bluntschlis, Zürich 1956, S. 28 f.

5 Bluntschli schlägt vor, den neuen 4. Stand, die Arbeiterschaft nicht zu integrieren, sondern noch deutlicher von den übrigen Klassen zu trennen. "Deutsches Staatswörterbuch", Band I, 1857, S. 306 f.

2. Die Assoziation bei Beseler und die Gemeinfreienlehre

Trotz dieses allgemeinen Desinteresses der Germanisten für das Sozialrecht existierte eine Verbindung dahin, die Gierke später spektakulär ausgebaut hat.

Beseler hat nämlich die freie Assoziation als freiwillige und gleichberechtigte Bindung freier Stammesgenossen als wesentlichen Bestandteil germanischen Volksrechts hervorgehoben [1]. Die deutschrechtliche Corporation vermittle zwischen den Extremen der römischen communio und universitas und stelle eine selbständige Rechtspersönlichkeit dar, sei Ausdruck freiheitlicher Entfaltung, die keiner Bevormundung bedürfe [2]. Er forderte eine Erneuerung dieser genossenschaftlichen Freiheit in den Gemeinden, wie auch in den höheren Beziehungen staatlichen Lebens. Böckenförde weist darauf hin, daß auch das Verfassungsverständnis Beselers aus dieser Quelle gespeist wurde, daß ihn der Kampf um die Wiederbelebung und Vollendung der nationalen genossenschaftlichen deutschen Freiheit - wie er sie verstand - sein Leben lang bewegt hat [3]. Neben den Gemeinden zählt Beseler die Genossenschaften, die Privatzwecke vertreten, zu den Corporationen, wie etwa Markgenossenschaften, Wasser- und Wiesengenossenschaften, Deichverbände, Gilden und Innungen von Handwerkern, bergrechtliche Gewerkschaften [4]. Doch fällt Beseler die allgemeine Bestimmung der Rechtsnatur der Genossenschaft schwer; er grenzt sie allerdings bereits von der Rechtsgemeinschaft der Gesamthand ab und nennt als wesentliche Merkmale den konstituierenden Akt, die Annahme der Statuten, Zweck, Mittel und Dauer einer Vereinigung [5].

Eine Verbindung vom Assoziationsgedanken zur Lösung der sozialen Frage deutet Beseler nur in der bereits erwähnten Stellungnahme in der Paulskirche an. Es sei die deutsche Genossenschaft, der deutsche Assoziationsgeist, aus dem der "Schutz der Arbeit in freier Selbstbeschränkung" hervorgehen werde. Er werde sich im einigen und

---

1 Beseler, Volksrecht und Juristenrecht, S. 158 f. und System, 1. Aufl., S. 355 f.

2 Beseler, System, 2. Auflage, S. 239 - 243

3 Böckenförde, Verfassungsgeschichtliche Forschung, S. 148

4 Beseler, System, a.a.O., S. 254

5 Beseler, System, a.a.O., S. 255, 256

und freien Deutschland mit Macht entfalten und die sozialen Fragen einer Lösung zuführen. Der Assoziationsgeist sei das Institut, das das Mittelalter begeistert und frei gemacht habe [1].

Diesem Topos der alten deutschen Freiheit steht die rechtsgeschichtliche Forschung inzwischen kritisch gegenüber. Die Gemeinfreienlehre bildete sich im Anschluß an Justus Möser im 19. Jahrhundert heraus und bezeichnete die in den Quellen und von Tacitus und in den fränkischen Kapitularien beschriebenen germanischen "Bürger" als Gemeinfreie und Gemeinschaft Gleichberechtigter und -verpflichteter. Diese Lehre hatte tiefen Einfluß auf die weitere Rechts- und Verfassungsgeschichte. Problematisch daran war allerdings, daß ein einheitlicher Freiheitsbegriff dieser Lehre nicht ausgemacht werden konnte. So bereitete es schon Eichhorn und Waitz Schwierigkeiten, abgabepflichtige germanische Stämme unter dem Begriff der Gemeinfreien einzuordnen. Diejenigen, die in den fränkischen Quellen als "liberi" und "ingenui" bezeichnet wurden, waren nämlich mit sehr unterschiedlichen Freiheiten ausgestattet und in verschiedenste abhängige Verbände eingeordnet. Genossenschaftliche Freiheiten waren überdies von Anfang an an den Grundbesitz gebunden [2]. Triebkraft für diese Lehre war, wie Böckenförde und Hunke [3] betonen, das konstitutionelle Verfassungsbild des politischen Liberalismus des Vormärz. Beispielhaft für dieses Verständnis sind die Worte Beselers in der Paulskirche: "Ich glaube, daß die Prinzipien der germanischen Freiheit von uns zu erforschen sind und wenn wir sie richtig erkannt haben, von uns in allen Konsequenzen zur Anwendung zu bringen sind."[4]

---

1 Stenographischer Bericht, a.a.O., S. 5141/42.
Dies ist als Begründung gedacht, warum die soziale Frage nicht in die Verfassung aufgenommen werden soll. A.H. Strauss, Staat, Bürger, Mensch, Aarau 1948, S. 48, sieht hier wohl nicht zu Unrecht eine konservative Wendung des Genossenschaftsgedankens gegen sozialistische Ideen.

2 Hunke, Germanische Freiheit, S. 45 f.

3 Böckenförde, a.a.O., S. 86. Hunke, a.a.O., S. 61

4 Hunke, a.a.O., S. 62. Stenographischer Bericht, a.a.O., S. 5497. Allerdings treffen an dieser Stelle wohl schon pathetische Phrasen der Germanisten auf den Freiheitsbegriff des radikalen bürgerlichen Flügels. So wird im Bericht festgehalten: "(Beseler) ... Dieser göttliche Funke germanischer Freiheit, meine Herren (große Heiterkeit auf der Linken) ... muß wieder in unserer Nation entfacht werden ... mit Scham höre ich ihr Gelächter, wenn von germanischer

Gegen das alte Feudalsystem gerichtet, bildet diese Lehre Grundlage der gesamten bürgerlich-demokratischen Bewegung. Auf ihrem Boden erhoben sich die Forderungen nach gesetzlicher Freiheit des Bürgers vor staatlichen Übergriffen, Volkswehr und Volksrepräsentation, Schwurgerichten, Bindung von Gesetzen und Steuern an die Zustimmung der Bürger. Selbst Montesquieu's Verfassungsvorstellungen [1] und Engels Abhandlungen über die Entwicklung der Klassen in Deutschland [2], genauso wie Otto v. Gierkes Genossenschaftsrecht [3] wurden dadurch beeinflußt.

Die Kritik an dieser Lehre in der zweiten Hälfte des 19. Jahrhunderts machte sich vor allen Dingen an der Tatsache fest, daß auch nach den Quellen häufig nur diejenigen, die Grundbesitz besaßen, volle "staatsbürgerliche Freiheit" besaßen. Ein neues Geschichtsbild wurde entworfen, wonach die Adelsherrschaft das beherrschende Prinzip des politischen und sozialen Lebens der Germanen gebildet habe [4]. Da aber auch diese Forschung von vorgefaßten Vorstellungen aus betrieben wurde und inzwischen einer zunehmenden Kritik ihrer geistigen Voraussetzungen unterworfen wurden, sind gegenwärtig gesicherte Erkenntnisse zum Status der Gemeinfreien kaum zu erreichen [5].
Doch dies kann hier dahingestellt bleiben; auch wenn in der romantisierenden Geschichtsbetrachtung der Germanisten Herrschaftsverbände und ökonomische Ausbeutungsverhältnisse zu freien Genossenschaften erhoben worden sein sollten, so ändert dies doch nichts an der Durchschlagskraft und praktischen Wirkung dieser Ideen für ihre Gegenwart. Es ging auch hier weniger um römisches oder germanisches Recht,

---

.. Freiheit die Rede ist (Bravo auf der Rechten und in den Centren. Große Heiterkeit auf der Linken: Aus ihrem Munde!) wenn von germanischer Freiheit die Rede ist, wovon ich das Recht habe zu sprechen."

1 Charles Montesquieu, De l'esprit des lois, Bd. 11, cap. 6, 1748

2 Engels, Die Mark, MEW 19, 317 f. mit Verweis auf G.L. Maurer über die Geschichte der Markverfassung in Deutschland; Engels weist allerdings bereits auf den Funktionswandel dieser Verfassung in der fränkischen Zeit hin. Engels, Die fränkische Zeit, MEW 19, 474 f.

3 Gierke, Genossenschaftsrecht I, S. 35 f.

4 Hunke, a.a.O., S. 101 f.

5 Hunke, a.a.O., S. 170

sondern um bestimmte Grundpositionen. Oft war es so, daß das neu entdeckte, germanische Recht eher eine idealistische Wunschvorstellung von germanischem Recht darstellte und daß der von der nationalen Idee begeisterte Autor seine Rechtskonzeption zum Bestandteil des germanischen Rechts erklärte, und ihm so die Weihe der Geschichte gab [1].

Ähnlich wie der "germanischen Gemeinfreiheit" erging es in der späteren kritischen Würdigung anderen germanistischen Topoi. Kroeschell untersucht dies am Begriff der germanischen Treue [2]. Stolleis spricht von einer Parallelentwicklung bei der Herausbildung einer angeblich spezifisch germanisch-nationalen Gemeinwohlidee, wo ebenfalls Belege in der Rechtsgeschichte willkürlich zu Bestandteilen eines außergeschichtlichen "Wesens der Nation" stilisiert werden [3]. Er weist zu Recht auf den Standort dieser Germanistik in der Philosophie des deutschen Idealismus hin [4], die genauso wie Savigny und Puchta den "Volksgeist", den "eigentümlichen Geist" des germanischen Rechts aus der Geschichte herauszufiltern sucht. Die germanischen Wesenselemente im modernen Recht sollten so bestimmt werden, indem man nach einem vorgegebenen Begriff von germanischer Rechtsidee diese in der Rechtsgeschichte scheinbar aufspürte. Die aus diesem Zirkel gewonnene Erkenntnis wurde dann wieder Grundlage der Forderung, das moderne Recht diesem, seinem Wesen entsprechend auszugestalten. Da auch die rechtshistorische Forschung sich von dieser Prämisse leiten ließ [5], ist die Auseinandersetzung mit den vorgeblich germanistischen Topoi, wie etwa der "Gemeinschaft" oder dem "germanischen Sozialrecht" nicht eben einfach.
Zu oft stellt sich die rechtswissenschaftliche Erkenntnis als seine Projektion politischer Wunschbilder auf die Vergangenheit dar [6].

---

1 Zur Terminologie germanisch, germanisches Recht, Krause, a.a.O., S. 321

2 Kroeschell, Die Treue in der deutschen Rechtsgeschichte, Festschrift für Ermini, Spoleto 1970, S. 465 f.

3 Stolleis, Gemeinwohlformeln im nationalsozialistischen Recht,S. 24

4 Stolleis, a.a.O., S. 14 m.w.N. - Diese gemeinsame philosophische Grundlage spricht auch Marx an. Das philosophische Manifest der historischen Rechtsschule MEW 1, S. 78 f.
Vgl. auch Mehring, Deutsche Geschichte, S. 174

5 Stolleis, a.a.O., S. 25 m.w.N.

6 Vgl. auch Mertens, Otto von Gierke, a.a.O., S. 510

Während der Assoziationsgedanke bei Beseler zur Integration der noch auseinanderstrebenden Elemente in dem noch zu schaffenden Nationalstaat beitragen sollte [1], so ist, was im folgenden noch darzustellen sein wird, Gierkes Hauptanliegen die Harmonisierung der in diesem Nationalstaat nun vehement aufbrechenden sozialen Gegensätze. Doch trifft man bei Gierke auf die Besonderheit, daß sich seine Ziele im Laufe seines Werkes verändern, was die Studien der Geschichte der sozialen Idee im deutschen Recht zunächst verwirrt. Anders als bei Beseler ist es die Erfahrung der historischen Niederlage des liberalen Bürgertums im preußischen Verfassungskonflikt [2] und später die Furcht vor dem unmißverständlich angemeldeten Herrschaftsanspruch der Arbeiterbewegung, die ihn zur Modifizierung und schließlich zur Veränderung seiner Position bringt. Das germanistische Erbe, das Gierke von Beseler übernommen hatte [3], führte ihn, als den "zu spät gekommenen Germanisten" [4], dessen volle Schaffensperiode im letzten Drittel des 19. Jahrhunderts und im beginnenden 20. Jahrhundert lag, fast naturwüchsig dazu, von den Grundpositionen der Germanistik ausgehend zur sozialen Frage vorzudringen, obwohl er weder von seiner weltanschaulichen, noch von seiner politischen Haltung her dazu prädestiniert war. Doch es gelang ihm, die Brücke zum neuen Arbeits- und Sozialrecht zu schlagen. Über ihn verbanden sich früh die sozialen Ideen mit nationalem, später nationalistischem Pathos.

Otto v. Gierke setzte zunächst, der Anregung Beselers folgend, in seinem Genossenschaftsrecht, das noch ganz dem germanistischen Ideal der Gemeinfreiheit und der freien Assoziation verpflichtet ist [5], das Werk seines Lehrers fort und überwand dabei zugleich die Beschränktheit Beselers in der sozialen Frage, und zwar gründlich.

---

1 Böckenförde, a.a.O., S. 78 f., 148 mit Verweis auf Beseler, Volksrecht und Juristenrecht. Vgl. auch Beseler, System, a.a.O., S. 243

2 Böckenförde, a.a.O., S. 149

3 Vgl. Gierke, Genossenschaftsrecht I, Widmung

4 Böckenförde, a.a.O., S. 154 in diesem Sinne auch Wieacker, Privatrechtsgeschichte, S. 453

5 Dies gilt in erster Linie für den 1. Bd. des Genossenschaftsrechts, vgl. auch Janssen, S. 24; die Aufgabenstellung verändert sich bereits in den folgenden Bänden. Janssen, S. 25

Es wird zwar immer wieder betont, daß Beseler ihn gerade bei der Arbeit am Genossenschaftsrecht wissenschaftlich gelenkt und durch seine nationalpolitischen Ideale angeregt habe [1], doch allzuweit war die Genossenschaftstheorie bei Beseler noch nicht ausgebildet. Schwerin und Julius v. Gierke sprechen in diesem Zusammenhang von "unklaren, tastenden" "nicht abgeklärten" Versuchen Beselers [2], was auch Stutz bestätigt, wenn er daraufhinweist, daß der Genossenschaftsbegriff bei Beseler noch ein unklares Zwitterding war, dem der Nachweis an Geschichte und Leben fehlte. Gierke sei insoweit als Schüler und Geisteserbe weit über seinen Lehrer hinausgewachsen [3]. Gierke selbst würdigt Beselers Wirken behutsamer: er habe die Genossenschaftstheorie in der Arbeit über die Erbverträge "nur erst in Umrissen angedeutet", dann in "Volksrecht und Juristenrecht" "erweitert, aber innerlich noch nicht mit den erforderlichen scharfen Einschnitten gegliedert", und im System des deutschen Privatrechts "allseitig abgeschlossen und ausgestaltet" [4]. Doch diese Einschätzung sollte man wohl als Ausdruck der Achtung dem Lehrer gegenüber auffassen, die Gierke ja immer betont hat [5]. Vergleicht man nur Beselers Darstellung im System des deutschen Privatrechts mit dem ersten Band des Genossenschaftsrechts von Gierke, so hat Beseler zwar den Anstoß, die dogmatische Form gegeben, die Genossenschaft überhaupt wieder als "terminus technicus", als deutschrechtliche Gemeinschaftsform eingeführt [6], Gierke geht aber bereits eigene Wege und schlägt die Brücke zwischen juristischer Begriffsbestimmung, historischer Forschung und zeitgenössischer Genossenschaftsbewegung und Staatstheorie.

---

1 Janssen, a.a.O., S. 24

2 v. Schwerin, Otto v. Gierke, a.a.O., S. 635.
Julius v. Gierke, Genossenschaftsrecht, a.a.O., S. 705; auch Schultze, Gierke als Dogmatiker, a.a.O., S. V

3 Stutz, Zur Erinnerung, a.a.O., S. XII-XIII; so auch Mogi, Otto v. Gierke, a.a.O., S. 14

4 Gierke, Genossenschaftstheorie und die deutsche Rechtsprechung, S. 2 Anm. 1

5 Gierke, Georg Beseler, in: Savigny-Zeitschrift, Bd. 10, 1889, S. 1 f.; zu einem Zeitpunkt allerdings, in dem seine Arbeit am Genossenschaftsrecht sich in historische Einzeluntersuchungen verlaufen hat und letztlich abgebrochen werden mußte. Vgl. dazu weiter unten Kapitel II. 6. und Janssen, a.a.O., S. 43

6 Gierke, Genossenschaftsrecht, Bd. I, S. 5

3. Die freie Assoziation und der Herrschaftsverband im Genossenschaftsrecht von Gierke

Der erste Band des Genossenschaftsrechts von Gierke erschien 1868 und stellt einen Teil, aber auch schon eine erste Zusammenfassung der großangelegten, unvollendeten Monographie dar, die Gierke beinahe 20 Jahre lang beschäftigte. Dieser erste Band ist auch der Ausgangspunkt der hier vorliegenden Arbeit. Gierke entwickelt darin seine Grundanschauungen von menschlichen Gemeinschaften und deren gesellschaftlicher Funktion. Germanisches Recht steht zu dieser Zeit für ihn noch synonym für das Recht, das sich freie und gleichberechtigte Mitglieder einer Gesellschaft geben und steht im scharfen Gegensatz zum Recht des Herrschaftsverbandes. Gierkes Arbeit zum Genossenschaftsrecht dient nicht allgemein der Erforschung der Geschichte menschlicher Verbände oder gar des "Wesens" menschlicher Verbände [1], sondern der historischen Aufarbeitung der beiden im Spannungsverhältnis stehenden Prinzipien der freien Assoziation auf der einen und des herrschaftlichen Verbandes auf der anderen Seite. Der Gegensatz zwischen diesen beiden Gestaltungsprinzipien ist ein Element, das den ganzen Aufbau des Gierkeschen Genossenschaftsrechts durchzieht. Zwar kann auch hier nichts anderes gelten, als das vorher schon Gesagte, daß nämlich auch Gierke weniger von realem germanischen Recht, denn von seinem philosophischen Ausgangspunkt her, dieses Spannungsverhältnis entwickelt; doch es geht hier nicht mehr um die historische Richtigkeit, sondern um die Idee davon, was Recht sein soll, die unzweifelhaft, wenn auch nicht immer in der historischen Vergangenheit, ihre reale Grundlage gewann [2].

Beide Verbände haben nach Gierke ihr Urbild in der Familie: Die Genossenschaft in der Erweiterung und Nachbildung des Geschlechts, der Herrschaftsverband in der Erweiterung und Nachbildung des Hauses, bzw. des Familienverbandes. Im Herrschaftsverband dienen

---

1 Wie etwa in der gleichnamigen Arbeit, Berlin 1902

2 Treffend dazu Planitz, a.a.O., S. 117: "Gierke setzt hier den Kampf der germanistischen Vertreter der historischen Rechtsschule fort und führt ihn bis zu einem gewissen Abschluß. Gewiß bleibt er auch darin ein Fortsetzer der historischen Rechtsschule, als seine nationale Einstellung einer romantischen Färbung nicht entbehrt. Aber wenn er hier in einem historischen Irrtum begriffen war, so ist dieser jedenfalls für sein Lebenswerk unendlich fruchtbar gewesen."

alle Glieder dem Haupt, sind zu schrankenloser Treue und vollständigem Gehorsam verpflichtet [1]. Kennzeichnend für den Herrschaftsverband ist, daß in ihm der Herr das ist, was in der Genossenschaft alle sind; "Friede, Recht und Gewalt in der Gemeinschaft gehen von ihm aus; sein Wille, seine Vollmacht, seine Anordnung, seine Entscheidung gelten da, wo in der Genossenschaft Gesamtwille, Wahl, Küre und Urteilsfindung gelten; er allein repräsentiert den Verband als solchen nach außen und innen; und auch in vermögensrechtlicher Beziehung ist das sein Einheitsrecht, was in der Genossenschaft Gesamtrecht zu sein pflegt."[2] Gierke ordnet diese beiden Prinzipien zwei verschiedenen Rechtskreisen zu: Das genossenschaftliche Prinzip dem germanischen Rechtskreis, das herrschaftliche Prinzip dem römischen Rechtskreis [3]. Nach seiner Beschreibung ging die genossenschaftliche Selbstverwaltung im altgermanischen Rechtsbewußtsein dadurch zugrunde, daß die wachsende Ungleichheit an Besitz und Macht prinzipielle Gleichheit in Rechten und Pflichten immer mehr unmöglich machte und daß die germanische Genossenschaft in Beziehung mit dem römischen Wesen und der christlichen Kirche kam. Das römische Prinzip des Herrschaftsverbandes kennzeichnet er als Ausdruck der Eroberung und Unterwerfung anderer Völker: "Denn durch Nationalität und imperialistische Gewöhnung waren die römischen und romanisierten Provinziale jeder Selbstverwaltung völlig entfremdet."[4] Doch die alte germanische genossenschaftliche Selbstverwaltung konnte sich nach Gierkes Darlegung zunächst in Deutschland noch teilweise erhalten. Erst im späteren Feudalsystem wurden die Begriffe Herrschaft und Dienst zu den allgemeinen Prinzipien. Nach dem Vorbild des alten Treudienstes wurden selbstvergessene Hingebung und stets bereiter Dienst, Gehorsam und Treue auf der einen, Huld, Gunst, die Gewährung von Schutz und Vertretung auf der anderen Seite Inhalt jedes gesellschaftlichen Verhältnisses.

Die Rechtsprinzipien des so ausgebildeten Feudalsystems sah Gierke im scharfen Widerstreit zur altgermanischen Volksfreiheit [5].

---

1 Gierke, Genossenschaftsrecht I, S. 89, 90

2 Gierke, a.a.O., S. 89

3 Gierke, a.a.O., S. 100

4 Gierke, a.a.O., S. 100

5 Gierke, a.a.O., S. 153. "Seitdem die Monarchie Karls d. Großen ... zerfallen war, schritt die eine Zeit lang gehemmte Entwicklung der gegen die altgermanische Volksfreiheit ankämpfenden Rechts-

Gierke verfolgte nun die Entwicklung von Herrschaft und Genossenschaft weiter durch die Geschichte. Mit der Analyse dieser Prinzipien in den Rechtsverhältnissen der Gegenwart kam er am Ende seines Werkes unversehens mitten hinein in die Probleme der genossenschaftlichen Sozialreform. Er spürte die Struktur des alten, römisch-rechtlichen und feudalen Herrschaftsverbandes da auf, wo er sich zum Schaden der arbeitenden Klassen im modernen kapitalistischen Unternehmen reproduzierte:
"Diese Einheit [gemeint ist das Unternehmen] aber ist ihrem inneren Wesen nach nichts anderes, als ein Herrschaftsverband, in welchem der Repräsentant des Kapitals oder der Kapitalkörper selbst der absolut wirtschaftliche Herr ist. Jener selbe Herrschaftsverband, der seit uralter Zeit mit der Genossenschaft um den Sieg rang, reproduziert sich hier - beschränkter einerseits, weil er über das wirtschaftliche Gebiet und wirtschaftliche Zwecke nicht hinausreicht, schroffer und unbedingter andererseits, weil er innerhalb seiner Sphäre dasselbe Prinzip, welches in den ehemaligen Herrenverbänden früh durch die Entstehung abhängiger Genossenschaften modifiziert wird, bedingungslos durchführt."[1]

Gierke beginnt nun damit, mit wenigen knappen und klaren Sätzen die wirtschaftliche und soziale Situation seiner Zeit zu umreißen, auf deren Probleme er in seinem Werk eine Antwort geben will: "Aus den Atomen der alten, zerstörten Wirtschaftsgesellschaft haben sich als übermächtige und an Macht stets wachsende Gebilde neue Wirtschaftsorganismen erbaut, für welche das Kapital Basis und Herr, die Arbeit nur unselbständiges Werkzeug ist. Diese Organismen sind die kapitalistischen Erwerbsunternehmungen aller Art ... Sie alle leben nur von dem mit der Intelligenz verbündeten kapitalistischen Haupt: die arbeitenden Glieder sind keine lebendigen Mitträger ihres Körpers sondern Gegenstand, Werkzeug ihrer Tätigkeit."[2] In diesen kapita-

.. und Verfassungsprinzipien unaufhaltsam fort. Die beiden Bewegungen, von denen die eine in der Richtung von oben nach unten die Volksfreiheit durch Herrschaft und Dienst, die Genossenschaft durch den Herrschaftsverband verdrängte, die andere in der Richtung von unten nach oben alles Recht in Grund und Boden versenkte ... vollendet sich und vereint sich zu einem Strom. Als dies geschehen, stand der Feudalstaat fertig da."

1 Gierke, a.a.O., S. 1037

2 Gierke, a.a.O., S. 1036/1037

listischen Erwerbsunternehmungen ist die Arbeit rechtlos. "Und die rechtlich schrankenlose Herrschaft wird hier auch tatsächlich eiserner und unwandelbarer, als es je die Herrschaft des Hofherrn war, weil mit dem Überwiegen der Kapitalbedeutung immer mehr das menschlich-persönliche Verhältnis zwischen Herr und Arbeiter sich mindert, immer trennender zwischen beide die unpersönliche Kapitalmacht tritt, immer willenloser endlich der Besitzer selbst in den Dienst des eigenen Kapitals gezogen wird."[1] Die "freie Wahl", die der Arbeiter hat, in einen derartigen Herrschaftsverband einzutreten, beziehe sich nicht auf das "ob", sondern nur auf das "wo" der Unterwerfung und "mit Naturnotwendigkeit drängt der kapitalistische Verband dahin, die ökonomische Existenz seiner dienenden Glieder voll und ganz zu absorbieren."[2] Dadurch ist der Arbeiter "nicht nur in einem einzelnen Verbande, sondern in der gesamten Volkswirtschaft des ökonomischen Bürgerrechts bar. - Dadurch wird freilich seine privatrechtliche, politische, kirchliche und seine menschliche Persönlichkeit überhaupt an sich nicht geschmälert: aber auf die Dauer wirkt nothwendig der Mangel ökonomischer Selbstständigkeit auf alle andern Seiten seiner Existenz zurück. Das Kapital wird unter dem Einfluß der Konkurrenz und des ihm wie jeder Macht immanonten Triebes der Erweiterung unausbleiblich gedrängt, die Grenze seiner Herrschaftssphäre weiter und weiter vorzuschieben. Nur der Widerstand der bedrohten Existenzen setzt dieser Tendenz ein Ziel."[3]

Zum Vergleich soll hier auch noch die spätere Formulierung dieser Passage durch Gierke in seinem Artikel "Genossenschaftswesen" wiedergegeben werden:
"Der Arbeiter ist wirtschaftlich nicht Bürger, er ist Unterthan in dem ökonomischen Verbande, der sein gesamtes äußeres Leben beherrscht und bedingt. Privatrechtlich ist er frei, politisch ist er zum vollberechtigten Bürger geworden; wirtschaftlich ermangelt er der vollen Persönlichkeit, welche ohne mitbestimmende Theilnahme am Leben eines wirtschaftlichen Ganzen nicht denkbar ist. Allerdings gehört er diesem Verbande nach freier Wahl an; aber zu wählen hat er nicht das Ob, sondern das Wo der Unterwerfung. Kein anderes Mittel bietet ihm, will er seine Arbeitskraft verwerthen, das ganze Gebiet der ökonomischen Welt. Diese unselbständige Stellung der Arbeit in der modernen Unternehmung ist die Wurzel der sozialen Frage. Denn

---

1 Gierke, a.a.O., S. 1037

2 Gierke, a.a.O., S. 1037

3 Gierke, Genossenschaftsrecht Bd. I, S. 1037, 1038

unter dem Einfluß der freien Konkurrenz und des jeder Macht immanenten Erweiterungstriebs wird das Kapital unausbleiblich gedrängt, seine Alleinherrschaft im eigenen und nächsten Interesse auszunützen und immer weiter und weiter die Grenzen seiner Herrschaftssphäre vorzuschieben. Nicht die Humanitätsbestrebungen und die weitblickende Einsicht Einzelner, sondern einzig der Widerstand der bedrohten Existenzen setzt dieser Tendenz ein Ziel."[1]

Daß diese Besitzergreifung des Arbeiters durch das Kapital nicht nur Auswirkungen auf das ökonomische Bürgerrecht, sondern auch auf das politische Bürgerrecht, schließlich auf die nackte Existenz gewinnt, erläutert Gierke ebenfalls in der Abhandlung über das Genossenschaftswesen an dieser Stelle noch einmal besonders: "Nicht die Entbehrungen und die Einbuße an materiellen Genüssen" seien die schlimmsten Folgen dieser Entwicklung, sondern die Bedrohung der arbeitenden Klassen "mit dem Verlust der vollen Menschlichkeit."[2] Was nutze das politische Vollbürgerrecht, wenn dem Arbeiter nicht Zeit, Kraft und materielle Mittel blieben, sein Recht zu üben, was nutze das Erbrecht, wenn ihm die Hoffnung fehle, den Kindern einen Notpfennig zu hinterlassen, was nutze das Stimmrecht, wenn ihm die Mittel zur Erlangung politischer Bildung fehlen, wenn er von der praktischen politischen Tätigkeit in der Gemeinde, im Geschworenendienst tatsächlich ausgeschlossen sei. Schließlich mache das Kapital auch vor den Grundbedingungen menschlicher Existenz, vor der Gesundheit, vor dem Bestand der Familie nicht halt, um schließlich "ein neues, einseitig gebildetes und physisch wie geistig verkommenes, dafür aber desto zahlreicheres Geschlecht von Arbeitssklaven zu erziehen."[3]

Gierke sieht jedoch nicht nur die Auswirkungen des Kapitalismus auf das Leben des Lohnarbeiters, also auf einen Teil des Volkes [4],

---

1 Gierke, Genossenschaftswesen; Bluntschlis Staatswörterbuch, a.a.O., S. 788

2 Gierke, Genossenschaftswesen, a.a.O., S. 788, 789

3 Gierke, Genossenschaftswesen, a.a.O., S. 789

4 "So groß indeß diese Gefahren sind: würden von ihnen nur Einzelne bedroht, so würden sie nur einen Appell an die Humanität und an die sittliche Pflicht der Allgemeinheit begründen. Es stünde dann die soziale Frage etwa auf gleichem Boden, wie die Frage der Armenpflege." Gierke, Genossenschaftswesen, a.a.O., S. 789

sondern auf die gesamte ökonomische und gesellschaftliche Entwicklung. "In Wahrheit aber ist es die Volksexistenz selber, deren Fundament untergraben wird. Denn unaufhörlich wächst der Umfang und mindert sich relativ die Zahl der wirtschaftlichen Herrschaftsorganismen, und unaufhörlich schwillt die Masse und mindert sich relativ die Macht der einzelnen ökonomisch unselbständigen Existenzen. Unter dem Druck der schrankenlosen Konkurrenz verschwinden mehr und mehr die kleinen und mittleren selbständigen Wirtschaften als konkurrenzunfähig vor den großen, und was sich von ihnen nicht zum Großbetriebe erheben kann, sinkt zur Lohnarbeit hinab."[1]

Mit dieser Darstellung der immanenten Struktur der schrankenlosen Entwicklung des Kapitalismus unter dem Einfluß des "römischen" Prinzips legt Gierke gleichzeitig die Grundlage für ein neues Begriffsschema: auf dieser Basis läßt sich das deutsche Rechtsprinzip scheinbar schlüssig zum sozialen Prinzip und damit das deutsche Recht zum sozialen Recht überhaupt stilisieren. In der Tat werden später die Begriffe germanisch und sozial von Gierke synonym gebraucht [2], ohne daß es dann noch - wie hier - versucht wird, auszuweisen.

Man fühlt sich bei dieser Analyse der Entwicklung der kapitalistischen Wirtschaft an die Schriften der Sozialisten und insbesondere an die Analyse von Karl Marx erinnert, der seinen ersten Band des "Kapital" 1867 ein Jahr vor Gierkes Genossenschaftsrecht, Band I, veröffentlicht hat. Das Verhältnis Arbeiter - Unternehmer wird hier in einer konkreten historischen Ausprägung gesehen und nicht als ein Verhältnis abstrakter Rechtssubjekte, der betriebliche Verband erscheint als konkretes Herrschaftsverhältnis und nicht als über den Zeiten und Klassenwidersprüchen stehende personenrechtliche Gemeinschaft. Da tritt das Kapital als gesellschaftliche Macht in das persönliche Verhältnis der Menschen ein, es drängt unter Einfluß der Konkurrenz und aus immanentem Trieb zur ständigen Erweiterung seiner Macht und zieht selbst den Repräsentanten des Kapitals immer willenloser in seinen Dienst. Auch Marx entwickelt, daß die Beziehungen der Menschen im Kapitalismus durch die Stellung im Produktionsprozeß bestimmt werden, daß sich die Gesetze des Kapitals als sich selbst verwertendem Wert hinter dem Rücken und ohne Kenntnis der Menschen durchsetzen [3], und daß die Repräsentanten des Kapitals als personifiziertes Kapital auf-

---

1 Gierke, Genossenschaftsrecht Bd. I, a.a.O., S. 1037/38

2 Janssen, a.a.O., S. 66

3 Marx, Kapital Bd. I, MEW 23, 328 f. Marx, Vorwort zur Kritik der politischen Ökonomie, MEW 13, S. 8, 9, 1859

treten [1]. Bei Gierke sind die arbeitenden Klassen als Klassen besitzlos, rechtlos und von einer Ausdehnung der Herrschaft des Kapitals bedroht, ist die Arbeit nur unselbständiges Werkzeug. Marx beschreibt dies in der Untersuchung über die Ware Arbeitskraft, die zum Anhängsel der Maschine wird und die, wie jede Ware gehandelt wird und durch deren Kauf der Käufer das Recht erwirbt, ihre Produkte sich anzueinen [2]. Nach dem allgemeinen Gesetz der kapitalistischen Akkumulation wachse mit Wachstum und Ausdehnung des Kapitals auch die Masse der Arbeiter, die industrielle Reservearmee und der offizielle Pauperismus [3].

Ohne Zweifel ergeben sich hier einige Ähnlichkeiten in der Analyse, die verblüffen. Obwohl damit die Frage auf der Hand liegt, ob sich Gierke damit im weitesten Sinne als Sozialist einordnen läßt [4], ist

---

1 Marx, Kapital Bd. I, S. 167, 247

2 Marx, Lohn, Preis, Profit, MEW 16, 129 f.
Vgl. auch Gierke, Genossenschaftswesen, S. 788: "Dieser Arbeitslohn aber regelt sich, sobald die Arbeit nur als Gegenstand in Betracht kommt, nach denselben Gesetzen, welche den Preis einer Ware bestimmen. Nach dem wechselnden Verhältnis von Angebot und Nachfrage schwankend, reducirt sich im Durchschnitt der Arbeitspreis auf die Produktionskosten, d.h. auf den nothdürftigen Lebensunterhalt des Arbeiters. Aber auch darüber, was er von seiner Arbeitskraft verkaufen will, hat der Arbeiter keine freie Verfügung. Will er sich mit weniger begnügen, als er zum Leben braucht, dann mag er sich ein Stück seiner wirthschaftlichen Kräfte reserviren. Da er dies nicht kann muß er vorbehaltlos seine ganze wirthschaftliche Persönlichkeit der fremden Macht hingeben, an deren Leben ihm auch nicht der kleinste aktive Antheil zusteht. Unausbleiblich fordert das Kapital ganz und voll den Arbeiter, den es bezahlt. Es dehnt die Arbeitsstunden aus, es erhöht durch die Akkordarbeit die Leistungen, und wenn davon Fähigkeit und Fleiß im Anfang einen Vortheil ziehen, wird schließlich wiederum das relative Niveau des Lohnes im Ganzen gemindert."

3 Marx, Kapital Bd. I, S. 670

4 Von einem allerdings unterschiedlichen Ausgangspunkt aus stellt Dilcher die Frage nach einem "juristischen Sozialismus" Gierkes.
Dilcher, Genossenschaftstheorie, a.a.O., S. 325
Mundt, Sozialpolitische Wertungen, a.a.O., S. 86 bemerkt, Gierkes Worte würden an Schärfe der Analyse vielleicht nur von Marx übertroffen.

sie bisher so nicht gestellt worden und soll auch hier noch zurückgestellt werden. Festzuhalten bleibt jedoch, daß Gierke in dieser Zeit als erster und einziger Jurist einen tiefen Einblick in die ökonomische Gesetzmäßigkeit des Kapitalismus gewonnen hat und daß er die Lösung des Problems ökonomischer Ungleichheit und Ungerechtigkeit nicht als Problem der Armenhilfe, sondern als grundlegende rechts- und wirtschaftspolitische Aufgabe erkannte. Trotz harmonisierender Vorstellungen sieht Gierke zu diesem Zeitpunkt noch ganz deutlich den prinzipiellen Interessengegensatz zwischen den Trägern des Kapitals und den arbeitenden Klassen, und ist noch in erster Linie an der Lösung der Probleme der ökonomischen Ungleichheit und Ungerechtigkeit interessiert.

4. Die Genossenschaft als Sozialmodell

Die Lösung der sozialen Frage sieht Gierke in der wirtschaftlichen Assoziation der arbeitenden Klassen, in der Genossenschaft [1]. "Aber es gibt eine Kraft, welche gewaltig genug ist, solche Gefahren zu beschwören, und schon hat sie begonnen, ihre zugleich abwehrende und schöpferische Aufgabe zu vollziehen. Diese Kraft ist die wirtschaftliche Association. Sie und sie allein kann und wird die bis jetzt noch selbständigen Wirtschaftsatome vor dem Verlust ihrer Selbständigkeit schützen, sie und sie allein kann und wird aber auch die Masse

---

1 Zur Begrifflichkeit: Gierke löst in seiner Arbeit den Begriff der "Arbeiterassoziation" durch den der "Genossenschaft" ab, der sich in der praktischen Sozialpolitik immer mehr durchgesetzt hat. Noch V.A. Huber hat sich in dem von Gierke zitierten Artikel "Assoziation" Staatswörterbuch, a.a.O., S. 461 geweigert, den Begriff der Assoziation durch den der Gemeinschaft oder Genossenschaft abzulösen, weil diese Begriffe zu vage, zu allgemein seien. In der Anmerkung a.a.O., S. 461 bedauert die Redaktion des Staatswörterbuchs, daß sich Huber nicht dazu durchringen konnte, eine deutsche Bezeichnung einzubürgern und schlägt den Ausdruck "Arbeitergenossenschaft" vor. In der 2. Auflage von Bluntschlis Staatswörterbuch, 1875, die von Gierkes Schwager Loening herausgegeben wird, ist der etwas schwerfällige Assoziationsartikel Hubers durch den Artikel Genossenschaftswesen von Gierke ersetzt; zu dem neu sich herausbildenden Begriff der Genossenschaft vgl. auch Julius v. Gierke, Genossenschaftsrecht, a.a.O., S. 706, 707

derer, welche heute nur Gegenstand fremden ökonomischen Willens sind zu wirtschaftlicher Persönlichkeit erheben."[1]

Gierkes Plan zielte darauf ab, zunächst die rechtliche Seite der deutschen Assoziation darzustellen und die soziale, wirtschaftliche, ethische Seite dabei nur soweit erforderlich zu streifen. Er wollte das wahrhaft Bleibende und Wesentliche, die sich entfaltende Idee der Assoziation und das Recht der deutschen Genossenschaft als Werdendes und Gewordenes behandeln [2]. Auch die Assoziation der sozial schwachen Klassen ist für ihn zunächst nur "die besondere Erscheinungsform derselben Assoziationsidee, die in allen Ständen und auf allen Gebieten die Physiognomie der neuesten Entwicklungen bestimmt und gehört somit als Glied in die Kette der genossenschaftlichen Gestaltungen."[3] Beseler folgend bestimmte Gierke die Genossenschaft als eine auf freier Vereinigung beruhende deutschrechtliche Körperschaft, d.h. als einen Verein mit selbständiger Rechtspersönlichkeit [4].

Doch entsprechend seinem nüchternen Verständnis für die bestehenden sozialen Gegensätze erkannte Gierke sehr deutlich, daß die tatsächliche Bedeutung der einzelnen Assoziationen eine "außerordentlich ungleiche" sei, und zwar besonders durch die "Verschiedenheit der von ihr ergriffenen Personenklassen".[5] Dem ökonomischen Genossenschaftswesen derjenigen Klassen, welche durch die kapitalistischen Entwicklungen in ihrer Selbständigkeit bedroht sind, müsse eine besondere Bedeutung innerhalb der "modernen socialpolitischen Bestrebungen" zukommen [6]. Denn die Genossenschaft habe besondere Bedeutung für die Wahrung und Erringung der ökonomischen Selbständigkeit seitens der arbeitenden Klassen [7].

Wegen dieser großen sozialpolitischen Bedeutung konzentriert sich Gierke im ganzen letzten Teil seines ersten Bandes besonders auf

---

1 Gierke, Genossenschaftsrecht Bd. I, S. 1038, 1039

2 Gierke, a.a.O., S. 4, 5

3 Gierke, Genossenschaftsrecht Bd. I, S. 1035

4 Gierke, Genossenschaftsrecht Bd. I, S. 5

5 Gierke, Genossenschaftsrecht Bd. I, S. 1035

6 Gierke, Genossenschaftsrecht Bd. I, S. 1036

7 Gierke, Genossenschaftsrecht Bd. I, S. 1036

diese Genossenschaften der arbeitenden Klassen und beschränkt sich dabei keineswegs darauf, verschiedene Formen und Erscheinungsbilder nur zu beschreiben, sondern projektiert unter Einbeziehung von Erfahrungen aus England und Frankreich neue Formen der Assoziation [1].
Das Assoziationsprinzip sollte in zweierlei Hinsicht wirken: einmal bezüglich der Arbeitervereine im weiteren Sinne, zum andern in bezug auf die neu zu schaffenden Wirtschaftsorganismen. Zu den Arbeitervereinen zählt er die Bildungsgenossenschaften, die politischen Arbeitervereine und vor allem die "Gewerkvereine" nach dem Vorbild der englischen Trade Unions [2]. Ausdrücklich wendet er sich schon im Genossenschaftsrecht gegen das Koalitionsverbot für Arbeiter [3].
In dem zeitlich später liegenden Artikel über das Genossenschaftswesen berichtet er ausführlich über die Bedeutung der "Arbeiterassociationen für Interessenvertretung" nach der Aufhebung des Koalitionsverbotes 1869 [4]. Zwar sieht er aufgrund der gewachsenen Arbeitseinstellungen und Streiks auf diesem Gebiet noch Chaos und Gährung vorherrschen, er sieht auch die Gefahr bestimmter Ausschreitungen [5], doch er begreift dies als unausbleibliche Folge und Reaktion auf übertriebenen Individualismus und die allzulange gewaltsame Eindämmung der Bewegung [6]. Doch dies seien Randerscheinungen; im Ganzen sei festzustellen, daß Mäßigung und Achtung vor fremdem Recht in den Assoziationen hervorgetreten seien, auch da wo das plötzlich erwachte Bewußtsein der Solidarität einen Machtmißbrauch nahelegte [7].

---

1 Gierke, Genossenschaftsrecht Bd. I, S. 1030-1121

2 "Vereine für allgemeine Interessenvertretung der Arbeit oder der Arbeiter bzw. eines bestimmten Arbeitszweiges oder einer bestimmten Arbeiterklasse", Gierke, Genossenschaftsrecht, Bd. I, S. 1042, auch S. 900

3 "Eine Ausnahmebeschränkung des Arbeiterstandes, deren Tage gezählt sind", a.a.O., S. 1040

4 Gierke, Genossenschaftswesen, a.a.O., S. 794

5 Gierke, Genossenschaftswesen, a.a.O., S. 795 und Gierke, Genossenschaftsrecht Bd. I, S. 1043

6 Gierke, Genossenschaftswesen, S. 796

7 Gierke, Genossenschaftswesen, S. 796

"Nur ein befangener Beobachter aber kann nach der andern Seite hin verkennen, daß gerade in ihrem solidarischen Auftreten die arbeitenden Klassen eine sittliche Kraft offenbart haben, welche den höhergebildeten, besitzenden Klassen in diesem Grade nicht mehr eigen ist. Das ist die Kraft eines opferfähigen Gemeinsinns. Mag nun im einzelnen Falle das erstrebte Ziel eine Wahrheit oder ein Blendwerk sein, hoch ist unter allen Umständen der Einzelne zu stellen, welcher im Geiste der Brüderlichkeit individuelle Vortheile dem Nutzen der Gesamtheit, der er angehört, zum Opfer bringt. Nicht im Egoismus des Individuums, sondern im Bewußtsein der Solidarität und im Gattungssinn wurzelt die schöpferische soziale Kraft. Immer aber ist diese Kraft, deren Verschwinden in einem Volke oder in einem Stamme das sichere Vorzeichen ist, daß sie sich ausgelebt haben, am stärksten in den jüngeren, nach Gestaltung und Geltung noch ringenden Völkern und Ständen."[1] Obwohl Gierke bereits hier die friedensstiftende Wirkung der Vereinbarungen zwischen Arbeitgebern und starken Gewerkvereinen als positive Seite hervorhebt, so ist sie für ihn nur auf der Grundlage der vollen Entfaltung gewerkschaftlicher Freiheit und der Gleichberechtigung beider Parteien denkbar, und er ist selbst bereit, das Risiko des Arbeitskampfes anzuerkennen: "Selbst das wäre denkbar, daß ein ganzes Land, beispielsweise England, durch den Kampf der Arbeiterassociationen und des Kapitals dauernd geschädigt und von seiner wirtschaftlichen Höhe herabgeschleudert würde, und daß dennoch der Menschheit in ihrer Gesamtheit das Resultat zugute käme. Aber wie dem auch sei: Erscheinungen von so elementarer Gewalt lassen sich weder fortdocieren noch fortdekretieren."[2]

Aus diesem Grunde aber bleiben für Gierke die Gewerkschaften letztendlich immer etwas negatives, sie schaffen keine neuen Wirtschaftskörper [3]. Die Vollendung des alten Genossenschaftsprinzips sieht er deshalb in den neuen Wirtschaftsgenossenschaften, und hier neben den Konsum- und Distributivgenossenschaften besonders in den Produktivgenossenschaften für Arbeiter, denen er für die Zukunft reale Chancen gibt. "Das Ziel der Bewegung aber ist die Produktivgenossen-

1 Gierke, Genossenschaftswesen, S. 796

2 Gierke, Genossenschaftswesen, S. 797

3 Gierke, Genossenschaftswesen, S. 797

schaft, in welcher die Arbeit volles Bürgerrecht erlangt."[1] "In der Produktivgenossenschaft findet die Personalgenossenschaft für Wirtschaftszwecke ihre Vollendung."[2] Ihrem Wesen nach charakterisiert er diese Genossenschaft dahingehend, daß in ihr die "assoziierte Arbeit selbst" und nicht das Kapital wirtschaftliche und rechtliche Trägerin des produktiven Unternehmens sei [3]. Allein diese Produktivgenossenschaft garantiere neben dem materiellen Vorteil die Entwicklung der "wirtschaftlichen Persönlichkeit" des Arbeitenden, mache ihn zum "Bürger" wirtschaftlicher Gemeinwesen, sie erhalte ihm die Individualität, sei darüber hinaus eine Schule für das gesamte öffentliche und private Leben und "vor anderem" auch eine "Schule der Sittlichkeit" [4]. Neben diesen Arbeiterproduktivgenossenschaften kann nach seiner Ansicht auch die selbständige "Beteiligung der Arbeit" an kapitalistischen Unternehmen zu großer Bedeutung gelangen, allerdings nur, "wenn dies unter dem Gegendruck zahlreicher Produktivgenossenschaften, durch Konkurrenz im Interesse für die Arbeitsherren zur Notwendigkeit werden sollte."[5]

Ausdrücklich wendet sich Gierke - mit besonderer Zielrichtung gegen "Kommunisten und Sozialisten" - gegen die, die seiner Ansicht nach in römischer Tradition die Lösung der sozialen Frage dem bestehenden oder an seiner Stelle zu schaffenden Staat übertragen wollen [6].

---

1 Gierke, Genossenschaftsrecht Bd. I, S. 1043. Dieses Ziel Gierkes wird etwa von Mundt, Sozialpolitische Wertungen, a.a.O., S. 90, 99 ausgeblendet, der die wirtschaftliche Assoziation bei Gierke auf die Gewerkschaften und die Betriebsgemeinschaft reduziert.

2 Gierke, Genossenschaftsrecht Bd. I, S. 1088

3 Gierke, Genossenschaftsrecht Bd. I, S. 1089

4 Gierke, Genossenschaftsrecht Bd. I, S. 1048; auch S. 1035: "Gegenüber dem egoistischen Prinzip der kapitalistischen Erwerbsspekulation, das auch in den Kapitalvereinen und in der Kollektivgesellschaft das überwiegende bleibt, ist es der wirtschaftliche G e m e i n s i n n, welcher die Personalgesellschaft hervorruft, leitet und erhält. Gemeinsinn aber ist zugleich Erzeugnis und Erzeuger sittlicher Ideen."

5 Gierke, Genossenschaftsrecht Bd. I, S. 1041

6 Gierke, Genossenschaftsrecht Bd. I, S. 1039

Der Staat solle auf "mitwirkende Hilfe" beschränkt bleiben, denn die in ihrer ökonomischen Selbständigkeit bedrohten Klassen können "wahre und dauernde Selbständigkeit nur sich selbst geben." Der Staat habe gegenwärtig vor allem die Aufgabe, das für den Arbeiterstand bestehende Koalitionsverbot beiseite zu räumen, durch Schutzgesetze aller Art die Persönlichkeit gegen Macht der Kapitalorganismen zu schützen und den neu sich bildenden genossenschaftlichen Wirtschaftsorganismen Existenz und bevorzugte Stellung zu garantieren [1].
Über diese Aufgaben hinaus schließt jedoch für Gierke das Prinzip der Selbsthilfe sowohl Staatsinitiative als auch Staatsgestaltung aus. Im gleichen Sinne sieht er Anregung, Förderung und Hilfe durch Angehörige der höheren Gesellschaftsklassen und die Fürsorge "menschenfreundlicher Arbeitsherrn" zwar als hilfreich und nützlich an, entscheidend sei dies jedoch alles nicht, "da die Wurzel des Übels davon unberührt bleibt, nur seine Folgen gelindert werden. Entscheidend ist allein die Kraft schöpferischer Association der arbeitenden Klassen selbst."[2]

Hier bleibt festzuhalten, daß Gierke in seinem "Genossenschaftsrecht" die Lösung der sozialen Frage noch in untrennbarem Zusammenhang mit der Entwicklung der wirtschaftlichen Genossenschaften, der freien

---

1 Gierke, Genossenschaftsrecht Bd. I, S. 1040. "Einen positiven Gehalt hat die Staatstätigkeit insofern, als die gesetzliche Regelung der Wirtschaftsorganismen in Frage kommt. Hier tritt der Staat teils beschränkend auf, wie dies z.B. in der Fabrikgesetzgebung durch das Verbot der Beschäftigung jugendlicher Arbeiter, durch Beschränkung der Arbeitszeit, durch die Untersagung gewisser Arten der Lohnvergütung, durch das Gebot von Fabrikordnungen usw. zum Schutz der Persönlichkeit gegen die Kapitalorganismen geschieht." Ausführlich auch Gierke, Genossenschaftswesen, S. 792

2 Gierke, Genossenschaftswesen, S. 793. Diese konsequente Ablehnung der Staatshilfe und damit des Staatseingriffs bringt dem frühen Gierke auch die Kritik Schmollers ein, dessen Auffassungen er sich später annähert. Schmoller schreibt im Brief an Schönberg 30.8.1870: "Die ganze Idee, der ganze Wert des Staates kommt nicht zu seinem Recht, weil Gierke im Staate immer nur den Feind der Genossenschaften sieht. Daß ein ganz frei sich selbst überlassenes Genossenschaftswesen sehr leicht zur Klassenherrschaft führt, übersieht Gierke." zit. bei Wittrock, Kathedersozialisten, S. 84

Vereinigung produzierender Menschen und der sozialen Selbstbestimmung der arbeitenden Klassen sieht. Alleine auf dieser Grundlage ist für ihn die Sicherung der Freiheit der Persönlichkeit, die Durchsetzung der Rechte der arbeitenden Klassen und das Gedeihen der Volkswirtschaft und der Gesellschaft gewährleistet. Er setzt dabei die genossenschaftliche Organisation auf allen Ebenen bewußt dem Herrschaftsverband der kapitalistischen Unternehmen entgegen, und lehnt es somit ab, die Sicherung der wirtschaftlichen Persönlichkeit des Arbeiters unter Anerkennung und aus den Grundprinzipien dieses Herrschaftsverbands heraus zu entwickeln - eine Position, die er in den späteren Jahren verändert.

Die Wirtschafts- und Produktivgenossenschaften, die Gierke für die Neuzeit projektiert, sind dabei alles andere als im deutschen Volksleben gewachsen. Das Deutschland der damaligen Zeit bietet eher ein betrübliches Bild des "unerschöpflichen germanischen Assoziationsgeistes." Die sich zu dieser Zeit erst langsam entwickelnden Konsumgenossenschaften und Vorschußvereine waren im wesentlichen auf Initiative Schulze-Delitzsch's nach englischem Vorbild entstanden. In dem von Schulze-Delitzsch erstellten Jahresbericht für 1866 werden beispielsweise 1433 Erwerbs- und Wirtschaftsgenossenschaften aufgezählt, davon allerdings weit über 1000 Vorschuß- und Kreditvereine, die im wesentlichen den Handelsstand organisierten; Produktivassoziationen sind ganze 29 darunter [1]. Und auch diesen Unternehmungen war, wie Gierke feststellen mußte, kein durchschlagender Erfolg beschieden [2]. Einige befanden sich schon zum Zeitpunkt der Erstellung dieses Berichts in Liquidation. Daher war Gierke gezwungen, sich mit Vorbildern in anderen Ländern auseinanderzusetzen, insbesondere mit der Entwicklung in England und dem, dem romanischen Einfluß unterliegenden Frankreich. Das Material dazu entnimmt er, wie die Fußnoten belegen, den Schriften Schulze-Delitzsch's, Victor Aimé Hubers, Eduard Pfeiffers und einer umfangreichen englischen und französischen Spezialliteratur [3]. Diese Orientierung an Modellen aus Ländern, in denen der Kapitalismus durchweg weiter

---

1 Zitiert bei Gierke, Genossenschaftsrecht Bd. I, S. 1046

2 Zitiert bei Gierke, Genossenschaftsrecht Bd. I, S. 1088, Anm. 148

3 Vgl. Gierke, Genossenschaftsrecht Bd. I, Fußnoten 1038 f.
Gierke, Genossenschaftswesen, Literaturverzeichnis, S. 811 f.

entwickelt war, beweist einerseits die Unrichtigkeit der pauschalen Behauptung, Gierke sei dem veralteten Modell der vorindustriellen Gesellschaft verhaftet geblieben [1], zum andern auch, daß Gierke hier nach eigenem Gutdünken bestimmte reformpolitische Konzeptionen der alten germanischen Assoziationsidee zuordnet, obwohl er den Beweis irgendeiner Kontinuität im Volksleben schuldig bleiben muß [2].

5. Gierkes Verhältnis zur zeitgenössischen Genossenschaftsbewegung

Nach dieser Darstellung des Genossenschaftsrechts erscheint es mir notwendig kurz einzuhalten und die Einordnung der Gierkschen Genossenschaftsidee zu versuchen, die eine der ersten geschlossenen sozialrechtlichen Konzeptionen in der neueren deutschen Rechtsentwicklung darstellt. Die Einordnung dieser frühen Werke von Gierke [3] ist nicht einfach, weil von ihm selbst für diese Zeit verglichen mit den späteren Abschnitten wenig Zeugnisse vorhanden sind. Man muß sich nur vergegenwärtigen, daß Gierke in dieser Zeit kaum längere zusammenhängende Arbeitszeit blieb, daß seine wissenschaftliche Arbeit immer wieder durch Kriegsteilnahme unterbrochen wurde: 1866 nahm er an der Schlacht von Königgrätz teil, 1870/71 am Deutsch-Französischen Krieg, wobei er das Eiserne Kreuz erhielt. Diese Kriegszeit empfand er jedoch keineswegs als lästige Unterbrechung, sondern im Gegenteil scheint ihn das damit einhergehende Erstarken des nationalen Selbstbewußtseins eher zur Arbeit angespornt zu haben. Erst 1871 wurde er dann an die Universität Breslau berufen [4], wo er 12 Jahre wirkte. Die Einordnung

---

1 Laufs, a.a.O., mit Bezug auf Wieacker, Privatrechtsgeschichte, S. 454

2 Was Gierke durchaus bewußt ist, vgl. Gierke, Genossenschaftsrecht Bd. I, S. 1045

3 Gemeint sind: Gierke, Genossenschaftsrecht Bd. I, 1868.
Gierke, Genossenschaftswesen, a.a.O., 1875.
Außerdem fallen in diese Zeit: Gierke, Genossenschaftsrecht Bd. II, 1873; die Grundbegriffe des Staatsrechts 1874; und der Vortrag: Deutsches Recht und deutscher Staat 1873. Auf die letzteren Arbeiten wird jedoch erst später im Zusammenhang eingegangen.

4 Ebel, Otto v. Gierke, a.a.O., S. 81 spricht von der "noch vom Hauch der Freiheitskriege umwitterten, wenngleich etwas provinziellen Universität Breslau."

ist aber auch schwierig, weil die Würdigungen Gierkes, die in der Regel nach seinem Tod 1921 erschienen, mehr auf das Gesamtwerk abstellen und sich nicht mit diesem relativ kurzen Zeitabschnitt begnügen. Aussagen für diese erste Zeit lassen sich deshalb wohl nur treffen, wenn man den Quellen nachgeht, die Gierke damals benutzte; denn eines dürfte deutlich geworden sein: die Verbindung des deutschrechtlichen Genossenschaftsgedankens mit dem Problem der arbeitenden Klassen und der sozialen Frage ist so von Beseler nicht vorgezeichnet gewesen [1]. Hier unterliegt Gierke neuen sozialpolitischen Einflüssen, die er erstmals für die Rechtswissenschaft fruchtbar macht.

Dem widerspricht Böckenförde, wenn er für den hier zu untersuchenden Zeitraum ausdrücklich feststellt, Gierkes genossenschaftliches Denken und sein Interesse für die genossenschaftliche Freiheit des Mittelalters entspringe "nicht der Beschäftigung mit der sozialen Frage und der Einsicht in die Lebensbedingungen der Arbeiter in der heraufkommenden Industriegesellschaft, sondern dem Bemühen um die Vollendung der geschichtlich begründeten nationalen Verfassungsentwicklung".[2] Nach seiner Auffassung haben deshalb Gierkes genossenschaftliche Verbände "gar nicht den Charakter von gesellschaftlichen Assoziationen, Interessenvereinen der souveränen Individuen", sondern den Charakter von "Consoziationen", Gemeinschaften, die sich über die Individualinteressen erheben, einen Gemeinzweck vertreten und den einzelnen als solchen, statusmäßig, miterfassen und integrieren, und ihr Vorbild in der unentzweiten, genossenschaftlichen Ordnung des altdeutschen politischen Lebens haben [3]. Diese Einordnung erscheint mir vorschnell möglicherweise nur auf den Einfluß Beselers abzustellen

---

.. Brentano, Mein Leben, a.a.O., S. 85 schildert ein eher sozialreaktionäres Klima und berichtet, daß ihn unter anderen Kollegen, wie etwa dem Philosophen Dilthey auch der Rechtshistoriker Gierke in den Kämpfen, die er zu bestehen hatte, oft freundschaftlich unterstützt habe (a.a.O., S. 86).

1 Vgl. oben Kapitel II. 2.

2 Böckenförde, Verfassungsgeschichtliche Forschung, a.a.O., S. 152 und wohl auch Lewis, Genossenschaftstheory, a.a.O., S. 90

3 Böckenförde, a.a.O., S. 152

und nicht zu beachten, wie stark Gierke von der sozialpolitischen Diskussion seiner Zeit beeinflußt ist [1].

Da ist einmal die Auseinandersetzung in der Arbeiterbewegung selbst über die Produktivassoziation. Lasalle und Marx haben beide mit konträren Standpunkten dazu Stellung genommen. Lasalle fordert in seiner Schrift gegen Schulze-Delitzsch [2], die Gierke als einzige Schrift Lasalles kannte und zitierte [3], die Bildung von Produktivassoziationen der Arbeiter und ihre Unterstützung durch Staatskredit.

Diese Forderung wird wiederholt im Aufruf Lasalles zur Einberufung des ersten allgemeinen deutschen Arbeiterkongresses am 1. März 1863 [4]. Nach Ansicht Lasalles wird der Arbeiterstand durch die freiwillige Assoziation sein eigener Unternehmer und ist dadurch in der Lage, den Unternehmergewinn auf sich zu verteilen und in den Genuß des vollen Arbeitsertrages zu kommen. Mit diesem Projekt soll Lasalle sogar auf ein anfängliches Interesse Bismarcks gestoßen sein, der sich davon eine Festigung seiner Staatsgewalt versprach und bis 1878 die Gewährung von Staatsmitteln in Höhe von 100 Millionen für ein solches Projekt für eine durchaus diskutable Sache erklärt haben soll [5]. Dem Ein-

---

1 Böckenförde, a.a.O., stützt sich dabei im wesentlichen auf eine Stelle, in der allgemeine Ausführungen zum Verhältnis Staatsidee und Genossenschaftsidee erfolgen, wo jedoch in erster Linie die moderne deutsche Staatsidee erläutert werden soll. Gierke, Genossenschaftsrecht Bd. I, S. 822 f. Diese Grundlage reicht jedoch für eine Beurteilung des frühen Gierke nicht aus, dagegen trifft diese Einschätzung auf Beseler wohl zu. Vgl. zu Beseler: Theodora Holm, Georg Beseler als Politiker, Flensburg 1935, S. 43, 44 zu Beselers Auffassung von Genossenschaft und Vereinsfreiheit.

2 Lasalle: Herr Bastiat, Schulze von Delitzsch, der ökonomische Julian oder, Kapital und Arbeit.

3 Gierke, a.a.O., S. 1039, Anmerkung 2, Genossenschaftswesen, S. 811

4 Lasalle, Reden und Schriften, S. 211 f.

5 Berichtet bei Hermann Oncken, Lasalle, 5. Aufl., Stuttgart 1966. Den integrierenden Einfluß Lasalles hebt auch Sohm, Die sozialen Aufgaben, S. 18, hervor: "Unter dem Einfluß Lasalles (in den 60er Jahren) war die beginnende Arbeiterbewegung monarchisch und national".

fluß Lasalles ist es zu verdanken, daß diese Forderung schließlich 1875 im "Gothaer Programm" der vereinigten sozialistischen Arbeiterpartei Deutschlands übernommen wurde:
"Die sozialistische Arbeiterpartei Deutschlands fordert um die Lösung der sozialen Frage anzubahnen, die Errichtung von sozialistischen Produktivgenossenschaften mit Staatshilfe unter der demokratischen Kontrolle des arbeitenden Volkes. Die Produktivgenossenschaften sind für Industrie und Ackerbau in solchem Umfang ins Leben zu rufen, daß aus ihnen die sozialistische Organisation der Gesamtarbeit entsteht."[1]

Man muß allerdings Böckenförde [2] zustimmen, daß trotz oberflächlicher Ähnlichkeit zwischen der Lasalleschen Assoziation und der Gierkes, was die Begründung und Konzeption angeht, ein tiefer Gegensatz zwischen beiden herrschte. Lasalle stieß jedoch auch in den eigenen Reihen auf energischen Widerstand. Unter dem Druck von Marx und Engels und den Eisenacher Sozialdemokraten wurde die Lasallesche Forderung als illusionär, opportunistisch und wegen des Appells an staatliche Hilfe als für eine sozialdemokratische Partei geradezu demütigend kritisiert und schließlich aus dem Programm entfernt [3].

Karl Marx weist darauf hin, daß die Herstellung der Bedingungen genossenschaftlicher Produktion damit zusammenhängt, daß an der Umwälzung der jetzigen Produktionsbedingungen gearbeitet wird [4]. Von diesem prinzipiellen Standpunkt aus findet sich bei Marx das Bemühen, die positiven, vorwärtsweisenden Seiten der Genossenschaftsbewegung herauszustellen, ohne die Illusionen über die Wirkung solcher Genossenschaften zu teilen. Er hebt an mehreren Stellen die kooperativen Fabriken der Arbeiter in England hervor [5] und schreibt über sie: "Ihr großes Verdienst besteht darin, praktisch zu zeigen, daß das bestehende despotische und Armut hervorbringende System der Unterjochung der Arbeit unter das Kapital verdrängt werden kann durch das republikanische und segensreiche System der Assoziation von freien und gleichen Produzenten ... Wir empfehlen den Arbeitern, sich eher mit

1 Programm der Sozialdemokratischen Arbeiterpartei, Gotha, Mai 1875, in: Treue: Deutsche Parteiprogramme seit 1861, Göttingen 1968

2 Böckenförde, a.a.O., S. 154

3 Marx, Kritik des Gothaer Programms, MEW 19, 27. Engels, Brief an Bebel v. 18.3.1875. Wilhelm Bracke, "Der Lasall'sche Vorschlag", Braunschweig 1873

4 Marx, Kritik des Gothaer Programms, S. 27

5 Marx, Kapital Bd. III, MEW 25, S. 400, 456

Produktivgenossenschaften als mit Konsumgenossenschaften zu befassen. Die letzteren berühren nur die Oberfläche des heutigen ökonomischen Systems, die ersteren greifen es in seinen Grundfesten an."[1] Trotz unterschiedlicher gesellschaftspolitischer Zielsetzung scheinen hier die Marxschen Vorstellungen den Gierkeschen weit näher zu stehen als diejenigen Lasalles. Dies gilt etwa, wenn auch aus verschiedenen Gründen, für die Haltung gegenüber Eingriffen des Staates. Marx hätte sicher zugestimmt, wenn Gierke sagt: "So kann auch die in ihrer ökonomischen Existenz bedrohte Klasse wahre und dauernde Selbständigkeit nur sich selbst geben", und den Lasalleschen Vorschlag kritisiert, er führe zur "Uniformirung, Bevormundung und Beamtenherrschaft".[2]

Vor diesem Hintergrund stellt sich eine ganz andere Frage, als die von Böckenförde aufgeworfene, nämlich ob nicht Gierke für diese Zeit mit einigen Einschränkungen als Sozialist zu bezeichnen ist. Gierke selbst grenzt sich zwar gegen den Kommunismus und Sozialismus ab, aber in einer durchaus noch sachlichen Weise, wie es einer tut, der sich durch ähnliche Anliegen verbunden weiß. Es ist die von den Sozialisten betriebene mehr oder weniger starke Überbetonung des Staates und die damit verbundene Einschränkung des Individuums, die er angreift [3], nicht die sozialpolitische Bestrebung als solche, die er als "an sich

---

1 Marx, Instruktionen für die Delegierten des provisorischen Zentralrats zu den einzelnen Fragen, MEW 16, 195

2 Gierke, Genossenschaftsrecht, Bd. I, S. 1040

3 Gierke, Genossenschaftsrecht Bd. I, S. 1039 und besonders Gierke, Genossenschaftswesen, S. 791: "Aber auch die milderen socialistischen Systeme führen in ihren Konsequenzen zu einer wirthschaftlichen Organisation, deren Gleichheitsdespotismus die asiatischen Despotien als Freiheit und deren polizeiliche Arbeitsregulierung alle bisher bekannten Büreaukratien als Regierungslosigkeit erscheinen ließe. Nicht freie wirthschaftliche Gemeinwesen, sondern eine demokratische Tyrannis würden sie in der Ausführung gründen. In ihren Nationalwerkstätten herrscht der Geist der Kaserne. Uniformirung, Bevormundung und Beamtenherrschaft müßten das unausbleibliche Resultat auch da sein, wo nur die Vorschläge Lassalles ins Leben träten und unter staatlicher Initiative und Gestaltgebung mit einer allgemeinen und regelmäßigen Staatsunterstützung Arbeiterproduktiv-Associationen gleichförmig geschaffen würden."

begreifliche Reaktion gegen den modernen Individualismus" versteht [1]. An anderer Stelle lobt er die "Solidarität der arbeitenden Klassen", auch wenn sie Unruhe erzeugen sollte [2], er ist bereit, selbst Arbeitervereine zu akzeptieren, wo "zuerst lediglich das Klasseninteresse betont" wird [3]. Schließlich sieht er zwar die soziale Revolution als Gefahr, die es zu beschwören gilt, sollte jedoch der Kapitalismus das Leben des Volkes vernichten und die herrschende Kaste ihren Egoismus schrankenlos ausdehnen, dann sieht er nur den Ausweg, daß sich die unterdrückte Mehrheit "genug von den elementaren Gewalten der Menschheit" wahrt, "um, wenn auch vielleicht wie am Ende des Altertums unter Aufopferung einer tausendjährigen Kultur, in gewaltsamer Umwälzung den verrotteten Organismus zu sprengen."[4]

Zu dem gesellschaftspolitischen Ergebnis, das er sich von der Genossenschaftsbewegung erhofft, äußert sich Gierke folgendermaßen: "Thoren nur können wähnen, die Associationsbewegung werde je alle ökonomische Unselbständigkeit aus der Welt bannen und alles sociale Elend tilgen. Aber die Hoffnung scheint nicht zu kühn, daß sie einen Zustand beenden oder verhüten wird, in welchem die ökonomische Unselbständigkeit die Regel und das sociale Elend das Los der Mehrzahl ist."[5]

Gierkes Standpunkt unterscheidet sich damit doch deutlich von dem von Marx, der immer wieder betont, daß das Kooperativsystem unfähig ist, das Wachstum der Monopole aufzuhalten und die Arbeiterklasse zu befreien: "Um die gesellschaftliche Produktion in ein umfassendes und harmonisches System freier Kooperativarbeit zu verwandeln, bedarf es allgemeiner gesellschaftlicher Veränderungen, Veränderungen der allgemeinen Bedingungen der Gesellschaft, die nur verwirklicht werden können durch den Übergang der organisierten Gewalt der Gesellschaft, d.h. der Staatsmacht, aus den Händen der Kapitalisten und Grundbesitzer in die Hände der Produzenten selbst."[6] Marx wendet so die Produktivgenossenschaft als Wirtschaftsmodell gegen das kapitalistische Wirt-

---

1 Gierke, Genossenschaftswesen, S. 791

2 Gierke, Genossenschaftswesen, a.a.O., S. 796

3 Gierke, Genossenschaftswesen, a.a.O., S. 794

4 Gierke, Genossenschaftswesen, a.a.O., S. 790

5 Gierke, a.a.O., S. 1048

6 Marx, MEW 16, 195

schaftssystem und den damit verbundenen Staat, das nur auf revolutionärem Wege durchgesetzt werden kann. Gierke erhofft sich dagegen durch die wirtschaftliche Assoziation eine allmähliche Modifizierung des kapitalistischen Wirtschaftssystems unter Beibehaltung eines regulierend eingreifenden Staates und will die soziale Revolution nur im Notfall in Kauf nehmen.

Mit dieser Vorstellung hat Gierke Vorbilder, die er auch benennt: da sind einmal Schulze-Delitzsch und Victor Aimé Huber. Doch auch deren Konzepten und Auffassungen steht er nicht kritiklos gegenüber; Schulze-Delitzsch, dessen Schriften er sehr schätzte, hatte den Schwerpunkt seiner praktischen Arbeit auf die mittelständischen Genossenschaften verlagert, die die Funktion hatten, das Kleingewerbe, das mit der aufkommenden industriellen Produktion nicht mehr Schritt halten konnte, zu schützen [1]. Seine Ratschläge an die Arbeiterschaft, die sich im wesentlichen auf die Bildung von Konsumvereinen beschränkten, fielen dagegen nicht auf fruchtbaren Boden [2], was wohl damit zusammenhängt, daß Schulze letztlich nicht von der Manchesterlehre abgehen wollte [3]. Daß Schulze die Arbeiterfrage insoweit vernachlässigt, kritisiert aber nicht nur Lasalle in der bereits erwähnten Streitschrift [4], sondern auch Huber in einigen Schriften [5]. Gerade in den von Gierke

---

1 Gierke, Genossenschaftsrecht Bd. I, S. 1046; Laufs, a.a.O., S. 313

2 Herrmann Schulze-Delitzsch, Kapitel zu einem deutschen Arbeiterkatechismus. 6 Vorträge vor dem Berliner Arbeiterverein, Leipzig 1863, in: Schraepler, Quellen zur Geschichte der sozialen Frage, S. 43 und Faust, Genossenschaftsbewegung, a.a.O., S. 239 f.

3 Faust, Genossenschaftsbewegung, a.a.O., S. 239 f. Diese Haltung Schulzes kritisiert offenbar auch Gierke, der, ohne allerdings Namen zu nennen, darauf hin weist, daß ein Widerspruch bestehe zwischen der Genossenschaftsbewegung und der Manchesterlehre: "Ein Widerspruch liegt darin, wenn man mit der Genossenschaftsbewegung auf dem Boden der wirthschaftlichen Freiheit, wie die Manchesterschule sie auffaßt, bleiben zu können glaubt." Gierke, Genossenschaftswesen, a.a.O., S. 791

4 Lassalle, Herr Bastiat-Schulze von Delitzsch, der ökonomische Julian oder Kapital und Arbeit, Berlin 1864

5 So etwa in Concordia, 1861 Heft 1, S. 49. Diese Zeitschrift wird auch von Gierke mehrfach zitiert, vgl. etwa Genossenschaftsrecht Bd. I, S. 1049 Anm. 1

benutzten Schriften propagiert Huber ausdrücklich die Produktivgenossenschaft für Lohnarbeiter und gibt seinem Wunsch Ausdruck, daß die Konkurrenz die Privatunternehmer zwingen würde, diesem Beispiel zu folgen [1]. Wenn vor diesem Hintergrund Gierke Produktivassoziationen für Lohnarbeiter und die übrigen arbeitenden Klassen fordert, dann ist er sich der Differenzen bewußt, dann ist das kein bloß abstraktes Bemühen um eine nationale Verfassungsentwicklung oder um irgendwelche Mittelstandsvereinigungen, dann meint er auch präzise die Produktivgenossenschaft für Arbeiter und die Klassen, die sich ihrer Lage immer mehr annähern.

Umgekehrt stimmt Gierke mit Schulze-Delitzsch und Huber überein in der Kritik der von Lasalle anstatt der Selbsthilfe gesetzten Staatshilfe. Nach Schulzes Ansicht etwa ist Staatshilfe untrennbar verbunden mit Staatseinmischung, die die politische und die Erwerbsfreiheit, die bürgerliche Gleichberechtigung und die wirtschaftliche Selbständigkeit abtötet [2] Von Huber übernimmt Gierke auch den Begriff der "arbeitenden Klassen", dem Huber in mühevoller Arbeit in seinen Artikeln in Bluntschlis Staatswörterbuch [3] zur Anerkennung verhilft. Obwohl aus tiefster Überzeugung Gegner des Klassenkampfgedankens [4] kommt Huber nicht umhin, die Berechtigung der Unterscheidung von arbeitenden Klassen und besitzenden Klassen hervorzuheben [5]. Angesprochen auf das Problem, ob mit der Benennung dieses Gegensatzes nicht ganz offenbar der revolutionäre Klassengegensatz von Besitz und Arbeit aus-

---

1 Paulsen, V.A. Huber als Sozialpolitiker, S. 140, 186, mit Verweis auf Concordia, Heft 1 und 7; Huber, Genossenschaftliche Selbsthilfe, S. 63

2 Schulze-Delitzsch, Reden und Schriften, Berlin 1913, Bd. 2, S. 148 f.; so auch Huber, Genossenschaftliche Selbsthilfe, a.a.O., S. 6, 13 f.; Paulsen, a.a.O., S. 177

3 Gierke, Genossenschaftsrecht Bd. I, a.a.O., S. 1036. Huber, Arbeitende Klassen in: Deutsches Staatswörterbuch, Bd. I, 1. Aufl., 1857, S. 279 f.; 2. überarbeitete Fassung: Die arbeitenden Klassen in: Bluntschli's Staatswörterbuch, 2. Ausgabe, 1. Bd., 1875, S. 87 f.

4 Paulsen, a.a.O., S. 150

5 Huber, Arbeitende Klassen, 1. Aufl., 1857, S. 280 f., wobei er ohne die Marxsche Terminologie zu verwenden, deutlich den Besitz an Produktionsmitteln von anderem Privatbesitz abhebt.

gesprochen, "also anerkannt und hervorgerufen werde", antwortet Huber: "Die Sprache s c h a f f t keine Gegensätze; aber sie hat das Recht und den Beruf, auch die bedenklichsten Gegensätze mit einem entsprechenden Ausdruck zu bezeichnen - selbst auf die Gefahr hin, sie mehr zum Bewußtsein zu bringen und dadurch in ihrer Erscheinung zu steigern."[1] Auch bei Huber finden sich Ansätze, die positiven Seiten des Klassenbewußtseins zu würdigen [2]. Einig sind sich Gierke und Huber auch in der fast uneingeschränkten Bewunderung der englischen Trade Unions [3]. Es liegt deshalb nahe, Gierke als Schüler von Huber zu sehen, der allgemein als "konservativ" eingeordnet wird [4] und damit Gierke selbst als konservativen Sozialreformer einzuordnen. Aber auch dies wird weder Gierke noch Huber gerecht. So weist zum einen Paulsen in seiner detaillierten Huber-Biographie darauf hin, daß Huber von den Konservativen einiges trennte, besonders die immer stärkere Betonung des Moments der Selbsthilfe und daß Huber trotz konservativer Grundauffassungen in politischen und religiösen Fragen in der sozialen Frage oft eigene Wege ging, die es nicht zuließen, ihn in irgendeines der Lager (Konservative, Christlich-Soziale, Liberale) einzuordnen [5].

---

1 Huber, Arbeitende Klassen, a.a.O., S. 280, 281. In dem im gleichen Band abgedruckten Artikel "Assoziation" spricht Huber vom "unleugbar vorhandenen sozialen Gegensatz zwischen Arbeitsherrn und Arbeitern", a.a.O., S. 476

2 Huber, Die arbeitenden Klassen (2. überarbeitete Fassung des Artikels), a.a.O., S. 91, wo Huber hervorhebt, es bedürfe eben eines "Klassenbewußtseins", damit sich "erst eine wirklich subjektive und organische, oder doch durch eigenen "Bildungstrieb" organisationsfähige und nach Organisation strebende K l a s s e bilden konnte."

3 Für Huber siehe Paulsen, a.a.O., S. 143 f.

4 So etwa Laufs, Genossenschaftsdoktrin, a.a.O., S. 312, sehr differenziert Paulsen, a.a.O., S. 145, 152 f., 174 f. Interessant in diesem Zusammenhang auch Hubers Anmerkung zu Gierke, Genossenschaftsrecht Bd. I in der 2. Fassung des Artikels: "Wir erwähnen hier nur das treffliche und ein staunenswerth weites Gebiet socialer und politischer Entwicklung von Cäsar bis Lasalle und Schulze Delitzsch mit gleich gründlicher Forschung umfassende Werk von Otto Gierke Rechtsgeschichte der deutschen Genossenschaft (Berlin 1868)". Die arbeitenden Klassen, a.a.O., S. 101 Anm. 2

5 Paulsen, a.a.O., S. 177. Genau so auch Brakelmann, Die soziale Frage, Teil II, S. 39

Man wird aber auch Gierke nicht gerecht, der aus dem Gesamtwerk Hubers doch selbständig nur einzelne Werke ausgewählt hat. Man muß nur Hubers Artikel über die 'Assoziation' mit dem ihn ersetzenden Artikel Gierkes über das 'Genossenschaftswesen' vergleichen, um die Unterschiede deutlich zu machen. Da ist einmal Hubers nicht nur im Begrifflichen tastender Versuch der Assoziationsidee besonders gegenüber den Einwänden reaktionärer Kreise zum Ansehen zu verhelfen, sie von jedem Ruch sozialistischer Agitation zu befreien, da ist seine pessimistische Einschätzung der Fähigkeiten der arbeitenden Klassen; seine Erläuterungen werden erst flüssiger, wenn er aus seinen Reiseerfahrungen berichten kann. Auf der anderen Seite steht Gierkes trotz der historischen Einführung knappere, begrifflich klare und straff gegliederte Einführung in das Genossenschaftswesen, die streng von den ökonomischen Bedingungen ausgeht. Gierke argumentiert mit dem Selbstbewußtsein des Germanisten, der in der Genossenschaft eine alte, freiheitliche, germanische Assoziationsform wiederentdeckt hat und muß sich von da aus nicht mit der Überlegung Hubers plagen, ob Assoziationen "als solche und an sich" konservativ sind oder die sozialdemokratische Partei unterstützen [1]. Huber will neue organische und ökonomische Bindungen herbeiführen [2], Gierke will dem Arbeiter nach dem politischen zu seinem ökonomischen Bürgerrecht verhelfen [3]. Trotz vieler Übereinstimmung unterscheidet sich Gierke so durch seine stärkere Betonung der ökonomischen Gleichberechtigung, der Selbsthilfe, durch sein Vertrauen auf die Widerstandskraft, die Solidarität und Organisationsfähigkeit der arbeitenden Klassen, durch seine tiefergreifende Kritik am kapitalistischen Wirtschaftssystem von Huber.

Eher scheint sich in Gierkes Grundhaltung der Einfluß des von Huber wegen seiner demokratischen Anschauungen faktisch ignorierten [4] Süddeutschen Eduard Pfeiffer niederzuschlagen [5]. Viele Elemente,

---

1 Huber, Assoziation, a.a.O., S. 475

2 Huber, Assoziation, a.a.O., S. 458, 497

3 Gierke, Genossenschaftsrecht Bd. I, a.a.O., S. 1048

4 Paulsen, V.A. Huber als Sozialpolitiker, a.a.O., S. 138, 139

5 Gierke zitiert Pfeiffer etwa in Genossenschaftsrecht Bd. I, S. 1039, 1043, 1044, 1045, 1080, 1088 und an weiteren Stellen, außerdem in Genossenschaftswesen, a.a.O., S. 812

die Gierkes Auffassung von der Genossenschaft prägen, finden sich in Pfeiffers Schrift: "Über Genossenschaftswesen" [1] vorgezeichnet. So ist kennzeichnend für Pfeiffer die Verbindung von nationaler, demokratischer Begeisterung für die bürgerliche Revolution und die politische Gleichberechtigung aller [2] mit parteilichem sozialem Engagement, das den Arbeitsstand besonders herausstellt und den Wirtschaftsliberalismus, insbesondere die ungehemmte freie Konkurrenz, ablehnt [3]. Auch Pfeiffer strebt keinen revolutionären, sondern einen evolutionären Weg an [4] und kritisiert an kommunistischen und sozialistischen Modellen, etwa dem Babeuf's, die Tendenz zur Uniformierung und Kasernierung [5], würdigt aber auf der anderen Seite die damit verbundenen Bestrebungen, das Los des Großteils der Bevölkerung zu verbessern, die scharfe Kritik der Sozialisten an den bestehenden Verhältnissen und ihre Verdienste für die Verbreitung des Assoziationsgedankens [6]. Schließlich arbeitet Pfeiffer die grundlegende Bedeutung der Selbsthilfe der Betroffenen für die soziale Frage heraus [7] und wendet

---

1 Pfeiffer, Über Genossenschaftswesen; Was ist der Arbeiterstand und was kann er werden? Leipzig 1863

2 Vgl. etwa Pfeiffer, a.a.O., S. 4, 32 f.

3 Pfeiffer, a.a.O., S. 36. Dies brachte besonders auch Schulze gegen ihn auf, der in ihm einen heimlichen Lasalleaner sah. Faust, Genossenschaftsbewegung, a.a.O., S. 306

4 "... deshalb kann man mit Sicherheit dem neuen Systeme, das wir, im Gegensatz zu dem Socialismus und Communismus, Cooperatismus nennen möchten, einen glücklichen Erfolg und schließlichen Sieg voraussagen, denn hier handelt es sich nicht darum, mit einem Schlage alles Bestehende umzuwerfen, ganz neue Verhältnisse zu schaffen, sondern das Bestehende soll nur ganz allmälig zum Besten der unglücklichsten Classen umgeändert werden." Pfeiffer, a.a.O., S. 70 und S. 32

5 Pfeiffer, a.a.O., S. 46

6 Pfeiffer, a.a.O., S. 68, 69

7 Pfeiffer, a.a.O., S. 41 "von oben herab läßt sich hier nichts curieren" und S. 70 "Auch soll nicht von oben herab eine Reform octroirt werden, vielmehr soll sie die betreffende Classe selbst, auf eigene Kraft gestützt, zur Ausführung bringen, und nur so wird ein besserer Zustand, wenn einmal erreicht, auch sicher gegen jeden Umsturz stehen."

sich auch hier gegen Staatseingriffe [1]. Obwohl als Gründer von Konsumvereinen bekannt geworden, schwebt ihm als höchstes Ziel der Genossenschaftsbewegung die genossenschaftlich betriebene Produktion vor, die Produktivgenossenschaft als Schlußstein: "Die höchste Stufe der Cooperation ist entschieden diejenige, welche auf gemeinschaftliche Production angewandt wird."[2] Das Verhältnis von Arbeit und Kapital soll sich dann umkehren. "Sobald die Arbeit zur Cooperation geschritten ist, hat das Capital ihr gegenüber seine Macht verloren, und bleibt sie nicht mehr Unterthan dieses unbarmherzigen Herrschers, sondern umgekehrt wird sie es sein, die das Capital in ihre Dienste nimmt." Und: "... sobald einmal diese Unabhängigkeit vom Capital erreicht ist, hat die arbeitende Klasse selbst ihre Umgestaltung in Händen."[3]
Nicht zuletzt betont Pfeiffer den republikanischen Charakter seiner Kooperation gegenüber der mittelalterlichen Korporation: "... die Cooperation bleibt von der Corporation doch stets so verschieden wie die freieste Republik vom Feudalstaate."[4]

Dieser Geist des demokratischen Bürgertums, das bei der politischen Gleichberechtigung der Arbeiterschaft nicht stehen bleiben will, sondern die wirtschaftliche und soziale Gleichberechtigung und Freiheit anstrebt, prägt wohl übereinstimmend Gierkes und Pfeiffers frühes Werk [5].

Ähnliche Gedanken finden sich in dieser Zeit auch bei Lujo Brentano [6]. Das ist nicht erstaunlich, wenn man bedenkt, daß Gierke und Brentano ab 1872 in Breslau engen Kontakt hatten. Brentano berichtet, mit seinem Kollegen, von denen er namentlich auch Gierke erwähnt, fast täglich verkehrt zu haben, und miteinander alles, was sie geistig und politisch erregt habe, erörtert zu haben [7].

---

1 Pfeiffer, a.a.O., S. 73

2 Pfeiffer, a.a.O., S. 147; Faust, Genossenschaftsbewegung, S. 306

3 Pfeiffer, a.a.O., S. 72 und 147 "Denn das Capital ist das Todte, die Arbeit das Lebendige, dem die Herrschaft darüber gebührt."

4 Pfeiffer, a.a.O., S. 71

5 Vgl. dazu Pfeiffer, a.a.O., S. 169 und zu den politischen und wirtschaftlichen Auswirkungen der Kooperation.

6 Brentano, Mein Leben, a.a.O., S. 82 f. - Gierke zitiert eine Arbeit von Brentano erstmals in: Genossenschaftswesen, a.a.O., S. 812

7 Brentano, a.a.O., S. 92

Diesen Standort des frühen Gierke will wohl auch Dilcher - wenn auch offensichtlich mehr bezogen auf die staatsrechtlichen Auffassungen - würdigen, wenn er erwähnt, Gierke habe die Linie der bürgerlichen Bewegung der Paulskirche, die die Prinzipien von Freiheit und Einheit als aufeinander bezogene, dynamische Forderungen sah, lange durchgehalten und bis etwa 1890 Freiheit als genossenschaftliche Teilhabe des Volkes am Staate verstanden [1]. Ergänzt werden muß hier, daß der frühe Gierke noch kompromißloser die genossenschaftliche Teilhabe des Volkes an der Wirtschaft anstrebte.
Mit den Begriffen von Marx und Engels könnte man Gierke als "Bourgeoissozialisten" einordnen, ein Begriff, mit dem sie den Teil der Bourgeoisie charakterisieren, bei dem sie anerkennen, daß er ehrlich wünscht, den sozialen Mißständen abzuhelfen, allerdings mit dem Ziel, den Bestand der bürgerlichen Gesellschaft insgesamt zu sichern [2]. Gierke ist in dieser Zeit in gewisser Weise noch tatsächlich an der Lösung der Probleme der ökonomischen Ungleichheit und Ungerechtigkeit interessiert, er sieht noch ganz deutlich den Interessengegensatz zwischen den beiden Klassen.
Ob Gierkes Produktivgenossenschaften genauso wie diejenigen Pfeiffers lebensfähig gewesen wären, oder ob es sich dabei um ein illusionäres Sozialkonzept gehandelt hat, weil etwa beide nicht wie Marx die allgemeinen gesellschaftlichen Bedingungen in Betracht gezogen haben, läßt sich nicht endgültig beurteilen. In die Wirklichkeit des damaligen Deutschen Reiches wurden sie jedenfalls nicht umgesetzt. An versteckter Stelle deutet Gierke bereits Kompromisse an, die er zu machen gezwungen ist: einmal da, wo er bei der Schilderung der Produktivgenossenschaft ihre Unterordnung unter das Kapital vorwegdenken muß [3] und da, wo er sich schon damit zufrieden geben will, daß durch das Genossenschaftswesen nur einzelne durch Fähigkeit und Gunst des Glückes bevorzugte Kreise der arbeitenden Klassen zur Selbständigkeit erhoben werden [4].

---

1 Dilcher, Das Gesellschaftsbild der Rechtswissenschaft, a.a.O., S. 64, 65

2 Marx, Engels, Kommunistisches Manifest, MEW 4, 488. Dieser Begriff scheint mir von Gierkes eigenem Anspruch her zutreffender als der des "Juristensozialismus" bei Dilcher, Genossenschaftstheorie und Sozialrecht, a.a.O.

3 Gierke, a.a.O., S. 1093

4 Gierke, a.a.O., S. 1048

6. Das Ende der Genossenschaftsidee

Gierkes weitere Arbeit am "Genossenschaftsrecht" ist durch die soziale Entwicklung in Deutschland bestimmt. Gierke erlebte zunächst die stürmische Industrialisierung Deutschlands bis zum Aufschwung der Gründerjahre [1], das damit einhergehende Anwachsen der Arbeiterschaft, erlebte den anschließenden großen Krach, das Elend, das diese Entwicklung für Land- und Heimarbeiter für das Gesinde, aber auch für das Industrieproletariat in den großen Städten mit sich brachte.
In dieser Situation konnte Gierke die zwei Seiten der Bismarckschen Sozialpolitik verfolgen: einmal das Sozialistengesetz von 1878 und die schärfste Verfolgung und Unterdrückung der sozialdemokratischen Arbeiter, aber auch der Gewerkschaften und genossenschaftlichen Zusammenschlüsse [2] und zum anderen, die von oben verordnete Sozialreform: 1883 die Krankenversicherung, 1884 die Unfallversicherung, 1889 die Rentenversicherung.

Immer noch arbeitete Gierke weiter am Genossenschaftsrecht, dessen zweiter Band 1873 und dritter Band 1881 erschienen. Doch angesichts der Entwicklung, die der Bismarck-Staat nahm, in dem sich die auf Selbsthilfe und freie Assoziation gegründete Entfaltung der alten germanischen Rechtsgedanken weder im staatlichen noch im wirtschaftlichen Bereich andeuteten, war diese Forschung inzwischen in jeder Hinsicht obsolet geworden, und auch der politisch nationale Antrieb dazu mußte langsam versiegen. So ist es nur zu verständlich, daß Gierke, nachdem er sich immer stärker in historischen Detailforschungen verloren hatte [3], sein Genossenschaftsrecht schließlich abbrach. Einen gegenüber der ursprünglichen Konzeption [4] beschränkten Einfluß auf die Rechtsprechung sicherte er sich noch durch sein Buch über "Die Genossenschaftstheorie und die deutsche Rechtsprechung", 1887, in dem er aufzeigt, daß Formen und Grundsätze deutschen

---

1 Die Gründerzeitwirtschaft mit Scheingründungen und Zusammenbrüchen beschreibt sehr anschaulich Conrad, Der Verein für Sozialpolitik, S. 18 f.

2 Über die Verlängerung des Sozialistengesetzes, Max Schippel, Sozialdemokratisches Reichstagshandbuch, Berlin 1903, in: Blanke u.a. (Hrsg.): Kollektives Arbeitsrecht, S. 81 f. Sohm, Die sozialen Aufgaben, S. 22 f.

3 Janssen, a.a.O., S. 39 - 45

4 Dargestellt im Genossenschaftsrecht I, S. 3 f.

Gemeinschaftswesen auch in der von der Pandektistik beherrschten Rechtsprechung existierten [1].

Janssen setzt eine Zäsur bei Gierkes Werk und damit den Abschluß des Genossenschaftsrechts mit dem Erscheinen des ersten Entwurfs des BGB im Jahre 1888 [2]. Auch der vierte Band des Genossenschaftsrechts war zu dieser Zeit bereits ausgearbeitet, obwohl er erst 1913 veröffentlicht wurde. Janssen führt dies auf einen Einschnitt im Denken Gierkes, auf das Überwechseln von der historischen Forschung zur systematischen Bearbeitung des geltenden Rechts zurück und beruft sich dabei auf Gierkes häufig abgegebene Erklärung, aus "einem inneren Gewissenszwang heraus" den "Kampf für das germanische Recht im deutschen bürgerlichen Gesetzbuch" aufzunehmen [3]. Böckenförde weist demgegenüber stärker darauf hin, daß Gierke mit der politischen Bewegung, von der er ausgegangen war, sich selbst überlebt habe [4]. Die politische Kraft, die den ersten Band seines Genossenschaftsrechts, der keineswegs nur historische Forschungen beinhaltete, durchformt hatte, habe sich verflüchtigt. Der erste Band des Genossenschaftsrechts war im Jahre 1913, als Gierke den vierten Band herausgab, bereits selbst Geschichte geworden. "Er ist nicht nur von der Forschung, sondern auch vom Leben überholt", stellte Gierke selbst fest [5]. Als Gesamtkonzept kaum ausformuliert, konnte so das Genossenschaftsrecht nicht mehr zur praktischen Wirkung gelangen. Laufs hat zu Recht am 50. Todestag Gierkes auf die Wirkungslosigkeit dieses Gedankens als Sozialkonzept in Theorie und Praxis hingewiesen [6]. Auch die von Schulze-Delitzsch gegründeten mittelständischen Konsumgenossenschaften erreichten zwar zeitweilig eine Blüte, konnten jedoch in der Wirtschaftsentwicklung nicht die ihnen zugedachte Rolle spielen [7].

---

1 Gierke, Die Genossenschaftstheorie und die deutsche Rechtsprechung, Vorwort, S. V, S. 1

2 Janssen, a.a.O., S. 17. So auch Planitz, Otto v. Gierke, a.a.O., S. 112

3 Janssen, a.a.O., S. 45 mit Verweis auf Gierke, Genossenschaftsrecht, Bd. IV, Vorwort XII

4 Böckenförde, Verfassungsgeschichtliche Forschung, S. 176

5 Gierke, Genossenschaftsrecht, Bd. IV, S. V

6 Laufs, a.a.O., S. 311 f.

7 Laufs, a.a.O., S. 312, 313

Es war der unüberwindliche Gegensatz zwischen Idee und sozialer Wirklichkeit, an dem Gierkes Genossenschaftskonzept scheiterte, vielleicht ohne daß er sich selbst dessen bewußt wurde, weil auch er sich mit dieser Wirklichkeit veränderte [1].

Bei genauer Betrachtung zeigt sich, daß mit dem Abschluß des Genossenschaftsrechts eine weit tiefere Wandlung in weltanschaulicher und politischer Hinsicht bei Gierke einherging. Böckenförde hat diese Entwicklung im verfassungsrechtlichen Bereich präzise verfolgt. Er weist zu Recht darauf hin, daß die liberale Bewegung mit der Entscheidung im preußischen Verfassungskonflikt 1866 in Deutschland an Kraft verlor [2]. Schon in Gierkes erstem Band des Genossenschaftsrechts findet dies seinen Niederschlag, allerdings begrenzt auf die Staatstheorie, wo er versucht, einen Kompromiß zwischen der Genossenschaftsidee und der monarchischen Herrschaft zu schließen [3]. Vor allem in nationalsozialistischer Zeit wurde diese Entwicklung Gierkes als Wendung zur politischen Neutralität, zur Indifferenz und zum Pluralismus gedeutet. Carl Schmitt und ihm folgend Krupa und Höhn sehen diese Entwicklung darin bestätigt, daß Gierke in seiner Berliner Rektoratsrede über das Wesen der menschlichen Verbände seine Genossenschaftslehre in eine philosophische Wesenslehre des gesellschaftlichen Seins habe ausmünden

---

1 Ähnliches will Lewis, a.a.O. andeuten: "Certainly it is true that, in developing the genossenschaftlich side of his theory Gierke had to struggle against the weight of academic tradition not only from without, but even from within himself." S. 99

2 Böckenförde, a.a.O., S. 149

3 Gierke, Genossenschaftsrecht, Bd. I, S. 833 f.: "Die verfassungsmäßige Organisation des Staates aber besteht darin, daß sie die Verschmelzung der genossenschaftlichen und herrschaftlichen Elemente zu einer harmonischen Einheit anstrebt. Die moderne Staatsidee enthält daher die Versöhnung der uralten Genossenschaftsidee und der uralten Herrschaftsidee, von denen jede in ihrer Sphäre zur Geltung kommen, deren feindlicher Gegensatz aber in einer höheren Einheit seine Lösung finden soll." Der repräsentative Verfassungsstaat "... ist ein die genossenschaftliche Grundlage (die Staatsbürgergenossenschaft) und die obrigkeitliche Spitze (die Monarchie) organisch, d.h. nicht als Summe, sondern als eine neue lebendige Einheit verbindendes Gemeinwesen."

lassen [1]. Was das Staatsrecht betrifft, so soll diese Frage hier nicht weiter untersucht werden. Verfolgt werden soll nur, wie sich unter diesem Einfluß auch seine sozialrechtlichen Auffassungen gewandelt haben.

Wie sehr sich insgesamt die weltanschauliche Grundhaltung Gierkes geändert hat und wie umfassend er mit den demokratischen Idealen der ersten Jahre gebrochen hat, offenbart er z.B. in der Stellungnahme zu einer anderen rechtspolitischen Frage, zur Todesstrafe. Dort erläutert er freimütig, daß er 1860 in jugendlichem Eifer und unter dem Einfluß Mittermaiers zunächst für deren Abschaffung eingetreten sei, daß sich aber bald, mit der Einsicht in die staatliche Gemeinschaftsordnung, nach der Erfahrung der Kriege und der politischen Neugestaltung des deutschen Staates seine Überzeugung gewandelt habe [2]. Gierkes persönliche Entwicklung findet dabei ihre Parallele nicht nur in der Entwicklung des deutschen Liberalismus, der bereits an Bismarck scheiterte, sondern in der europäischen liberalen Bewegung [3]. Daß Gierke eine Wendung vom Liberalen der 48er Jahre hin zum Konservativen vollzog, wird wohl häufiger angedeutet [4], ohne daß so recht deutlich wird, was das Liberale des frühen Gierke ausmacht und wie konservativ er später wurde. Lewis, der 1932/33 bei seinen Studien in Deutschland Gelegenheit hatte mit Julius v.

---

1 Carl Schmitt, Drei Arten rechtswissenschaftlichen Denkens, Hamburg 1934, S. 48.
Höhn, Otto v. Gierkes Staatslehre und unsere Zeit, Hamburg 1936, S. 108/110; Krupa, Genossenschaftslehre und politische Neutralität, S. 89; Gierke habe so die konkrete soziologische Analyse einer zeitlosen sozialen Verbandlehre geopfert.

2 Gierke, in: DJZ 1911, S. 1, im gleichen Sinne auch Schmoller, S. 13. Zugunsten der staatlichen Gewalt und Ordnungsmacht denunziert Gierke die Forderung nach Abschaffung der Todesstrafe als "feiges Mitleid mit dem Mörder" und ist bereit, selbst den Justizirrtum in Kauf zu nehmen.

3 Mommsen, Imperialismus, S. 11

4 Vgl. auch Dilcher, Gesellschaftsbild der Rechtswissenschaft, a.a.O., S. 64 "... Gierke selbst aber vollzog, nachdem die großen Auseinandersetzungen mit Labands Positivismus und um den Entwurf des BGB um 1890 abgeklungen waren, eine schon seinerzeit (etwa in zustimmender Weise von dem Volkswirtschaftler Schmoller) registrierte Wendung seiner Genossenschaftstheorie zum Konservatismus."

Gierke zu diskutieren, weist wohl nicht zu Unrecht auf den preußischen Einfluß hin, auf die Berliner Juristenfakultät, an der sich ein Zentrum der Opposition gegen den Liberalismus von 1848 formiert hatte [1], von wo aus Gierke schon während seines Studiums, vollständig aber nach seiner Berufung 1887 geprägt worden sein dürfte. Lewis warnt vor Mißinterpretationen Gierkes als Pluralisten oder radikalem Reformer; für ihn war Gierke "A Germanist, an historian, a realist, he was also a staunch Prussian, proud of the Bismarckian Reich - and the last attribute unified and intensified all the rest."[2] Daß darüber der frühe Gierke in Vergessenheit geriet, lag wohl mit in Gierkes Absicht. Goldschmidt erwähnt in seiner Ansprache zum 80. Geburtstag Gierkes, daß dieser sich allen Versuchen den germanischen "genossenschaftlichen Rechtsgedanken" zur Grundlage von Forderungen gegen den preußischen Obrigkeitsstaat zu machen, entgegengestellt habe [3], und auch der beachtenswerte Artikel "Genossenschaftswesen" ist wohl nicht aus Nachlässigkeit von Stutz nicht in dessen Schrifttumsverzeichnis aufgenommen, er fehlte offenbar bereits in dem von Stutz zugrunde gelegten Verzeichnis von Gierke [4].

Selbst dort, wo sich Elemente aus dem Gedankengut der Genossenschaftslehre durchsetzen konnten, gelangten sie zu anderer Wirkung als der ursprünglich vorgesehenen und hatten andere Funktionen. Die Ideen wurden an den engen Rahmen der materiellen Wirklichkeit und der politischen Notwendigkeit gebunden. So wurde Gierkes Konzeption der produktiven Assoziation Gleichberechtigter unter seiner persönlichen Mitwirkung eben nur dort verwirklicht, wo sie in der bürgerlichen Gesellschaft möglich war, nämlich in den Körperschaften des Handelsrechts, für die Verbindungen, die Unternehmer und selbständige Gewerbetreibende miteinander eingehen. Dort, wo die Arbeiter ausgeschlossen waren, wurde Gierkes Idee der freien Vereinigung Gleichberechtigter im bürgerlichen Recht fruchtbar, dort beteiligte

---

1 Lewis, Genossenschaft-theory, a.a.O., S. 23

2 Lewis, a.a.O., S. 24. Diese Beobachtung bestätigt auch Lindenlaub, Richtungskämpfe, a.a.O., S. 156. Die Gelehrten, die ihre Hauptwirksamkeit auf preußischen Universitäten entfaltet hätten, hätten das wirtschaftlich und politisch liberale Gedankengut der 60er Jahre viel rascher von sich geschoben als andere.

3 Goldschmidt, Ansprache, gehalten am 11. Januar 1921; abgedruckt in: DJZ, Heft 21-22, Sp. 710 f.

4 Vgl. Stutz, a.a.O., S. XLV, Anm. 1

er sich später auch praktisch an der Ausarbeitung der Gesetze [1]. Gierke selbst stellt die OHG und die KG als "echte" germanische Gemeinschaften der gesamten Hand vor [2]. Auf seinen Einfluß geht in einer späteren Diskussion auch etwa die Auffassung zurück, die wirtschaftlichen Kartelle hätten einen demokratisch-genossenschaftlichen Charakter und seien deshalb zu begrüßen [3].

Schließlich hatte die frühe Genossenschaftslehre Gierkes noch Einfluß auf die rechtliche Behandlung der Gewerkschaften, für deren Anerkennung er sich seit den 60er Jahren des 19. Jahrhunderts ausgesprochen hat [4]. Noch 1888 engagiert sich Gierke auf dem deutschen Juristentag, wo er in seiner Argumentation für die Anerkennung der freien Körperschaftsbildung im bürgerlichen Gesetzbuch gerade im Hinblick auf die Widerstände gegen die Gewerkschaft ausführt: "Das Privatrecht ist doch nicht dazu da, der Polizei Handlangerdienste zu leisten, und da wo sie selbst nicht einschreiten kann oder will durch kleinliche Chicanen einem solchen Verein das Leben zu erschweren oder auf Umwegen zu erreichen, was direkt nicht zu erreichen war."[5] In seiner späteren Schrift über Vereine ohne Rechtsfähigkeit (1900) wurde die Grundlage für die Anerkennung der Gewerkschaften als Verbandspersönlichkeiten gelegt [6].

Doch gerade auch an diesem Beispiel läßt sich zeigen, wie sehr sich Gierkes Haltung zur Arbeiterkoalition im Laufe der Jahre verändert hat. Befürwortete er im "Genossenschaftsrecht" noch die Gewerkvereine als konkrete Ausformung der freien Assoziation zur Organisation

---

1 Zur Mitarbeit in der HGB Kommission vgl.: Wieland, Gierke und das Handelsrecht, a.a.O., S. 269

2 Gierke, Handelsgesellschaftsrecht, S. 114 f.

3 Vgl. unten Kapitel III, 2

4 Gierke, Genossenschaftsrecht I, S. 900, 1040, 1042

5 Gierke, Verhandlungen des 19. deutschen Juristentags, 3. Bd., Leipzig 1888, S. 227. Die gleichen Ausführungen finden sich in dem von Gierke erstellten Gutachten: An welche rechtlichen Voraussetzungen kann die freie Korporationsbildung geknüpft werden?, in: Verhandlungen des 19. deutschen Juristentags, 2 Bd., S. 259 f. "Was die Gewerkvereine und ähnliche Assoziationen zur Vertretung der Arbeiterinteressen angeht, so liegt nicht der mindeste Grund vor, sie anders zu behandeln, als sonstige Vereine zur Vertretung von Standes- und Berufsinteressen.", a.a.O., S. 299

6 Isele, Otto v. Gierke, a.a.O., S. 298 f.

des sozialen Widerstandes, so war es in den späteren Jahren nicht mehr diese liberale Grundhaltung, sondern in erster Linie die Erkenntnis über die Disziplinierungsfunktion der Gewerkschaften, die diese Haltung stützte. So konnte sich Gierke auf der Tagung des Vereins für Sozialpolitik im Jahre 1890 davon überzeugen, daß die Wirksamkeit der englischen Gewerkschaftsvereine inzwischen "eine überwiegend wohltätige sei."[1] Bei dieser Tagung, die Gierke als eine der bedeutungsvollsten in der Geschichte des Vereins bezeichnete [2], wurde die Befriedungswirkung, gefördert durch die Haftung des Gewerkschaftsvermögens für Schäden aus Arbeitskämpfen hervorgehoben und die daraus resultierende Verminderung der Arbeitseinstellungen und verstärkte Anrufung von Schlichtungsstellen positiv hervorgehoben. Dies alles diene einer "Minderung der sozialen Gefahr und einer Förderung des sozialen Friedens"[3]. So ist es denn insbesondere auch das Bedürfnis nach der Haftung des Gewerkschaftsvermögens für Handlungen der Vereinsmitglieder, das Gierke für die rechtliche Anerkennung der Gewerkschaften nennt [4]. Diese veränderten Schwerpunkte der Begründung stammen offensichtlich nicht mehr aus der Assoziationenlehre, sondern haben ihre Grundlage in Gierkes späterer veränderter Sozialauffassung.

Wieder einige Jahre später, 1897, schließt sich Gierke ausdrücklich der Ansicht Loenings an und votiert dafür, § 152 II, 153 RGO (Reichsgewerbeordnung) beizubehalten, der Koalition kein Klagerecht gegen ihre Mitglieder zu geben und jede Art von Druck, auch moralischen, auf Teilnehmer an Koalitionen unter Strafe zu stellen [5]. Dieses Thema wurde deshalb heftig diskutiert, weil sich in der Praxis herausgestellt hatte, daß verstärkt durch die extensive Rechtsprechung

---

1 Schriften des Vereins für Sozialpolitik, Bd. 47, 1890, S. 274

2 Ebenda, S. 278

3 So aus der Zusammenfassung Gierkes: "... wenn so die Arbeiter sich selbst als eingegliedert in unseren wirtschaftlichen Organismus empfinden und wenn auf diese Weise das unabweisliche Bedürfnis der Arbeiter nach selbsttätiger Mitbestimmung ihrer Lebensbedingungen in einer mit dem Wohl und dem Frieden der Gesamtheit vereinbarten Weise befriedigt ist.", a.a.O., S. 278

4 Gierke, Vereine ohne Rechtsfähigkeit, S. 19, Fn. 29

5 Schriften des Vereins für Sozialpolitik, Bd. 76, 1898, S. 398

der damaligen Zeit diese Bestimmungen immer mehr zur praktischen Außerkraftsetzung der Koalitionsfreiheit geführt hatten [1]. Ohne auf die mit Beispielen gut belegten, abgewogenen Beiträge von Döblin und Tönnies einzugehen und trotz eines abstrakten Bekenntnisses zur Koalitionsfreiheit fixiert sich Gierke ganz einseitig auf die Gefahr der Tyrannei der Sozialdemokraten gegen einzelne Gewerkschaftsmitglieder, was er am Beispiel einer ihm bekannten Maurervereinigung zu belegen sucht. Gierke argumentiert ähnlich fragwürdig wie Loening, die Klagbarkeit des Koalitionszwanges würde zu einer "Selbstvernichtung" des Arbeiters führen, denn für den Arbeiter bedeute die Verpflichtung nicht zu arbeiten "Vernichtung seiner wirtschaftlichen Persönlichkeit."[2] Noch deutlicher wird Gierke in einem Redebeitrag vor dem evangelisch-sozialen Kongreß 1904, in dem er sozialdemokratisch beeinflußte Gewerkschaften endgültig ablehnt und nur noch christliche Arbeitervereine empfiehlt mit einer Begründung, die nunmehr deutlich von nationalistischem, statusmäßigem Denken bestimmt ist: "Jede Genossenschaft darf zunächst gewissermaßen nur mit einem großen Vorbehalt gegründet werden, mit dem Vorbehalt, daß sie nur ein Glied sein will in dem obersten Gemeinwesen, im nationalen Staate. Wenn daher eine Genossenschaft ihre Mitglieder in der Weise äußerlich fesselt und innerlich bindet, daß sie darüber das große staatliche Ganze verlieren, daß ihnen das Klasseninteresse über dem Vaterlande steht, daß sie lieber international als deutsch sind: dann sehe ich darin eine Gefahr für die Persönlichkeit. Denn die volle Persönlichkeit hat heute nur, wer dem Vaterlande, dem Staate von innen heraus mit dem was dieser größten weltlichen Gemeinschaft zukommt, angehört'. Und daß es sich hier um eine nicht bloß eingebildete Gefahr handelt, daß vielmehr die sozialdemokratische Organisation, wie wir täglich beobachten, wirklich auf die Abwendung vom Staate und vom Vaterland hinzielt, das möchte ich doch an dieser

1 Vgl. die einzelnen Beiträge in den Schriften des Vereins für Sozialpolitik, Bd. 76 von Döblin, a.a.O., S. 341 f.; Jastrow, S. 374 f., Tönnies, S. 385 f.

2 Schriften des Vereins für Sozialpolitik, Bd. 76, S. 398. Lindenlaub, Fraktionskämpfe im Verein für Sozialpolitik, S. 200, 201, der auf den gleichen Widerspruch bei Gierkes Schwager, Edgar Loening, hinweist, der noch vier Jahre vorher volles Korporationsrecht für jeden erlaubten Verein forderte, S. 224, Anm. 98; Brentano nennt Loenings und damit auch Gierkes Standpunkt in dieser Diskussion den "Standpunkt der Arbeitgeber", Brentano, Mein Leben, a.a.O., S. 202

Stelle nachdrücklich hervorheben. Das gerade ist für mich ein Grund, gegen sie zu kämpfen, und es ist andererseits ein Grund für mich, auf das wärmste diejenigen Organisationen zu fördern, die auf dem vaterländischen Standpunkt stehen, zu denen vor allen Dingen die christlichen Arbeitervereine gehören."[1] Hier ist für Gierke aus der "Assoziation" tatsächlich die "Consoziation", um mit Böckenförde zu sprechen, geworden. Doch zwischen diesen Ausführungen und den frühen Arbeiten zum Genossenschaftsrecht liegen etwa 30 Jahre, und in dieser Zeit hat sich das juristische Denken Gierkes grundlegend verändert [2].

Was die juristische Durchdringung des Unternehmens, der Arbeitsorganisation und des Arbeitsverhältnisses im engeren Sinne anbetraf, wurde Gierke später sogar zum Liquidator seiner germanistischen Ideale. Es gelang ihm nicht, seine Idee in die Wirklichkeit umzusetzen, umgekehrt, er paßte sie den ökonomischen und politischen Notwendigkeiten so lange an, bis er letztlich zu entgegengesetzten Ergebnissen kam. Mit zunehmendem Aufbrechen der Klassengegensätze und sozialen Kämpfe verschwand Gierkes kritische Analyse der kapitalistischen Wirtschaftsordnung im historischen Archiv. Von Kapital, Konkurrenz, Profit und auch von der freien Assoziation der Arbeiter ist keine Rede mehr, nach und nach legt er jede Schwärmerei von Freiheit und Selbstbestimmung der sozial schwachen Klassen ab. Angetreten mit dem Ziel,

---

1 Gierke, in: Verhandlungen des evangelisch-sozialen Kongresses, 15. Verhandlung, Göttingen 1904, S. 86

2 Insoweit muß man auch Mundt, Sozialpolitische Wertungen, a.a.O., S. 97, Anm. 332, widersprechen, der gerade in Gierkes Stellung zu den Gewerkschaften "den Ansatz einer echten pluralistischen Staats- und Gesellschaftstheorie" erblickt. Mundt übersieht hier Gierkes Entwicklung. Er stützt sich bei seiner Einordnung wesentlich nur auf das von Gierke 1888 erstellte Gutachten, das einen zu kleinen Ausschnitt aus Gierkes Arbeit darstellt. Richtig ist zwar, wenn Mundt, a.a.O., S. 97, 98, darauf hin weist, daß in Gierkes Stellungnahmen zur Gewerkschaft immer mehrere Komponenten einfließen. Von Anfang an sieht Gierke sowohl den Aspekt der Befriedigung und Integration als auch den der Selbstorganisation, der sozialen Emanzipation und der ökonomischen Veränderung. Doch während letzteres in den frühen Schriften im Vordergrund steht, verschwindet es später völlig zugunsten der erstgenannten Aspekte. Die Pole der Gierkeschen Entwicklung sehe ich dabei einmal in dem Artikel Genossenschaftswesen (1875) und zum anderen in den Ausführungen auf der Tagung des evangelisch-sozialen Kongresses (1904).

die freie Assoziation für die besitzlosen Klassen zu fördern und die Durchsetzung des römisch-rechtlichen Herrschaftsprinzips im kapitalistischen Wirtschaftsunternehmen abzuwehren, bricht Gierke schließlich der Legitimation dieses Herrschaftsverbandes und seiner rechtlichen Ausgestaltung im Arbeitsverhältnis Bahn.

Diese Entwicklung soll in den nächsten beiden Kapiteln nachvollzogen werden.

Kapitel III

GIERKES ENTWICKLUNG UND BEZIEHUNG ZUR KATHEDER-SOZIALISTISCHEN SOZIALREFORM UND ZUR WIRTSCHAFTLICHEN UND POLITISCHEN ENTWICKLUNG DES DEUTSCHEN REICHES

Ende des 19. Jahrhunderts gab es trotz Herrschaft der Pandektenwissenschaft viele Vorschläge für ein sozialeres Recht - oft gut gemeinte Vorschläge - mehr radikaler oder mehr harmonisierender Natur [1]. Oft fielen starke Worte, die viel Wirbel, aber nur wenig Wirkung erzielten; nur wenige Entwürfe wurden Grundlage für das heutige Arbeits- und Sozialrecht.
Dies hängt damit zusammen, daß gerade Ideen, die sich mit der Lösung sozialer Konflikte befassen, in engem Zusammenhang mit der sozialen Wirklichkeit stehen müssen. Sie müssen wesentliche praktische Erfahrungen aufnehmen und ihrerseits umsetzbar sein. Sie entstehen auch nicht ohne Grund, sondern sind Reaktionen, die sich auf die Entwicklung und die Widersprüche in der Gesellschaft beziehen.

Gierkes Werk ist ein Beispiel für diese Beziehung.

In der folgenden Darstellung soll zunächst die Entwicklung des Sozialpolitikers Gierke verfolgt werden, um dann im nächsten Kapitel aufzuzeigen, daß die Veränderung im weltanschaulichen Standpunkt auch Auswirkungen auf das juristische Werk zeitigt. Dabei wird davon ausgegangen, daß das wissenschaftliche Werk eines einzelnen - besonders wenn es sich über einen derart langen Zeitraum erstreckt - sowie auch sein Leben von der gesellschaftlichen Entwicklung geprägt ist und keine geschlossene Einheit darstellt, sondern durchaus Widersprüche aufweisen kann, entsprechend den veränderten Standpunkten und Problemstellungen [2]. Es ist deshalb notwendig, wie auch im letzten Kapitel schon geschehen, auf die historische Einordnung und Entwicklung einzelner Vorstellungen zu achten und nicht wie in der Literatur über Gierke oft üblich, Belegstellen aus verschiedenen

---

1 Vgl. Kaiser, a.a.O., S. 176 f.

2 So auch Lewis, a.a.O., S. 22

Abschnitten seines Werkes aneinander zu stellen [1].

Nachdem Gierke 1887 als Ordinarius nach Berlin übergesiedelt ist, wendet er sich den neuanstehenden rechtlichen und politischen Tagesfragen zu. In der Gesetzgebung steht als wichtigstes Ereignis die Verabschiedung des BGB bevor, mit dessen Entwurf sich Gierke engagiert und kritisch auseinandersetzt. Besonders bekannt geworden sind seine ausführliche Stellungnahme zum ersten Entwurf [2] und die Propagandaschrift: "Die soziale Aufgabe des Privatrechts"[3]. Aus letzterer Schrift werden immer wieder so markante Sätze zitiert, wie "unser Privatrecht wird sozialer sein, oder es wird nicht sein"[4], "das pflichtenlose Eigentum hat keine Zukunft"[5] und "in unserem öffentlichen Recht muß ein Hauch des naturrechtlichen Freiheitstraumes wehen und unser Privatrecht muß ein Tropfen sozialistischen Öls durchsickern."[6] Bis zur Jahrhundertwende veröffentlicht er noch die Abhandlungen über "Personengemeinschaften und Vermögensinbegriffe" (1889), 1895 das "Handbuch des deutschen Privatrechts" Band 1, und dann 1896 noch einmal eine Stellungnahme zum zweiten Entwurf des BGB [7], die weit weniger berühmt wurde, was einfach daran liegt, daß sich Gierke zu dieser Zeit schon mit dem BGB ausgesöhnt hatte und durch die Aufnahme des einen oder anderen Änderungsvorschlags von ihm besänftigt war. Wenn Gierke auch seine Kritik aufrecht erhält, daß dem Grundstock nach der erste Entwurf unangetastet geblieben sei, so bescheinigt er doch dem zweiten Entwurf eine besonders gründliche und durchdachte Überarbeitung und stellt fest, daß die meisten Änderungen in der Richtung lägen, für die er auch bei der

---

1 Demgegenüber wird vielfach, zuletzt etwa bei Dilcher, a.a.O., S. 326, ein Standpunkt vertreten, der von der Voraussetzung ausgeht, daß Gierkes Werk von einer im großen und ganzen einheitlichen Werthaltung geprägt ist.

2 Gierke, Entwurf eines bürgerlichen Gesetzbuchs und das deutsche Recht, 1888

3 Gierke, Die soziale Aufgabe des Privatrechts, 1889

4 Gierke, Soziale Aufgabe, S. 45

5 Gierke, a.a.O., S. 18

6 Gierke, a.a.O., S. 13

7 Gierke, Das bürgerliche Gesetzbuch und der deutsche Reichstag, 1896

Beurteilung des ersten Entwurfs kämpfend eingetreten sei [1].

Seine Änderungsvorschläge sieht er besonders im Miet- und Pachtrecht durch die Einführung der Bestimmung 'Kauf bricht nicht Miete' (§ 571 BGB) verwirklicht, aber auch im übrigen Schuldrecht, besonders im Dienstvertragsrecht, durch die Modifizierung der Kündigungsfristen und der Verpflichtung des Dienstherrn zu Schutzmaßnahmen (§ 618 BGB) und im Gesellschafts- und Gemeinschaftsrecht durch die Aufnahme der deutsch-rechtlichen Gesamthand. Gierke wiederholt zwar am Ende dieser Schrift noch einmal seinen Vorschlag, den gesamten Entwurf zurückzuziehen und - falls dies nicht gelingen sollte - die geplante Gesamtkodifikation ganz zurückzustellen [2], sieht aber wohl schon selbst, daß dieser Vorschlag, angesichts der umfangreichen Vorbereitungen zur Verabschiedung des BGB nicht mehr umsetzbar ist. Schon im Jahr zuvor ist ja auch der erste Band des deutschen Privatrechts erschienen, der auf der Grundlage der Anerkennung dieses neuen Gesetzeswerkes geschrieben ist [3]. Der Anstoß zu der vehement ausgetragenen Kritik an den sozialen Schwächen des BGB entsprang somit nicht einer prinzipiellen Gegnerschaft zur Pandektenwissenschaft.

---

1 Gierke, Das bürgerliche Gesetzbuch ..., S. 6; später auch in: Wurzeln des Dienstvertrags, S. 52, 53, das deutsche bürgerliche Recht habe durch diese Vorschriften reicheren Inhalt empfangen und dem Dienstvertrag auch personenrechtliche Wirkung beigelegt. "Ungleich dürftiger" sei der erste Entwurf gewesen; a.a.O., Anm. 1.
Ganz ähnlich auch Sohm, Der Entwurf eines bürgerlichen Gesetzbuches in der 2. Lesung, 1895, S. 11: "Wir verlangen heute ein soziales Privatrecht, sozial in dem Sinne, daß es den Gedanken der untrennbaren brüderlichen Zusammengehörigkeit aller Volks- und Rechtsgenossen, den Gedanken der Gemeinschaft, wie der politischen so der wirtschaftlichen Interessen auf dem Gebiet des Rechts zum Ausdruck bringt." "Zunächst kommt es darauf an, daß der soziale Gedanke auch auf dem Gebiet des bürgerlichen Rechts weithin sichtbar auf den Schild gehoben wird - und das hat der Entwurf getan, insbesondere die 2. Lesung." A.a.O., S. 12

2 Gierke, Das bürgerliche Gesetzbuch ..., S. 56, 57

3 den Wieacker als "erneuten Höhepunkt pandektistischer Verfremdung rechtshistorischer Interpretation" bezeichnet. Privatrechtsgeschichte, S. 454

Die Grundlagen der Kritik sind vielmehr in den realen sozialpolitischen Konflikten zu suchen. Während Anfang der achtziger Jahre der politische Alltag noch immer durch die scharfe Anwendung des Sozialistengesetzes bestimmt war, hatte sich schon vor Ende des Jahrzehnts das Blatt gewendet. Das Sozialistengesetz lief zwar offiziell erst am 30. September 1890 ab, doch die so gefürchtete sozialdemokratische Partei hatte die Schlacht schon in den Jahren zuvor gewonnen. Bei den Reichstagswahlen im Oktober 1884 war sie mit 24 Sitzen und doppelt soviel Stimmen als 1881 in den Reichstag eingezogen [1].
Im Laufe der Zeit wurdenmehr und mehr Stimmen laut, die die Aufhebung des Gesetzes verlangten. Das Sozialistengesetz erreichte so das glatte Gegenteil der Wirkung, die ihm ursprünglich zugedacht war: die Sozialdemokraten hatten sich trotzdem erweitern können und möglicherweise gerade wegen des Verbots organisatorisch gefestigt; sie standen 1890 weit stärker da, als zuvor. Sehr treffend wird dieser Prozeß später durch Sohm analysiert: "Der Grundgedanke all dieses Vorgehens ist die Unterdrückung der sozial-demokratischen Irrlehre durch Gewalt, die gegen den deutschen Arbeiterstand geübt wird ... man versucht aufs neue nach einem Geiste mit dem Schwert zu hauen. Der Erfolg ist selbstverständlich der gleiche, wie einst bei der preussischen Maigesetzgebung. Jede geistige Bewegung - das ist die sozialdemokratische genauso wie die ultramontane - wird um so mächtiger, wenn sie mit äußeren Gewaltmitteln angegriffen wird."[2]
Angesichts dieser Situation war es außerordentlich wichtig, neue Wege zu finden, die rebellischen Arbeiter und Sozialdemokraten mit dem wirtschaftlichen System zu versöhnen und damit ihren Machtanspruch abzuwehren. Dies war auch eine Aufgabe, die sich an Juristen stellte, insbesondere was die Behebung all zu offensichtlicher sozialpolitischer Schwächen der neuen Privatrechtsordnung betraf. So stellt auch Gierke 1890 im Verein für Sozialpolitik fest, daß nach der Aufhebung des Sozialistengesetzes Gewerkvereine und Arbeitervereinigungen in ganz neuem Umfang entstehen werden und daß das Verhältnis zu ihnen zu klären sei [3]. Und Gierke äußert sich an einer Stelle sehr deutlich über die Intention seiner Sozialkritik und gibt in der Auseinandersetzung mit Anton Menger, den er fälschlicherweise bei den Sozialdemo-

---

1 Grebing, Geschichte der deutschen Arbeiterbewegung, S. 90

2 Sohm, Soziale Aufgaben, S. 23

3 Gierke, in: Schriften des Vereins für Sozialpolitik, Bd. 47, 1890, S. 275

kraten wähnt [1], unversehens eine darüber hinausreichende Begründung der Notwendigkeit der Entwicklung des Sozial- und Arbeitsrechts: "Und sicherlich haben gerade die Freunde der gegenwärtigen Gesellschaftsordnung, welche mit uns den Umsturz der Grundmauern des Privatrechts zugunsten einer sozialistischen Zwangsordnung als Rückfall in Unfreiheit und Barbarei verabscheuen, den triftigsten Anlaß, solche gegen das innerste Wesen des Entwurfs erhobenen Anklagen [gemeint ist diejenige von Menger] zu beachten und gewissenhaft zu prüfen. Denn, sollten sie sich auch nur teilweise als begründet herausstellen, so würde dieses Gesetzbuch dasselbe Privatrecht, dem es durch die Erhöhung zu einem souveränen System abstrakter Sätze einen ewigen Bestand sichern möchte, in Wirklichkeit untergraben und damit furchtbare Gefahren für unsere ganze Kultur heraufbeschwören."[2]
Die soziale Kritik am BGB war somit unmittelbare Reaktion auf das Anwachsen der Sozialdemokratie und die gewachsene Opposition in der Arbeiterschaft. An dieser Stelle wird auch deutlich, daß es ein Fehlschluß ist zu meinen, soziale Ideen müßten immer aus dem Bedürfnis entstehen, die Interessen der sozial Unterprivilegierten auszudrücken oder zu wahren.

Nach der Verabschiedung des BGB erschien 1905 der zweite Band des Handbuchs des deutschen Privatrechts und wichtige Einzelabhandlungen und Voruntersuchungen, in denen Gierke die Grundlagen seines Sozialrechts herausarbeitet [3]. In diesen Schriften versuchte Gierke unter Anerkennung des geltenden Rechts eine Brücke zu schlagen zwischen den unzulänglichen Regelungen des Vereinsrechts und des Arbeitsvertrages im geltenden Recht und der sozialrechtlichen Ausgestaltung, die er für diese Rechtsinstitute vorschlug. 1917 veröffentlicht Gierke

---

1 Vgl. die Zusammenstellung der widersprechenden Urteile über Menger bei: Eckart Müller, Anton Mengers Rechts- und Staatslehre, München 1973, S. 2

2 Gierke, Entwurf ..., S. 26

3 Davon seien genannt:
Das Wesen der menschlichen Verbände, 1902,
Vereine ohne Rechtsfähigkeit nach dem neuen Recht, 1900 sowie
Schuld und Haftung, 1910,
Die Wurzeln des Dienstvertrags, 1914,
Dauernde Schuldverhältnisse, 1914,
Privatrecht Bd. III, 1917

eine Rezension über zwei Publikationen zum Tarifvertragsrecht, in der er sich unter anderem mit dem Sozialdemokraten Sinzheimer und seiner Schrift über ein Arbeitstarifgesetz auseinandersetzt und den Ansatz Sinzheimers als wegweisend begrüßt [1]. Diese Schrift ist ein deutlicher Beweis dafür, daß Gierke selbst das langsam zur Kodifizierung anstehende Arbeitsrecht als Weiterentwicklung und Vollendung seiner Bemühungen begriffen hat. Gierkes Verständnis für das Arbeitsrecht ist dabei wesentlich durch die Einflüsse geprägt worden, die vom Verein für Sozialpolitik auf ihn ausgingen.

1. Otto von Gierke und der Verein für Sozialpolitik

Zum Verein fand Gierke durch Lujo Brentano und Gustav Schmoller, zu denen er 1872 als Ordinarius in Breslau Kontakt fand. Die lebenslange Freundschaft bildete den Anstoß für den folgenreichen Beitritt zum Verein für Sozialpolitik im gleichen Jahr. Dort blieb Gierke bis zu seinem Tod Mitglied. Herkner, ebenfalls Mitglied des Vereins, erläutert in der Grabrede für Otto v. Gierke die Gründe für dessen Beitritt: "Was ihn zu uns führte, das war, abgesehen von der freundschaftlichen Beziehung zu Brentano und Schmoller, sein warmes soziales Empfinden, sein leidenschaftlicher Gerechtigkeitssinn, seine Abneigung gegen den unhistorischen, einseitigen Individualismus der Manchesterschule und vor allem das Bewußtsein der innigen Zusammenhänge zwischen den großen wirtschaftlichen, ethischen und rechtlichen Problemen unseres Zeitalters. Der Verein ist immer stolz darauf gewesen, daß er Otto v. Gierke zu den Seinen zählen durfte."[2] Wohl war Gierke keiner der tonangebenden Köpfe im Verein, seine aktive Tätigkeit beschränkte sich, von einem Referat über "Die Bodenbesitzverteilung und die Sicherung des Kleingrundbesitzes" [3] abgesehen, auf Diskussionsbeiträge, Versammlungsleitungen und Teilnahme am Präsidium bei den Vereinstagungen. 1890 wurde Gierke in den geschäftsführenden Ausschuß gewählt [4], 1911 in den Vorstand.

---

1 Gierke, Die Zukunft des Tarifvertragsrecht, S. 815; zu Sinzheimer, Ein Arbeitstarifgesetz. Die Idee der sozialen Selbstbestimmung im Recht, München, Leipzig 1916

2 Herkner, in: v. Harnack u.a., Zum Gedächtnis, S. 11

3 Schriften des Vereins für Sozialpolitik, Bd. 58, 1893, S. 163 f. Über Gierkes Tätigkeit im Bund für Bodenreform vgl. Laufs, a.a.O., S. 312

4 Schriften des Vereins für Sozialpolitik, Bd. 47, 1890, S. 16

Doch das Aufsehenerregende ist, daß Gierke überhaupt als beinahe einziger Jurist in diesem Verein von Nationalökonomen und Sozialpolitikern [1] ständig Mitglied war und seinen Namen zur Hebung des Ansehens nach außen einsetzte. Dieser Verein war damals ein Sammelbecken der wichtigsten sozialreformerischen Bestrebungen in der Nationalökonomie und eine Art Spiegelbild der verschiedenen dort wirkenden Kräfte [2]. Herkner weiter zu Gierkes Verhältnis zum Verein: "In jeder erdenklichen Beziehung, als Referent, Debattenredner und Vorsitzender bei vielen Generalversammlungen, wie als Mitglied und Vizepräsident des Ausschusses hat er Jahrzehnte hindurch dem Verein wertvolle Dienste geleistet. Wer den Entschlafenen nur als politisch rechtsstehenden Juristen kennt, der mag darüber erstaunen, daß er sich in diesem nationalökonomischen Kreise der ob ihres angeblichen Radikalismus viel gescholtenen 'Kathedersozialisten' so gern und eifrig betätigt hat."[3]

Herkner spricht hier zurückblickend aus dem Jahre 1921 von Gierke als einem rechtsstehenden Juristen [4] - der im übrigen noch 1911 als überzeugter Monarchist mit dem erheblichen Adel ausgezeichnet worden war - und kennzeichnet damit das Ende der politischen Entwicklung Gierkes. Zum Zeitpunkt der Gründung des Vereins, knapp 50 Jahre vorher, sah der Standpunkt aller Beteiligten noch anders aus: Gierke arbeitete noch an seinem Genossenschaftsrecht, Brentano wurde geradezu als Sozialist verfemt [5], Brentano, Schmoller und Wagner führten noch einen gemeinsamen literarischen Kampf gegen das Manchestertum [6], wobei allen Beteiligten die Unterschiede in ihren

---

1 Weitere namhafte Mitglieder waren Gustav Schmoller, Lujo Brentano, Adolph Wagner, Hans Delbrück, v. Berlepsch, Einfluß im Verein hatten außerdem Max Weber, Werner Sombart, Ferdinand Toennis, Friedrich Naumann u.a.

2 Teuteberg, Ökonomischer Liberalismus, a.a.O., S. 48

3 Herkner, Zum Gedächtnis, S. 11

4 an einer anderen Stelle spricht Herkner von "einem so konservativ gerichteten Mann wie Gierke", in: Die Arbeiterfrage, 8. Aufl. 1922, 1. Bd., S. 440, (auch schon 6. Aufl. 1916). Zu Herkners eigener Entwicklung siehe Lindenlaub, S. 162 f.

5 Conrad, a.a.O., S. 39 f., 41

6 Conrad, a.a.O., S. 33 ff.

Auffassungen und Zielen, die sich später herausbilden sollten, noch nicht so klar bewußt waren [1].

In späteren Jahren wurde Gierke auch für einige Zeit in der evangelisch-sozialen Bewegung aktiv [2], an deren Spitze Friedrich Naumann stand, der auch im Verein für Sozialpolitik häufig auftrat und eher dem linken Flügel der liberalen Bewegung zugerechnet wurde [3]. Als der konservative Schöpfer des Evangelisch-sozialen Kongresses, Stöcker, diesen 1895 wegen Differenzen in der sozial-politischen Zielsetzung und in der Haltung zur Sozialdemokratie und den Gewerkschaften verließ [4] und die Weiterexistenz des Kongresses unter Leitung des linken Flügels um Naumann gefährdet war [5], erhielt er Unterstützung durch Gierke, der sich in diesem Jahr als Mitglied dem Aktionskomitee zur Verfügung stellte [6]. Die Mitarbeit im Komitee dauerte bis 1908, bei der Tagung anwesend war Gierke letztmals 1909 [7]. Danach scheint die Verbindung abgebrochen zu sein; den Weg Naumanns zum Nationalsozialen Verein und Göhres zur Sozialdemokratie [8] ist Gierke nicht

---

1 Das bestätigt Brentano, Mein Leben, S. 82.
Wagner etwa trat 1876 aus dem Vorstand aus, weil er als Anhänger eines Staatssozialismus in dem seiner Meinung nach zu liberalen Verein keine Wirkungsmöglichkeit sah. Teuteberg, a.a.O., S. 57; zu den Linienkämpfen im Verein für Sozialpolitik umfassend: Lindenlaub, Richtungskämpfe im Verein für Sozialpolitik, Wiesbaden 1967

2 Isele, Die Bedeutung Otto v. Gierkes, S. 287

3 Mommsen, Das Zeitalter des Imperialismus, S. 21

4 dazu ausführlich, Göhre, Die evangelisch-soziale Bewegung, S. 163 f.; auch Herkner, Arbeiterfrage, 2. Bd., 8. Aufl., S. 114, Brakelmann, Die soziale Frage, Teil II, S. 76 f.

5 1897 wurde der Konferenz die Thomaskirche in Leipzig verweigert, 1898 fand sich zunächst keine Stadt bereit, den Kongreß aufzunehmen. Brakelmann, a.a.O., S. 79

6 Göhre, a.a.O., S. 140; vgl. dazu auch die Anwesenheitsliste des 6. evangelisch-sozialen Kongresses, Berlin 1895. Neben Gierke waren auch Schmoller, Wagner und Berlepsch anwesend, in: Bericht über die Verhandlungen, S. 139

7 Vgl. Bericht über die Verhandlungen des 19. evangelisch-sozialen Kongresses von 1908, S. 131 und die Teilnehmerliste des 20. evangelisch-sozialen Kongresses 1909

8 Herkner, Arbeiterfrage, 8. Aufl., 2. Bd., S. 182, 184

mitgegangen. Seine sozialpolitische Heimat blieb der Verein für Sozialpolitik, der bürgerliche "Stoßtrupp für Sozialreform" (Lindenlaub), das Zentrum des Kathedersozialismus. Im Verein ist Gierke mit dem engeren konservativen Gründungskern um Schmoller verbunden [1], so daß sich ohne Zwang eine grundsätzliche Übereinstimmung mit den Zielen dieser Gruppe und vor allem mit dem Vorgehen Schmollers folgern läßt. Zum tieferen Verständnis der Entwicklung der Sozialrechtsideen Gierkes sollen im folgenden die Grundpositionen und die Entwicklung des Vereins, so wie er von Schmoller repräsentiert wurde, untersucht werden.

Der Verein wendet sich bei seiner Gründung, wie Schmoller in seiner Eröffnungsrede 1872 darlegt, zunächst gegen die "doktrinäre Manchesterschule", vertreten durch den volkswirtschaftlichen Kongreß, der schroff ablehnte von der "Arbeiterfrage" auch nur zu sprechen, der Gewerkvereine, Genossenschaftswesen, Fabrikgesetzgebung, Fabrikinspektorate, Schiedsstellen etc. ablehnte. Doch diese Gegnerschaft, die auch Gierke für sich in Anspruch nimmt, ist nicht das Bestimmende, das positiv Vorwärtstreibende, das Konstituierende am Verein. Sicherlich war es in den profitträchtigen Gründerjahren nicht gerade bequem, das Manchestertum zu bekämpfen, was den Verein insgesamt manchen Angriffen aussetzte [2]. Doch schon nach einigen Jahren erging eine Einladung des volkswirtschaftlichen Kongresses an den Verein

---

1 Lindenlaub, Richtungskämpfe, S. 210; daß damit auch eine gewisse Abwendung von Brentano einherging, der von Breslau nach München gegangen war, ist anzunehmen. In seiner Biographie kommt Brentano nicht mehr auf Gierke zu sprechen, er äußert aber wohl indirekt Kritik an Gierke, vgl. dazu oben, S. 84 Anm. 2
Zu dem Verhältnis Gierke - Brentano vgl. auch etwa den Brief Gierkes an Schmoller vom 23.8.1879 zit. bei Wittrock, a.a.O., S. 109 und Gierkes Stellungnahme zu Brentanos Referat über Arbeitseinstellungen in: Schriften des Vereins für Sozialpolitik, Bd. 47, 1890, S. 275, worin sich eine zunehmende Distanz zu Brentanos liberaler Haltung ausdrückt.

2 Boese, Die Geschichte des Vereins für Sozialpolitik, S. 16, Anm. 6, zitiert aus der Reaktion der Lokalpresse auf die Gründungsversammlung, aus der Breslauer Zeitung: "Dort wird wüste und wilde Klassenagitation gemacht; der wildeste Parteigeist feiert Orgien."

für Sozialpolitik zur Teilnahme an seiner Tagung [1]. Und im Jahre 1877 betont Oppenheim auf der Berliner Tagung des Vereins für Sozialpolitik mehrfach, wie sehr er und die Mehrheit des volkswirtschaftlichen Kongresses mit der Reformbeflissenheit der Referenten und Mitglieder des Vereins grundsätzlich übereinstimmen [2]. Auf den Vereinstagungen sprachen schließlich z.B. 1905 in Mannheim Referenten wie Kirdorf (Generaldirektor des Kohlesyndikats) oder Leidig (Zentralverband deutscher Industrieller). Fabrikanten und Gutsbesitzer waren neben Professoren, Redakteuren und Buchhändlern Teilnehmer der Gründungsversammlung und Mitglieder des Vereins [3].

Trotz dieser Annäherung bleiben freilich die Beziehungen zum Verein, insbesondere seinem linken Flügel (Brentano, Sombart, Max Weber) nicht ungetrübt. Dies dokumentiert deutlich noch der Vortrag Buecks vom 20.10.1906, der dem Verein wachsende Radikalität und Unterstützung der Machtgelüste der Sozialdemokratie vorwirft [4]. Befremdet ist er selbst über eine Äußerung Gierkes, der sich gegen den Herr-im-Haus-Standpunkt der Unternehmer wendet und dem dafür eine eigentümliche Auffassung über das Eigentumsrecht bescheinigt wird [5].

Aber diese Auseinandersetzungen bildeten keinen Schwerpunkt der Vereinsarbeit.

Das bestimmende sozialpolitische Ziel des Vereins war vielmehr die Erhaltung des bestehenden Staates durch Schaffung eines sozialen Klassenfriedens. Schmoller hebt in seiner Eröffnungsrede 1872 in Eisenach hervor, daß es gelingen müsse, "die unteren Klassen so weit zu heben, zu bilden, zu versöhnen, daß sie in Harmonie und Frieden sich in den Organismus der Gesellschaft und des Staates einfügen."[6]

---

1 Boese, a.a.O., S. 25

2 Boese, a.a.O., S. 31

3 Teilnehmerliste bei Boese, a.a.O., S. 243 f.

4 Bueck, Kathedersozialismus, a.a.O., Berlin 1906, S. 235 f., 245: "Ich nehme für mich in Anspruch, daß ich dem Kathedersozialismus in seiner ursprünglichen Form voll gerecht geworden bin; heute betrachte ich ihn als einen Krebsschaden an unserem Staats- und Gesellschaftskörper."

5 Bueck, a.a.O., S. 236

6 Schmoller, Eröffnungsrede 1872, abgedr. bei Boese, a.a.O., S. 9

1903, als die Klassenkämpfe und entgegen aller Hoffnungen auch die sozialen Gegensätze gewachsen waren, gebraucht Schmoller in seiner Eröffnungsrede die klassischen Formulierungen vom "sozialen Gottesfrieden" und den "sozialen Friedensschlüssen": "... im Volk selbst muß die Erkenntnis wachsen, daß gegenüber den Gegensätzen und Kämpfen die einheitlichen Ziele, die Gesamtinteressen die Oberhand behalten müssen. Es muß im ganzen Volk das Bewußtsein wachsen, daß man die Kampfgebiete einschränken müsse, daß es ein großes und breites Gebiet des sozialen Gottesfriedens geben müsse, in dem immer wieder verschiedene Klassen sich die Hand reichen können, um von hier aus auch über Streitpunkte zu einer Einigung zu kommen. Die Gefühle der Gemeinsamkeit, die Gefühle der Gesamtinteressen, das Verständnis der Sonderinteressen des Gegners muß gepflegt werden, damit man zu einer solchen Einigung komme."[1]

Von dieser Grundposition ausgehend werden in diesem Verein vor allen Dingen in den ersten Jahren seines Bestehens eine Reihe sozialpolitischer Verbesserungsvorschläge entwickelt. Brentano stellt in seinem Referat auf der Gründungsversammlung die Forderung nach Arbeitszeitbeschränkung für Frauen und Kinder auf [2]. Schmoller beschäftigt sich mit der arbeitsvertraglichen Regelung, insbesondere mit den Arbeitskämpfen. Er spricht sich dabei für eine vernünftige Handhabung der Arbeitskampfmittel und für die Einrichtung von Schiedsgerichten und Schlichtungsstellen aus. Gleichzeitig befürwortet er die Koalitionsfreiheit der Arbeiter, um eine gewisse Gleichgewichtigkeit, aber auch

---

1 Schriften des Vereins für Sozialpolitik, Bd. 113, 1903, S. 4. Rosa Luxemburg bemerkt 1914 im Rückblick, die illustren Vertreter der deutschen Professorenwelt hätten gelobt, ein breites Gebiet des sozialen Gottesfriedens in den erbitterten Partei- und Klassenkämpfen mit ihrer gelehrten, gottesfürchtigen und königstreuen Brust nach rechts und links zu verteidigen. Sie spricht vom "Fähnlein der aufrechten Friedensapostel auf dem Katheder, mit dem sanften Palmwedel der Sozialreform in der Hand", wobei das Gründungsdatum des Vereins symbolisch in der Mitte zwischen der Gründung der sozialdemokratischen Arbeiterpartei (1869) und dem Bueck'schen Verband der Rheinischen Schwerindustrie (1875) liege.
Zwischen Hammer und Amboß, Ges. Werke III, S. 446, 447

2 Verhandlungen der Eisenacher Versammlung vom 6./7.10.1872, hrsg. v. ständigen Ausschuß des Vereins, 1873, S. 8 - 29

Besonnenheit in der Auseinandersetzung zu garantieren [1].

Themen bei den folgenden Tagungen waren: die Gewinnbeteiligung von Arbeitern (1873), die Reform des Lehrlingswesens (1877); es wurden Gutachten über Schiedgerichte und Einigungsämter, über Alters- und Invalidenkassen erstellt [2].

Wie sehr Gierke selbst die Grundvorstellungen des Vereins teilt, zeigt sich in vielen Stellungnahmen: Das BGB müsse zur Mehrung des sozialen Friedens beitragen [3], oder: Die Nationalökonomie habe die durch wirtschaftliche Vorgänge erzeugte Gärung durch Sozialpolitik zu überwinden, den Klassenkampf durch Friedensordnungen zu mildern [4]. Geradezu emphatisch macht sich Gierke die Ausführungen des Schweizer Rechtswissenschaftlers Boos zu eigen, den er am Ende seiner Schrift über das Tarifvertragswesen zitiert: "'Die äußere Lebensform des Rechts soll dem einzelnen Gemeinschaftsgliede sein höheres Ich spiegeln.' In diesem Sinne habe die Rechtswissenschaft auch auf die Verinnerlichung der ... das im Innersten des einzelnen und der Gemeinschaft vorhandene, verhüllte Urbild mehr und mehr entschleiernden Arbeitsgemeinschaft hinzuwirken. So nähere man sich, christlich gesprochen, Schritt für Schritt dem Gottesreiche auf Erden, in dem ... in jedem Individuum Christus lebt und die Gemeinschaft einen alle Glieder einschließenden Leib in Christus bildet. Das sind schöne Gedanken in schöner Form!."[5]

Zunächst mußten jedoch die Mitglieder des Vereins die Erfahrung ihrer Erfolglosigkeit machen. "Mit Sturm und Braus schlugen alsbald die wilden Wogen des Klassenkampfes über den professoralen Grenzmarken des sozialen Gottesfriedens zusammen", bemerkte Rosa Luxemburg zur weiteren Entwicklung des Vereins [6]. In der

---

1 Verhandlungen der Eisenacher Versammlung ... a.a.O., S. 78 f.

2 Schriften des Vereins Bd. 2, 1873, dort wird unter anderem bereits von Betrieben als "natürlichen Produktionsgemeinschaften" gesprochen, S. 19

3 Gierke, Das bürgerliche Gesetzbuch, S. 53

4 Gierke, Begriff und Aufgaben der staatswissenschaftlichen Fortbildung, in: Internationale Wochenschrift für Wissenschaft, Kunst und Technik, 4. Jg. 1910, Sp. 497

5 Gierke, Die Zukunft des Tarifvertragsrechts, S. 841

6 Luxemburg, Zwischen Hammer und Amboß, a.a.O., S. 447

Tat, nach Erlaß des Sozialistengesetzes, 1878, vermied es der Verein für die nächsten zehn Jahre weiterhin sozialpolitisch brisante Themen zu bearbeiten. Dies bestätigt Schmoller in seiner Eröffnungsrede zur Tagung von 1890, in der er darauf hinweist, man habe wegen der allgemeinen, von Bismarck bestimmten sozialpolitischen Lage die großen und prinzipiell wichtigsten Fragen in den letzten Jahren zurücktreten lassen [1].

Etwa mit Auslauf des Sozialistengesetzes wurde nicht nur der Verein, sondern auch Otto v. Gierke mit seiner Kritik am Entwurf des BGB wieder aktiv.

Die prinzipielle Haltung des Vereins, soziale Reformen nur auf der Grundlage des Kapitalismus durchzuführen [2] und darin die Klassengegensätze zu versöhnen, ließen ihn die staatliche Unterdrückung der Sozialdemokratie und der Arbeiterschaft mehr oder weniger wohlwollend dulden. Ein starker Staat wurde von den Mitgliedern des Vereins - und sei es nur aus Furcht vor der sozialen Revolution - allemal befürwortet. Schmoller betont in der Eröffnungsrede, immer sei ihnen "der Staat das großartigste sittliche Instrument zur Erziehung des Menschengeschlechtes." Er befürwortet die starke Staatsgewalt, welche über den egoistischen Klasseninteressen stehend, mit gerechter Hand die Verwaltung leite, die Schwachen schütze und die unteren Klassen hebe [3]. Lindenlaub erwähnt, daß besonders die älteren, konservativen Vereinsmitglieder, darunter namentlich auch v. Gierke, durch Revolutionsfurcht stimuliert den Staat zur Lösung der sozialen Frage immer mehr in den Vordergrund stellten, den Aktionsraum der Arbeiterbewegung und der Berufsvereine einschränken wollten und daher

---

1 Schriften des Vereins Bd. 47, 1890, S. 3

2 Schmoller, Eröffnungsrede 1872, Boese, a.a.O., S. 10: "Unzufrieden mit unseren bestehenden sozialen Verhältnissen, erfüllt von der Notwendigkeit der Reform, predigen wir doch keine Umkehr der Wissenschaft, keinen Umsturz aller bestehenden Verhältnisse, wir protestieren gegen alle sozialistischen Elemente ... Wir erkennen nach allen Seiten das Bestehende, die bestehende volkswirtschaftliche Gesetzgebung, die bestehenden Formen der Produktion, die bestehenden Bildungs- und psychologischen Verhältnisse der verschiedenen gesellschaftlichen Klassen als Basis der Reform, als Ausgangspunkt unserer Tätigkeit an ... Wir wollen keine Aufhebung der Gewerbefreiheit, keine Aufhebung der Lohnverhältnisse."

3 Schmoller, a.a.O., S. 8

auch grundsätzlich Ausnahmegesetzen zustimmten [1]. Auch wenn der Verein sich offiziell einer Stellungnahme enthielt, so fanden sich in seinen Reihen wohl doch in der Mehrheit Befürworter des Sozialistengesetzes wie etwa Delbrück [2]. Der Verein umging diese Stellungnahme mit der besonderen Betonung der Tatsache, daß gerade wo die öffentliche Meinung auf die in der Sozialdemokratie liegende Gefahr allgemein aufmerksam geworden sei, die Bedeutung des Vereins nur eine um so größere sei. "Denn ganz besonders dringend und wichtig ist es jetzt geworden, die sozialen Reformen innerhalb des Staates mit seiner Hilfe auf dem Boden der bestehenden Rechtsordnung vorzubereiten und zu fordern."[3] Weder gegenüber der

---

1 Lindenlaub, a.a.O., S. 210, 211.
Gierkes Zusammenfassung des Schmollerschen Standpunkts auf der Vereinstagung 1890: "Im Resultat will daher diese Ansicht feste Rechtsschranken errichten, die den Strom der Associationsbewegung von vornherein in ein engeres Bett drängen. Sie will die volle Associationsfreiheit und insbesondere die Korporationsrechte nur verleihen gegen sehr strenge Garantien und die letzteren am liebsten nicht generell verleihen ...", in: Schriften des Vereins, Bd. 47, S. 277.
Vgl. dazu auch noch Gierkes gegensätzlichen Standpunkt zu Staatseingriffen im Genossenschaftsrecht Bd. 1, S. 1039, 1040.

2 Lindenlaub, a.a.O., S. 225
Siehe auch R. Luxemburg, Sozialreform oder Revolution, Schriften zur Theorie der Spontaneität, Hamburg 1970, S. 32 Anm.: "Schon wenige Jahre später, als sich der Kampf gegen die Sozialdemokratie verschärfte, stimmten die Leuchten des Kathedersozialismus als Reichstagsabgeordnete für die Verlängerung des Sozialistengesetzes."

3 Zit. bei Boese, a.a.O., S. 32
Völkerling, Der deutsche Kathedersozialismus, S. 16, 17 weist in diesem Zusammenhang auf Bismarcks Brief an Itzenplitz hin, wo dieser äußert, es gälte der sozialen Bewegung in ihrer gegenwärtigen Verirrung Halt zu gebieten, und dieselbe insbesondere dadurch in heilsame Wege zu leiten, daß man realisiert, was an sozialistischen Forderungen als berechtigt erscheint und im Rahmen der gegenwärtigen Staats- und Gesellschaftsordnung verwirklicht werden kann.
Vgl. auch Sohm, Soziale Aufgaben, S. 22: "Daß die indirekte Bekämpfung der Sozialdemokratie durch positive Sozialreform der richtige Weg ist, das haben bereits viele gesehen und ausgesprochen."

'Zuchthausvorlage' 1899, dem wohl schwersten Angriff auf das Koalitionsrecht der Arbeiter, der in seiner Schärfe auch den politischen Intentionen des Vereins unmittelbar zuwiderlief [1], noch gegenüber der 'Umsturzvorlage' 1894 rang sich der Verein zu einer einheitlichen Stellungnahme durch [2]. Ausgehend von diesem Verhalten des Vereins ist es gerechtfertigt zu sagen, daß es ihm in letzter Linie um die Emanzipation der Arbeiter ging.

Aber auch der mildtätige Einsatz für die materiellen Belange der Arbeiter und umfangreicher Reformeifer für die unteren Klassen waren dem Verein nur Mittel zum Zweck zur Erreichung anderer Ziele. Schmoller führt hierzu programmatisch in seiner Eröffnungsrede aus, daß den Vereinsmitgliedern "nicht der Gegensatz der wirtschaftlichen Lage, sondern die Kluft in Gesittung, Bildung, Anschauung und Idealen" zwischen den Arbeitern und besitzenden Klassen als das Gefährlichere erscheine. Man erinnere sich aus der Geschichte, daß alle höhere Kultur aus ähnlichen Gegensätzen, an sozialen Klassenkämpfen und Revolutionen, an der Unfähigkeit einer Versöhnung zwischen den höheren und unteren Klassen zu finden, zugrunde gegangen sei [3]. In dem so gesteckten Rahmen genießt die Arbeiterbewegung ein gewisses Wohlwollen im Verein. So, als in einer aufsehenerregenden Aktion ein von den Konservativen Delbrück, Gierke und Schmoller mitunterzeichneter öffentlicher Aufruf im Oktober 1898 erscheint, man möge wegen seines sozialreaktionären Programms im Wahlkreis Teltow-Charlottenburg nicht den konservativen, sondern den freisinnigen Kandidaten ins Abgeordnetenhaus wählen [4]. Gierke beteiligt sich auch am Aktionskomitee des evangelisch-sozialen Kongresses,

---

1 In diesem Gesetz wurde unter Strafe gestellt, wer versuchte, "Arbeiter zum Aufstand zu bewegen oder bei der Annahme von Arbeit zu behindern." Seinen Namen bekam der Entwurf durch § 8; danach trat, wenn durch solche Handlungen "ein Arbeiteraufstand oder eine Arbeiteraussperrung herbeigeführt werden, die die Sicherheit des Reiches oder eines Bundesstaates gefährden und eine gemeine Gefahr für Menschenleben und das Eigentum herbeiführen" Zuchthausstrafe bis zu drei und fünf Jahren ein.
Zitiert bei Blanke u.a., Kollektives Arbeitsrecht I, S. 104

2 Lindenlaub, a.a.O., S. 78, 79

3 Schmoller, Eröffnungsrede 1872; Boese, a.a.O., S. 9

4 Lindenlaub, a.a.O., S. 79

das Anfang 1905 zu Spenden für die streikenden Bergarbeiter an der Ruhr aufrief [1]. Doch die Unterstützung hörte da auf, wo die Arbeiter ihre Interessen an einer prinzipiellen Veränderung der kapitalistischen Verhältnisse anmeldeten und vor allem durch die revolutionäre Sozialdemokratie die Machtfrage stellten.
Statt vieler Äußerungen sei hier diejenige des Schriftführers des Vereins, Held, zitiert: "Wir sind vor allem ganz unbedingte Gegner der Sozialdemokratie und halten diese Richtung, die eine materialistische, rechtsfeindliche, alle Ideale zerstörende Politik vertritt, für eine durchaus zu bekämpfende Partei. Wir wollen jedoch die Wurzel des Übels angreifen, die sozialen Mißstände. Männer der Wissenschaft, die verlangen müssen, in gesicherter Ruhe durch ihre stille Arbeit dem Fortschritt der Kultur zu dienen, können am wenigsten wünschen, daß die ungebildeten Klassen zu einem die Kultur bedrohenden einseitigen Übergewicht gelangen."[2]

Gierke, der in seinen Schriften mehrfach von Sozialismus als Unfreiheit und Barbarei spricht [3], äußert seine emotional gefärbte Abscheu noch 1914 in einem Zeitungsartikel recht deutlich: "Eine täglich anschwellende, mächtige Partei beherrscht die Massen, predigt den Klassenkampf und sucht die Fundamente unseres Staates zu erschüttern. Sie sagt der Monarchie, dem stärksten Hort unseres nationalen Seins den Krieg an und verweigert dem Kaiser, was dem Kaiser gebührt

---

1 Lindenlaub, a.a.O., S. 74

2 Schriften des Vereins Bd. 4, S. 7
Held fährt fort, sein Selbstverständnis weiter zu erläutern:
"Wenn wir aus den Gelehrtenstuben, wie das zu allen Zeiten vorgekommen ist, uns gelegentlich herausbegeben auf das Gebiet der Agitation, so kann dies nur geschehen, um dem sozialen Frieden zu dienen. Was tut der Gelehrte anderes, als seinen eigenen, den höherstehenden und bessersituierten Stand aufmerksam zu machen auf diejenigen Pflichten, durch deren Erfüllung alleine, die höhere Stellung aufrecht erhalten werden kann."
Ebenfalls gegen die Sozialdemokratie:
Schmoller, Eröffnungsrede 1903, Schriften des Vereins, Bd. 113, S. 4 und
Schmoller, Die soziale Frage, 1918, S. 1 mit bereits eindeutig antisemitischer Tendenz.

3 Gierke, Soziale Aufgabe, S. 13
Gierke, Entwurf, S. 26

... es ist selbstverständlich, daß der Riesenkörper einer Nation abgestorbene oder krankhaft wuchernde Zellen enthält, daß ein lebenskräftiger Organismus auch das Gift eingenisteter Schädlinge bezwingt."[1]

Bei all dieser grundsätzlichen Gegnerschaft bewahrten sich der Verein und seine Mitglieder jedoch den politischen Weitblick, die Entwicklung der sozialdemokratischen Partei zu einer Reformpartei genau zu verfolgen und diejenigen Teile zu integrieren, die unter Aufgabe ihrer ursprünglichen Ziele in dem zunehmend imperialistischen Deutschland die friedliche Kooperation wünschten. Nach der Jahrhundertwende sprach man sich zunächst gegen die gewaltsame Unterdrückung und die äußere Einmischung in die sozialdemokratische Partei aus: "Nein, mit der gewaltsamen Vernichtung der Sozialdemokratie ist es nichts. Sie muß, so wie sie geworden ist, ertragen und eingefügt werden in unseren Staats- und Gesellschaftsorganismus; man muß lernen sie zu verstehen, wie sie lernen muß, die andern Parteien und Elemente unseres Volks- und Staatslebens zu begreifen. Man muß ihren falschen Idealen stets mit Energie entgegentreten, aber das schließt nicht aus, daß man im übrigen sich mit ihr über Einzelfragen und einen modus vivendi bezüglich der täglichen kleinen Notwendigkeiten des politischen und wirtschaftlichen Lebens verständigt. Mit jedem Jahr ruhiger politischer Entwicklung, mit jedem Jahr praktischer Mitarbeit der Sozialdemokratie an der laufenden Staatsverwaltung, verliert sie einen oder zwei ihrer revolutionären Giftzähne."[2]

Gierke bescheinigt im gleichen Artikel [3], in dem er von den 'Volksschädlingen' spricht, zumindest für das Jahr 1914 den Sozialdemokraten indirekt staatstreue Gesinnung in ihrer Haltung zum Krieg und 1917 dem Sozialdemokraten Sinzheimer, sein Werk über das Arbeitstarifgesetz fordere in hohem Maße die Aufmerksamkeit derer, "denen das Verständ-

1 Gierke, Volksgeist, in: Der (rote) Tag Nr. 203 vom 30.8.1914

2 Schmoller, in: 20 Jahre deutsche Politik, S. 99. Im gleichen Sinne auch 1897 schon Sohm, Soziale Aufgaben, S. 27, 28: "Schon trägt die Sozialdemokratie zwei Seelen in ihrer Brust. Die eine ist die politische, sozialreformatorische Bewegung." Die Vertretung im Parlament, habe die sozialdemokratische Partei, "trotzdem sie es nicht eingestehen will, trotzdem sie noch immer revolutionäre Manieren vor sich herträgt, tatsächlich mag sie nun wollen oder nicht, in eine Ordnungspartei verwandelt."

3 Gierke, Volksgeist, a.a.O.

nis dieser so überaus wichtigen Erscheinung des modernen Arbeitsrechts und ihre Fortbildung zum Heile des sozialen Friedens am Herzen liegt."[1]
Völkerling zeigt an der Stellungnahme zur Kartellbildung die bald einsetzende Verflechtung zwischen dem Verein und der Sozialdemokratie auf.[2] In dieser Frage deuten sich Gemeinsamkeiten an zwischen der von Schmoller in seinem Referat von 1894 vertretenen Position und der einen Monat später auf dem Frankfurter Parteitag der Sozialdemokraten geäußerten Ansicht. Referent über die Kartellfrage auf diesem Parteitag war Max Schippel, gleichzeitig Mitglied im Verein für Sozialpolitik [3]. Schippel vertrat dort, ähnlich wie Schmoller, Monopole seien Mittel der Krisenbeseitigung und Preissenkung und verspottete die Gegner wegen ihrer "kleinbürgerlichen Ängste"[4]. Solche Verbindungen ließen sich bei näherer Untersuchung noch weit umfangreicher herstellen [5]. Wesentlich im Zusammenhang dieser Arbeit ist aber nur, daß diese Verbindung keineswegs auf einem Abrücken der Kathedersozialisten von ihren Grundpositionen beruhten, sondern im Gegenteil auf einer Hinwendung von Teilen der Sozialdemokratie zur kathedersozialistischen Sozialreform. Mit dem Aufkommen opportunistischer Strömungen innerhalb der Sozialdemokratie um die Jahrhundertwende wurden einzelne Positionen der Kathedersozialisten adaptiert und flossen so ins Arbeits- und Sozialrecht des 20. Jahrhunderts mit ein. Rosa Luxemburg beschreibt diesen Vorgang sehr treffend: "Und auf einmal erblickten sich all die guten Leute, die die theoretische Bekämpfung der Sozialdemokratie auf dem Katheder als besoldeten Beruf innehaben zu ihrem eigenen Staunen mitten in das Lager der Sozialdemokratie übertragen. In den Theorien Bernsteins und seiner Anhänger lebten plötzlich die durch langes und zweckloses Reden bereits längst verstorbenen und vermoderten, von sich selbst begrabenen und vergessenen Kathedersozialisten ... wieder auf."[6]

---

1 Gierke, die Zukunft des Tarifvertragsrechts, S. 815, wobei er allerdings eine Skepsis gegenüber vermuteten staatssozialistischen Bestrebungen Sinzheimers nicht verhehlt. S. 827, 839

2 Völkerling, a.a.O., S. 130

3 Mitgliederverzeichnis in Schriften des Vereins, Bd. 61, S. 540

4 Kuczynski, Geschichte ... Bd. 13, 1961, S. 79

5 Kuczynski, a.a.O., S. 76 mit Bezug auf Bernstein

6 Luxemburg, Hohle Nüsse, Ges. Werke I, S. 491

2. Sozialreform und monopolistische Entwicklung

Seit Anfang dieses Jahrhunderts schlugen die Sozialreformer einen neuen Weg ein, indem sie den Fortgang des sozialen Aufschwungs und eine erfolgreiche Sozialpolitik mit einer expansiven, imperialistischen Politik verknüpften. Diese "soziale Variante imperialistischen Denkens" wurde in der damaligen Zeit zum beliebten Argument der Politiker.[1] Die Diskussion um die Flottenpolitik läßt diesen Zusammenhang erstmals deutlich werden. Friedrich Naumann hebt in seinem am 15. November 1899 gehaltenen Vortrag "Flotte und Reaktion" den Zusammenhang zwischen wirtschaftlicher Expansion und sozialer Reform ausdrücklich hervor. Er wendet sich zwar zunächst gegen die Profitinteressen der Großindustrie, um dann aber anzumerken, daß auch berechnet werden müsse, daß der Bau der Kriegsflotte ca. 40.000 Arbeitern für ein Jahr Beschäftigung geben würde [2]. Die Flottenvorlage enthalte einen Auftrag, der einen guten Geschäftsgang sichere, und "wo es aufwärts geht, geht die Arbeiterbewegung mit aufwärts, aber bei einer Krise, beim Geschäftsniedergang geht alles, was wir Sozialismus nennen wieder abwärts, die Aussichten werden gering."[3]
Zunächst aus rein volkswirtschaftlichen Erwägungen wurden auch die Kathedersozialisten zu Befürwortern des Kriegsflottenbaus, den sie gegen jede pazifistische und sozialdemokratische Kritik eifrig verteidigten. Die größere Ausdehung der Produktion, insbesondere das sprunghafte Anwachsen der Bevölkerung forderte nach ihrer Ansicht den Welthandel und natürlich auch die Absicherung dieses Handels durch die Kriegsflotte. So schreibt z.B. Schmoller, für Deutschland erwachse als erste Pflicht, für die Ziele aller höheren geistigen, sittlichen und ethischen Kultur und des sozialen Fortschritts, sich eine starke (Kriegs-)flotte zu schaffen [4]. Mitglieder des Vereins setzten sich

---

1 Mommsen, Das Zeitalter des Imperialismus, S. 18

2 Naumann, "Flotte und Reaktion", Berlin-Schöneberg o.J. zitiert bei Kuczynski, Geschichte ..., Bd. 4, S. 25

3 Naumann, a.a.O., S. 25

4 Schmoller, in: 20 Jahre deutsche Politik, a.a.O., S. 1 f. Die wirtschaftliche Zukunft und die Flottenvorlage vgl. auch A. Wagner: Vom Territorialstaat zur Weltmacht, Rede vom 27.1.1900, in: Ein Beitrag zur Beleuchtung der Flottenvorlage, München 1899.

öffentlich in Versammlungen für die Flottenpolitik ein [1].

Die Kathedersozialisten hatten von Anfang an deutlich gemacht, daß es ihnen in erster Linie um Erhalt und Bewahrung des Staates und des kapitalistischen Wirtschaftssystems ging. Von da aus bestimmte sich aber auch ihre Haltung zu den wirtschaftlichen und sozialen Veränderungen in Deutschland, ergab sich notwendig ihre Unterstützung der Monopole, der Rüstungspolitik und dann letztendlich des Krieges.

Deutschland war in der Zeit von 1900 bis 1910 zur zweitgrößten Industrienation der Welt geworden [2]. Der industrielle Aufschwung von der Jahrhundertwende bis zum Ersten Weltkrieg wurde hauptsächlich von Monopolbetrieben getragen; dazu gehörten das rheinisch-westfälische Kohlensyndikat, die Elektrokonzerne AEG und Siemens und 1904 der Stahlwerksverband und die zwei Interessengemeinschaften (IG) der chemischen Großkonzerne. Diese Monopolbetriebe waren eng verbunden mit den größten deutschen Banken, Deutsche Bank, Diskonto Gesellschaft, Dresdner Bank. Angesichts des gewaltigen wirtschaftlichen Aufschwungs entstand um die Jahrhundertwende, insbesondere wegen der steigenden Geldlöhne, der Leistung der Sozialversicherung der Eindruck einer Verbesserung der Lage der Arbeiter [3]. Immer größere Bevölkerungsteile hatten erstmals feste Anstellung, und auch die Sozialleistungen erweiterten sich zunächst stetig [4]. Diese Entwicklung ließ auf wirtschaftliche Prosperität und Stabilität hoffen. Die Realisierung der Idee von der sozialen Gemeinschaft schien somit - im Gegensatz zur Frühzeit des Kapitalismus - manchem greifbar nahe. Gewisse Fürsorgeleistungen, die die Unternehmer in dieses Projekt einbringen mußten, schienen möglich [5].

---

1 "Der greise Schmoller trug sein silbernes Haar und der junge Sombart seine duftenden Locken in qualmige Berliner Versammlungslokale, um für die große Flottenvorlage Agitation zu betreiben. Die Apostel des "sozialen Gottesfriedens" vertauschten den sanften Palmwedel der Sozialreform mit dem blanken Schwert des Militarismus."
Luxemburg, Hammer und Amboß, Bd. III, S. 447

2 Kuczynski, Geschichte ... Bd. 4, Tabellen S. 17, 60, 61

3 Vgl. auch Grebing, a.a.O., S. 94

4 Zur ansteigenden Leistung der Sozialversicherungen vgl. Albin Gladen, Geschichte der Sozialpolitik in Deutschland, Wiesbaden 1974, S. 58 f.

5 So auch Kocka, Klassengesellschaft im Krieg, S. 8 f. m.w.N. Völkerling, a.a.O., S. 12, 13

Eine weitere Bedingung für das Aufkommen der Idee von der sozialen Gemeinschaft war die Existenz einer zahlenmäßig und organisatorisch starken Arbeiterschaft, deren revolutionärer Flügel, wenn überhaupt, so nur mit gewissen Zugeständnissen zu isolieren war, während der revisionistische Flügel nur mit Hoffnungen in eine Arbeitsgemeinschaftspolitik zu stärken war.

Auf dieser Grundlage entwickelten sich vor der Jahrhundertwende Ansichten, die in der Monopolbildung ein Mittel zur Überwindung von Krisen und zur Verbesserung der sozialen Lage der Arbeiter sahen. In seiner Zusammenfassung der Debatte über Kartelle und Monopole auf der Vereinstagung 1894 bezeichnet Schmoller die Monopolisierung als "eine Art sozialistische, gemeinwirtschaftliche, volkswirtschaftliche Organisation"[1]. Später präzisiert Schmoller diesen Gedanken dahingehend, die Monopole würden zur sozialen Versöhnung der Klassen beitragen, und je größer der Monopolbetrieb werde, desto sicherer werde seine Stellung und desto mehr sei es ihm möglich, seine Leute nach sozialen Gesichtspunkten zu behandeln [2]. Ganz in diesem Sinne auch schon 1897 der Jurist Sohm: "Die Blüte der Großindustrie ist die Voraussetzung für die Blüte des Arbeiterstandes ... ja alleine eine blühende Großindustrie vermag die Lasten zu tragen, welche die auf Kürzung der Arbeitszeit und Steigerung des Arbeitslohns, auf Durchführung des Arbeitsschutzes und der Arbeiterversicherung gerichtete Arbeiterbewegung dem Unternehmerstande ansinnt. Nötig ist nur, daß die Arbeiterschaft zur Erkenntnis dessen, was dem gemeinsamen Interesse des Arbeiterstandes und des Großunternehmens dient, emporgehoben werde."[3]

Nach der Jahrhundertwende gab es, als sich diese Hoffnungen in der Praxis nicht erfüllten, einen gewissen Umschwung in der Meinung vieler Kathedersozialisten. Die Kartellrechtsdebatte wurde 1905 erneut auf die Tagesordnung gesetzt und provozierte heftige Auseinandersetzungen.

---

1 Schriften des Vereins, Bd. 61, 1894, S. 394

2 Schmoller, Über das Maschinenzeitalter in seinem Zusammenhang mit dem Volkswohlstand und der sozialen Verfassung der Volkswirtschaft, Berlin 1903, S. 29. Vgl. auch die spätere Kartelldiskussion, z.B. bei R. Liefmann, Kartelle und Trusts, Stuttgart 1910, 2. Aufl., S. 59, der feststellt, bei festorganisierten Kartellen könne der Unternehmer den Arbeitern die Erzielung hoher Löhne erleichtern, und auch Sozialisten würden hierin ein Hinüberwachsen zum Sozialismus sehen.

3 Sohm, Soziale Aufgaben, S. 25, 26

In der Debatte wurde die Tendenz der Kartelle, sich zu Monopolbetrieben auszuweiten, die Preise künstlich hochzuhalten, den Wettbewerb zu ersticken und auch den staatlichen Apparat zu beeinflussen, kritisiert. Doch gerade auch Schmoller befürwortete in seinem Referat die gesamte Entwicklung grundsätzlich und schlug nur eine gewisse staatliche Regulierung vor [1]. Die Einsicht in die wirkliche Machtfunktion der Kartelle aber wurde ersichtlich durch die von Gierke beeinflußte idealistische, genossenschaftliche Interpretation versperrt [2]. Dieser Einfluß ist unübersehbar, wenn Schmoller in dieser Rede ausführt, das Wesen der Kartelle liege im demokratisch-genossenschaftlichen Prinzip." Darin liegt ihre große, nicht bloß wirtschaftlich, sondern psychologisch sittliche Bedeutung. Ich möchte sagen, wie wir Deutschen unserer auf ähnlichen Prinzipien beruhenden Genossenschaftsentwicklung uns freuen, so können wir auf unsere Kartellbildung eben deshalb stolz sein."[3] Gierkes Haltung ist ähnlich. Auch er befürwortet die Kartelle aus den von Schmoller genannten Gründen, steht allerdings den Aktiengesellschaften eher skeptisch gegenüber. In einer Abhandlung über die Grundzüge des Handelsrechts macht er besonders auf deren Mängel und Gefahren aufmerksam; sie verführten zur Unsolidität und Schwindelgründung, durch die lose Struktur der Gesellschaften entständen Schwierigkeiten bei der Kontrolle, wirtschaftlich würde das kleine Kapital aufgesogen und die Übermacht des Kapitals im ganzen Wirtschaftsleben gesteigert [4]. Trotz dieser Vorbehalte, was bestimmte Erscheinungsformen der Monopolentwicklung betraf, förderte doch die Verkennung des ökonomischen Konzentrationsprozesses die Monopolbildung. Diese Ansicht ebnete bereits den Weg, eine Politik, die dem Erhalt und der Ausweitung des Einflußbereichs der Monopolbetriebe über die deutschen Grenzen hinaus diente, aus dem Gesichtspunkt der Sozialreform zu befürworten.

---

1 Schriften des Vereins 1905, Bd. 116, S. 237 f.

2 Vgl. auch Wieacker, Privatrechtsgeschichte, S. 455

3 Schmoller, Schriften des Vereins, Bd. 116, 1905, S. 254. An anderer Stelle stellt er sogar die Kartelle als parlamentarisch und gerecht den Trusts als Repräsentanten der Autokratie und der bloßen Geschäftemacherei gegenüber; a.a.O., S. 266

4 Gierke, Grundzüge des Handelsrechts, in: Holtzendorffs Enzyklopädie, S. 56

Die Großbetriebe waren jedoch über eine kurze Zeit hinaus, die ihnen erhöhten Profit durch Einführung neuer Produktionsmethoden garantierte, keineswegs in der Lage, den stetigen sozialen Fortschritt zu garantieren. Die Reallohnentwicklung stieg seit 1900 nur noch langsam an, bis 1913 eine Stagnation erreicht war [1]. Ohne die gleichzeitig steigende Rüstungsproduktion wäre es wohl nicht einmal mehr möglich gewesen, dieses Niveau zu halten [2]. Zudem stehen die Lohnerhöhungen dieser Zeit in engem Zusammenhang mit den Streikaktivitäten der Arbeiter, wurden also keinesfalls freiwillig gewährt.
In den Jahren 1905 und 1912 standen jeweils eine halbe Million Arbeiter im Streik für höhere Löhne und bessere Arbeitsbedingungen, seit 1910 verging kein Jahr mehr, in dem nicht über 300.000 Arbeiter im Ausstand waren [3]. Mit Aussperrungen, verschärften Strafurteilen, Einsatz von Polizei- und Zivilschutztrupps, Aufstellen von schwarzen Listen versuchte man diese Bewegung von staatlicher Seite her zu brechen. Von einer friedlichen Gemeinschaft der sozialen Klassen war Deutschland vor Beginn des Ersten Weltkrieges, zu einer Zeit also, als Gierke seine Schrift über die Wurzeln des Dienstvertrags veröffentlichte, so weit entfernt wie noch nie [4].

3. Kriegssozialismus

Diese Entwicklung wurde durch den Beginn des Ersten Weltkriegs kurzfristig unterbrochen. Nach seinem Beginn beschloß die Gewerkschaftsführung am 2.8.1914 den sofortigen Abbruch aller Lohnkämpfe und die

---

1 Anders wohl noch Kuczynski, Geschichte ..., Bd. 4, S. 330, 331, der Stagnation schon ab 1902 annimmt. Diese Ergebnisse sind jedoch durch die neuere Arbeit von A. v. Desai, Real Wages in Germany, 1871-1913, Oxford 1968, korrigiert, der eine systematischere Erhebung vorgenommen hat.

2 Steigerung der Ausgaben für die Marine von 1900-1912 150 %; für das Heer 31 %, vgl. Kuczynski, Bd. 4, S. 17, 18

3 Kuczynski, Geschichte ..., Bd. 4, S. 326

4 Kocka, a.a.O., S. 11 m.w.N.; vgl. auch
H.v. Raumer, Die Zentralarbeitsgemeinschaft, a.a.O., S. 105.
"Anfang 1914 hatten sich die Gegensätze so zugespitzt, daß die Reichsregierung eine Reihe von Ausnahmegesetzen und Strafrechtsverschärfungen auf dem Gebiete des Koalitionsrechts vorbereitete ... Schwere Konflikte schienen im Anzug."

Sistierung der Auszahlung weiterer Streikunterstützung [1]. Dies war die Konsequenz der auch von der Sozialdemokratie mitgetragenen Burgfriedenspolitik. Burgfrieden, das bedeutete für die Mehrheitssozialdemokraten für die Dauer des Krieges auf jeden Kampf gegen andere Parteien und die Regierung zu verzichten. "Wir lassen in der Stunde der Gefahr das Vaterland nicht im Stich."[2] Die konservativen Parteien und selbstverständlich auch Otto v. Gierke [3] gehörten ebenfalls zu den Befürwortern dieser Politik. Burgfrieden, das hieß für seine Gegner Unterdrückung und Verfolgung jedweder politischer und sozialer Opposition, harte Strafen für Streikführer, Flugblattverteiler, Zensur oppositioneller Schriften, Einberufung auffälliger Rädelsführer zum Militär, Sicherungshaft [4]. Trotz allem ließen sich im Krieg schärfste Klassenspannungen nicht vermeiden. Seit 1915 wurden Demonstrationen gegen Lebensmittelknappheit und Wucher, Hungerkrawalle und Angriffe auf Verkaufsläden registriert. Seit Sommer 1916 brachen zunehmend Streiks der Arbeiter in den kriegswichtigen Industrien aus, zunächst als Reaktion auf die Hungersnot im Jahre 1918 mit eindeutig politischer Zielsetzung [5]. Dazu kamen Empörung und Haß auf diejenigen, die sich am Krieg bereicherten und deren privilegierte Stellung mit der zunehmenden Verarmung der Massen deutlich sichtbar wurde [6]. Auch die sozialdemokratische Führung hatte wachsende Schwierigkeiten mit ihrer Basis, sie verlor nicht nur Hunderttausende von Mitgliedern [7], sie mußte auch die Regierung immer wieder mit dem Argument zu Zugeständnissen drängen, sie verlöre sonst den Rest ihres Einflusses [8].

---

1 Beschlüsse der Gewerkschaftsvorstände zur Eindämmung von Streiks vom 2.8. und 17.8.1914, zit. bei: Blanke u.a., Kollektives Arbeitsrecht, S. 155

2 Grebing, a.a.O., S. 139

3 Vgl. Gierke, Unsere Friedensziele, S. 2

4 Dazu die dokumentarische Zusammenstellung bei W. Deist, Militär und Innenpolitik im Weltkrieg 1914-1918, Kapitel II und III

5 Kuczynski, Geschichte ..., Bd. 4, S. 249. Kocka, a.a.O., S. 41

6 Kocka, a.a.O., S. 44

7 Kocka, a.a.O., S. 52. Die Mitgliederzahlen fielen von 1.086.000 (1914) auf 243.000 (1917)

8 Blanke u.a., Kollektives Arbeitsrecht, S. 157. Kuczynski, a.a.O., S. 246; die aus internen Protokollen der Reichskanzlei über Besprechungen dazu zitieren.

Trotz aller dieser Schwierigkeiten, Gierke befürwortete den Krieg vehement. Geradezu erschreckend ist seine bedingungslose und aggressive Kriegspropaganda, die sich in einer Anzahl von Artikeln und Flugschriften niederschlägt. "Jetzt gilt es nur noch einen Gedanken und nur noch ein Ziel. Es gilt, alles, was wir haben, einzusetzen im heiligen Kriege." "Niederzuzwingen gilt es, im innersten zu verwunden, rücksichtslos auf Dauer zu schwächen, die feindlichen Völker'. Ihren schmählichen Bund eint kein anderes inneres Band als gemeinsamer Neid und Haß."[1]

"Wir wollen nicht weiter in unser Landschneckenhaus zurückziehen. Auf allen Meeren soll die schwarzweißrote Flagge wehen, in allen Erdteilen wollen wir unsere Landsleute in geachteter Stellung wirken sehen, wir wollen unsere Kolonien behaupten und mehren, die ganze Welt soll uns offenstehen, um in ungehindertem Wettbewerb die Energie des deutschen Wesens zu entfalten. Dazu ist freilich unerläßlich, daß unser Sieg ein ganzer und kein halber sei." 1915 beteiligte sich Gierke an der Ausarbeitung einer Denkschrift namhafter Gelehrter, die vom Alldeutschen Verband zur Unterstützung der aggressiven Kriegszielpolitik vorgeschoben wurde. Die Unterzeichner rechtfertigten ihre territorialen Eroberungsforderungen mit der Begründung, sie wollten "dem deutschen Geist einen gesunden Körper schaffen."[3] Noch 1917 tritt Gierke nachhaltig für den Siegfrieden und gegen jede Verständigung ein, für Eroberung der Völker unter Negierung ihres Selbstbestimmungsrechts [4].

---

1 Gierke, Volksgeist, in: Der Tag vom 1.9.1914. Weitere Schriften von Gierke: Krieg und Kultur, 1914; Die Parteien während des Krieges, 1914; Deutsches Recht und deutsche Kraft, 1914; Der deutsche Volksgeist im Kriege 1915; Das Recht und der Krieg, 1915; Unsere Friedensziele, 1917

2 Gierke, Krieg und Kultur, S. 22, 23

3 Vgl. Kuczynski, Geschichte ..., Bd. 4, S. 207. Weitere Mitarbeiter und Unterzeichner bei diesem von H. Class, dem Vorsitzenden des Alldeutschen Vereins initiierten Projekt waren: Friedrich Meinecke, Hermann Oncken, Geheimrat Emil Kirdorf, Regierungspräsident Friedrich v. Schwerin. Die Denkschrift fand in wenigen Tagen fast 1.200 Unterschriften.

4 Gierke, Unsere Friedensziele, S. 2, 3. Gierke gehörte in allen Phasen des Krieges zur Gruppe derer, die am schärfsten auf Annexionen aus waren. Seine 'Friedensziele' lagen bis zuletzt in der deutschen Vorherrschaft in ganz Europa. Dazu mit vielen Nachweisen: Schwabe, Wissenschaft und Kriegsmoral, S. 53, 70, 72, 78, 81, 153, 160/61 mit Anm. 247

Gerade mit der Kriegszeit wird nun auch deutlich, wie stark sich die deutschen Sozialreformer an die expansive Wirtschaftspolitik gebunden haben und welche disziplinierende Funktion die Idee vom sozialen Gottesfrieden in der Realität hatte. Worin die Vorstellung von den sozialen Friedensschlüssen gipfelt, macht Gierke in seinen Kriegsschriften deutlich; der ideale Friedenszustand ist für ihn offensichtlich in der Zeit des Krieges erreicht. So schreibt er 1914 über den Beginn des Ersten Weltkrieges: "Der Gegensatz der Stände und der wirtschaftlichen Interessen, die Gewinngier der Erwerbenden und die Genußsucht der Besitzenden, der Hochmut der Reichen und der Neid der Armen waren in der einmütigen Begeisterung für die gemeinsame Sache hinweggefegt."[1] Und: "Das Dogma, daß die Proletarier aller Länder miteinander enger verbunden seien als mit ihren besitzenden Volksgenossen, findet nur noch wenige Gläubige."[2] Noch deutlicher wird dieser Zusammenhang in "Das Recht und der Krieg" dargestellt: "Nicht bloß um des drohenden äußeren Zwanges willen, sondern aus innerem Triebe fügte sich unser Volk freiwillig in das [Kriegs-] Ausnahmerecht. Ohne Murren, ja freudig mit einem gewissen Behagen erträgt man die Militärdiktatur. Mit opferfreudiger Bereitwilligkeit unterwirft sich die Presse der Zensur. Als Betätigungen der ausgleichenden Gerechtigkeit werden die Eingriffe in erworbene Rechte auch von denen, die dadurch Nachteile erleiden, schweigend hingenommen. Und nun bedenke man, mit welcher Entrüstung auch nur der kleinste Teil dieser Maßregeln zur Friedenszeit vom Rechtsbewußtsein abgelehnt worden wären, wie man auch im Fall formell legaler Ausgestaltung darin eine gewaltige Antastung der heiligsten Rechtsgüter erblickt hätte, welcher Zwiespalt, welche Kämpfe, welche Erschütterung des Vertrauens auf die Gerechtigkeit des Staates dadurch hervorgerufen worden wären."[3] An anderer Stelle hebt er die sozialen Errungenschaften, z.B. Bekämpfung der Arbeitslosigkeit durch die Kriegswirtschaft hervor [4]. Diese Ausführungen machen deutlich, daß sich die idealistische Schwärmerei von sozialem Frieden auf der Grundlage des bestehenden kapitalistischen Systems und seiner Widersprüche nur in Ausnahmesituationen, und auch da nur scheinbar, nämlich unter gewaltigem äußeren und inneren Zwang verwirklichen ließ. In der Abhandlung über Recht und Sittlichkeit preist Gierke die

1 Gierke, Volksgeist, in: Der (rote) Tag vom 30.8.1914

2 Gierke, Der deutsche Volksgeist im Kriege, S. 15

3 Gierke, Das Recht und der Krieg, in: Gruchots Beiträge, S. 8

4 Gierke, Der deutsche Volksgeist im Kriege, S. 18

"weitgehende Einschränkung der staatsbürgerlichen Freiheit und mehr und mehr auch der Vertragsfreiheit, diese ungeahnte, stets wachsende Verschlingung von Individualrecht durch Sozialrecht."[1] Er hebt besonders die "freudige und freiwillige Unterwerfung" unter dieses Recht hervor und fährt fort: "Wir werden nicht bezweifeln, daß die engere Verflechtung von Individualrecht und Sozialrecht, die wir jetzt erleben, nicht einfach wieder rückgängig gemacht werden kann ... Reicher und kräftiger als bisher wird es [das Privatrecht] in seinem eigenen Bereiche anstatt des römischen Prinzips der Vereinzelung der Individuen den deutschrechtlichen Gedanken der Gemeinschaft entfalten."[2]

Zeitlich fallen diese Äußerungen mit der Verabschiedung des Hilfsdienstgesetzes (Dezember 1916) zusammen, das hier wohl als Ausdruck dieses Sozialrechts begriffen wird.
Auch wenn Gierkes Kriegsschriften häufig im heutigen Gierke-Bild retuschiert oder ausgeklammert werden [3], so ist meines Erachtens bei der engen, tieferen Verbindung zwischen nationaler (oder besser imperialistischer) Propaganda und sozialer Reform eine solche Trennung nicht zu verantworten. Gerade die Stellungnahmen zur sozialen Entwicklung im Krieg machen deutlich, daß diese Positionen nicht isoliert nebeneinanderstehen, sondern eng miteinander verknüpft sind und bei allem scheinbar rückwärts gewandten nationalistischen Pathos aktuelle Stellungnahmen zur deutschen Politik darstellen. Dazu kommt, daß Gierke neben seiner sozialpolitisch propagandistischen Aktivität in der Kriegszeit auch seine wesentlichen sozial- und privatrechtlichen Abhandlungen publiziert. 1914 erscheinen die "Wurzeln des Dienstvertrages" und "Dauernde Schuldverhältnisse", 1917 das "Deutsche Privatrecht", Band 3 und die Rezension über "Die Zukunft des Tarifvertragsrechts".

---

1 Gierke, Recht und Sittlichkeit, 1916, S. 257

2 Gierke, ebenda, S. 260

3 Vgl. etwa die Nuancierung bei E. Wolf, Große Rechtsdenker, 4. Aufl.: "Der Ausbruch des Ersten Weltkriegs erregte sein patriotisches Empfinden", a.a.O., S. 707 und 1. Aufl.: "Der Ausbruch des großen Krieges erregte sein vaterländisches Empfinden leidenschaftlich.", S. 564; und die Auffassung Dilchers, a.a.O., S. 359: Gierke habe in "der Situation allgemeiner, emotionaler Übersteigerung des Nationalismus" "außerhalb seines wissenschaftlichen Werkes" gefährliche deutsch-nationale Töne angeschlagen.

Mit seinen sozialpolitischen Auffassungen stand Gierke zu dieser Zeit keinesfalls allein. Wie er, vertrat auch Schmoller am Vorabend des Ersten Weltkrieges, daß jedes Volk, das an sich selbst glaube, sich eine Regierung schaffen müsse, die fähig ist, Kriege zu wagen und, wenn möglich, zu gewinnen, "sofern die Existenz des Staates, die Zukunft des Volkes, die gesunde Entwicklung der Kultur, der Volkswirtschaft in Frage gestellt ist."[1] Diese Ansichten fanden, im Kreise der Kathedersozialisten und der deutschen Philosophie vor dem Ersten Weltkrieg breiten Rückhalt [2]. In dem hier interessierenden Zusammenhang soll vor allen Dingen die Philosophie des Sozialpädagogen Paul Natorp nicht unerwähnt bleiben, der die Kriegszwangswirtschaft als deutschen Sozialismus feiert. Dieser Sozialismus als Gemeinschaft des sittlichen Wollens liege den Deutschen nicht weniger im Blut als der Militarismus [3]. Bezugnehmend auf Fichte beschreibt Natorp diesen Zustand als freiwillige Unterordnung unter das gemeinsame Ganze, als die Bereitschaft, sich in leistungsadäquater Position einer Befehls- und Gehorsamshierarchie einzupassen, welche die Sache erzwingt. Dadurch seien alle Deutschen, vom Kaiser bis zum letzten Sozialdemokraten geeint [4]. Die Übereinstimmung dieser Vorstellungen über den Kriegssozialismus mit derjenigen Gierkes ist unverkennbar. Der Schöpfer dieses vollends pervertierten Begriffs von Sozialismus erhofft, wie Lübbe zutreffend feststellt, die Wendung zum Besseren statt von einer Änderung der Verhältnisse von einer moralischen Verwandlung und Integration der Gemüter [5]. Der Kampf für die soziale Re-

---

1 Schmoller, in: 20 Jahre deutsche Politik, S. 119. Krieg oder Frieden, veröff. in Freie Wiener Presse 23.3.1913.
Anläßlich seines hundertsten Geburtstags wird deshalb Schmoller von seinen Schülern ganz im Geist der neuen Zeit geehrt: "Seine Hervorhebung des Blutzusammenhangs der völkischen Friedensgemeinschaft und der Kampfgemeinschaft nach außen, befinden sich in voller Übereinstimmung mit der nationalsozialistischen Auffassung." Wilhelm Vleugels, G. Schmoller und die ethisch-politische Theorie der Volkswirtschaft, in: Schmollers Jahrbuch, 1938, S. 427.

2 Zu den "Ideen von 1914"; vgl. H. Lübbe, Politische Philosophie in Deutschland, S. 173 f. m.w.N.

3 Natorp, Der Tag des Deutschen, Vier Kriegsaufsätze, S. 48

4 Natorp, a.a.O., S. 40, 28

5 Lübbe, Politische Philosophie, S. 192

form soll sich auf den äußeren Feind verlagern und darin seine Notwendigkeit und Erfüllung sehen.

Eine erstaunliche zeitgenössische Parallele für Gierkes Sozialvorstellungen findet sich im Werk Heinz Potthoffs, des Arbeitsrechtlers, der sich neben Sinzheimer in der Weimarer Republik am meisten darum bemühte, Gierkes Sozialvorstellungen im Arbeitsrecht zu verwirklichen. Nach Potthoffs Überzeugung ist der Krieg ein Erzieher zur sozialen Kultur, er sieht in der Kriegswirtschaft einen erfreulichen Ausgleich der sozialen Gegensätze erreicht und lobt das erfrischend rücksichtslose Vorgehen der Regierung, namentlich der Militärverwaltung mit sozialen Schutzmaßnahmen [1]. Der Krieg müsse insbesondere in der Frage der Arbeitsorganisation und der Arbeitsbedingungen "Lehrmeister des Friedens" sein. Das könne er um so eher, als sich gezeigt habe, wie leicht eine soziale Regelung sein kann, wenn von beiden Seiten Verständnis und guter Wille entgegenkommen [2]. Und: "Die gemeinsame Gefahr, das gemeinsame Ziel haben die politischen, konfessionellen und sozialen Gegensätze überbrückt ... da gibt es nur noch eins: treue Kameradschaft, hilfsbereite Brüderlichkeit und noch eins: militärische Disziplin. Auch sie darf als Faktor künftiger Sozialpolitik hoch in Rechnung gestellt werden."[3]
Schließlich habe schon das energische Eingreifen des Generals von Horn das preußische Arbeiterschutzrecht geschaffen, das um der Wehrfähigkeit des Volkes willen eingeführt wurde. Und wenn jetzt wieder die Heeresbehörden energisch und vollständig Sozialpolitik betrieben, dann sei dies besondere Gewähr dafür, daß nicht "sentimentale Theorie", sondern Notwendigkeit walte, daß es sich nicht um "Liebesgaben" handle, sondern um Forderungen des Staatsinteresses und des Gemeinwohls [4].

---

1 Potthoff, Erziehung zur sozialen Kultur, 1915, S. 20

2 Potthoff, a.a.O., S. 73

3 Potthoff, a.a.O., S. 74, 75; Potthoff führt dazu noch weiter aus, daß in der militärischen Disziplin alle Klassenunterschiede nivelliert werden, ja es sogar vorkomme, daß der Unternehmer vor seinem Meister stramm stehe, zugunsten des gemeinsamen Ziels.

4 Potthoff, a.a.O., S. 76; vgl. dazu auch Potthoff, Der Krieg als Erzieher zum Sozialen, Flugschriften des Dürerbundes, 1915 und Krieg und Sozialpolitik, Tat-Flugschriften 1915.
Identische Auffassungen finden sich in den Gewerkschaften; vgl. Metall Arbeiterzeitung, Nr. 45 vom 7.11.1914, zitiert in Blanke u.a., Kollektives Arbeitsrecht, S. 156

Ähnliche Begründungen finden sich später bei der Debatte über das vaterländische Hilfsdienstgesetz vom Dezember 1916, dem ganz besondere Bedeutung zukommt: hier realisierte sich erstmals die Idee der sozialen Gemeinschaft, wie sie die Kathedersozialisten vorgezeichnet hatten. Das Gesetz sah die Zwangsdienstverpflichtung jedes Deutschen zwischen 17 und 60 Jahren vor [1]. Die Anregung ging von Ludendorff aus, der im September 1916 die Erweiterung der Wehrpflicht im Sinne einer allgemeinen Arbeitspflicht forderte [2] und damit im Grunde die vollständige Militarisierung der Arbeitsverhältnisse auf Kosten der Arbeiter anstrebte [3]. Damit sollten die Voraussetzungen für die Durchführung des sog. Hindenburg-Programms geschaffen werden, das, um dem Krieg eine Wende zu geben, etwa eine Verdreifachung der Rüstungsproduktion vorsah. Doch angesichts der innenpolitischen Lage waren sich selbst konservative Politiker und Teile der Heeresleitung darüber im klaren, daß ein derart einschneidendes Gesetz ohne Einbeziehung der Arbeiterschaft und insbesondere der Gewerkschaftsführung und ohne weitergehende soziale Regelungen des Arbeitsverhältnisses nicht möglich war. Sozialdemokratische Politiker und Gewerkschaftsführer nahmen diese Gelegenheit wahr und setzten durch, daß die Einrichtung von Arbeiter- und Angestelltenausschüssen festgeschrieben und paritätisch besetzte Schlichtungskommissionen, die auch in Streitigkeiten über Lohn- und Arbeitsverhältnisse zu entscheiden hatten, eingesetzt wurden [4]. Außerdem rückten von nun an Gewerkschaftsführer in die Organisationen der Kriegswirtschaft ein. Unter dieser Voraussetzung, daß sie quasi als gleichberechtigte Partner der Kriegszwangsgemeinschaft anerkannt wurden, stimmten sie dem Hilfsdienstgesetz zu. Das Gesetz verpflichtete erstmals Arbeitnehmervertreter das gute Einvernehmen mit dem Unternehmer zu fördern: "Dem Arbeiterausschusse liegt ob, das gute Einvernehmen innerhalb der Arbeiterschaft des Betriebs und zwischen der Arbeiterschaft und den Arbeitgebern zu fördern." (§ 12).

Dieses Gesetz, der Vorläufer des späteren Betriebsrätegesetzes, wurde im Reichstag unter anderem als Triumph des sozialistischen Gedankens gewürdigt. Hugo Sinzheimer, der vorher schon zur "wirt-

---

1 RGBl 1916, S. 1333

2 Deist, a.a.O., S. 502
Dierkopf, Vaterländisches Hilfsdienstgesetz, S. 27

3 Kocka, a.a.O., S. 114

4 Vgl. Anträge der Abgeordneten Bauer, Legien (Sozialdemokraten) Becker, Giesberts (Zentrum) Behrens (Dtsch. Fraktion), zit. bei Dierkopf, a.a.O., Anlage 3, S. 14

schaftlichen Rüstung unseres Volkes" neben seiner militärischen aufgerufen hatte [1], meinte, daß das Gesetz, obwohl aus der Kriegsnot geschaffen, doch Keime für die Weiterbildung des Arbeitsrechts im Frieden enthielte [2]. Selbst die Deutsche Arbeitgeberzeitung äußerte sich vor Verabschiedung des Gesetzes in zustimmender Weise: "Der Sozialismus, zu dem wir uns heute bekennen, bekennen müssen, um unser Vaterland vor dem Ansturm einer ganzen Welt von Feinden zu schützen ... wir ertragen ihn gern und freudig, weil wir wissen, was auf dem Spiel steht, wir sind bereit, bis auf den letzten Pfennig und bis auf den letzten Blutstropfen alles herzugeben, was dieser Sozialismus, dieser vaterländische Sozialismus von uns verlangt."[3]
Und die der Gewerkschaft nahestehende Chemnitzer Volksstimme schrieb: "Rein grundsätzlich gesehen ist die jetzt vorbereitete Organisation allerdings die stärkste kriegssozialistische Maßnahme, die bisher in Deutschland getroffen worden ist ... der Weg zur Freiheit und zum sozialen Volksstaat lassen sich nicht mehr versperren, Kriegsnot und Kriegssozialismus haben ihn freigemacht."[4]
Die Spartakusgruppe und der linke Flügel der Sozialdemokratie sahen Deutschland mit der Verabschiedung des Hilfsdienstgesetzes in ein Militärzuchthaus verwandelt [5], sie sahen die Arbeitskraft rücksichtslos beschlagnahmt und den Arbeiter dem Unternehmer geradezu zur Ausbeutung ausgeliefert [6]. Diese Charakterisierung übersah allerdings die Integrationswirkung, die die neue soziale Gemeinschaftsideologie trotz allem entfaltete. Das Hilfsdienstgesetz wurde eben nicht zwangsweise von oben durchgesetzt, sondern von Arbeitervertretern mitverwirklicht und enthielt eine prinzipielle organisierte Arbeitervertretung und Einschränkung von Unternehmerrechten [7].

---

1 Sinzheimer, Ein Mahnruf, in: Arbeitsrecht, Jahrbuch für das gesamte Dienstrecht ..., 1916, S. 33

2 Sinzheimer, Das Gesetz über den vaterländischen Hilfsdienst vom 5.12.1916 in: Arbeitsrecht, Jahrbuch für das gesamte Dienstrecht ..., 1917, S. 65

3 Zit. bei Dierkopf, S. 42 aus: DAZ vom 16.11.1916

4 Zit. bei Dierkopf, S. 44 aus: Chemnitzer Volksstimme Nr. 277, 1916

5 So ein Flugblatt des Spartakus-Bundes, zit. bei: Blanke u.a., Kollektives Arbeitsrecht, S. 168

6 So der Abgeordnete Haase (Königsberg) in der Reichstagsdebatte vom 2.12.1916, zit. bei Blanke u.a., Kollektives Arbeitsrecht, S. 166 f.

7 Vgl. auch Kocka, a.a.O., S. 114, 119

Als Reichskanzler von Bethmann-Hollweg das Hilfsdienstgesetz vorlegte, gab er ihm das Motto auf den Weg: "Stark nach außen, frei nach innen". Der erste Halbsatz enthüllt dabei ungewollt die tiefere Begründung für die arbeitsrechtliche Regelung im imperialistischen Zeitalter. Nicht nur im Krieg, sondern auch im Frieden muß die Wirtschaft nach außen stark bleiben, um der Weltkonkurrenz standzuhalten. Der zweite Halbsatz verhüllt den wahren Sachverhalt: "befriedet nach innen" müßte es heißen. Befriedet insoweit, als die Aufrechterhaltung der kapitalistischen Produktionsweise schon längst nicht mehr Sache des einzelnen Unternehmers ist, sondern ein organisiertes Vorgehen verlangt, als man sich Unruhe im Innern nur noch beschränkt leisten kann, oder diese zumindest berechenbar machen muß. Das Hilfsdienstgesetz wird so zum Vorbild für die Friedenszeit: Aus seinen Vorschriften entwickelt sich die Betriebsverfassung nach Wegfall der kriegsbedingten Arbeitspflicht; aus der praktischen Zusammenarbeit entwickelt sich die Zentralarbeitsgemeinschaft (ZAG) [1]. Der Sozialismus der Kriegs- und Volksgemeinschaft, als konsequente Fortentwicklung der von den Kathedersozialisten propagierten Sozialreform, transportiert so diese Ideen in die nachfolgende Friedenszeit.

4. Gierkes sozialpolitische Aktivität zu Beginn der Weimarer Republik

Der Zusammenbruch des Kaiserreichs traf Gierke schwer und spornte ihn doch auf der anderen Seite zur letzten politischen und sozialpolitischen Aktivität an, um die Weichen im neuen Staate mitzustellen. Im Frühjahr 1919 äußert sich Gierke nochmals zu den Grundfragen des Staates [2]. In einer Zeit, in der der Übergang zur Räterepublik noch als Möglichkeit erscheint, fordert er einen sozialen und Rechtsstaat, die kräftige Entfaltung deutscher Sozialpolitik, endgültige Überbrückung der Kluft von Arbeit und Kapital und wieder die Versöhnung der Interessenkämpfe [3]. Energisch wendet er sich gegen den Sozialismus, gegen "bolschewistische Umsturzversuche" und den "Terror" der Räte

---

1 Dazu H. v. Raumer, Die Zentralarbeitsgemeinschaft, in: Der Weg zum industriellen Spitzenverband, Frankfurt 1956

2 Gierke, Der germanische Staatsgedanke, 1919

3 Gierke, a.a.O., S. 26

und ruft die Obrigkeit auf, das Gemeinwesen auch gegen eine ungegliederte Masse, eine an Kopfzahl überwiegende Klasse zu schützen [1]. Man sieht, daß da, wo Gierke realistisch einschätzen muß, daß ein Großteil des Volkes, ja sogar die Mehrheit bestimmte Forderungen nach Sozialisierung oder Räterepublik aufstellt, er nicht davor zurückscheut, sich den nun wirklich im Volk verankerten Rechtsvorstellungen entgegenzustellen.

Um dieser Entwicklung entgegenzutreten, wird Gierke in hohem Alter noch parteipolitisch aktiv. Seit ihrer Gründung hat er der Deutschnationalen Volkspartei DNVP angehört, einer Partei, die sich zunächst als Sammlungsbewegung aller rechten Kräfte, die die Republik offen ablehnten, verstand und die später in die Harzburger Front einging. Gierke selbst bestätigt, daß ihn "infolge des unser nationales Unglück vollendenden revolutionären Umsturzes" die unabweisbare Bürgerpflicht in die eindringendere Beschäftigung mit Parteiproblemen hineingedrängt habe. Er bezeichnet sich als Mitbegründer dieser Partei, deren Programm er entwerfen half und für die er in Artikeln im "Tag" lebhaft geworben habe [2].

---

1 Vgl. Gierke, Einige Wünsche an die Deutschnationale Volkspartei, in: Der Tag vom 23.10.1920

2 Gierke, Einige Wünsche, a.a.O.
"Durch eine schwere Erkrankung aus der eindringenden Beschäftigung mit Parteiproblemen, in die mich infolge des unser nationales Unglück vollendenden revolutionären Umsturzes die unabweisliche Bürgerpflicht hineingedrängt hatte, herausgerissen, gewann ich Muße, darüber zu grübeln, wie sich die Deutschnationale Volkspartei, die ich mitbegründete und deren Programm ich entwerfen half, für die ich in dem im 'Tag' veröffentlichten Aufsatz 'Parteilose Wähler' warb, und der ich kürzlich aus sehr unerwartetem Anlaß meinen Austritt erklären mußte, seither entwickelt hat."
In dem Artikel "Parteilose Wähler", in: Der Tag vom 3.1.1919 führt Gierke aus, er habe sich lange zu den "Parteilosen" gerechnet und sich keiner Parteischablone unterwerfen wollen, habe aber gerade jetzt "freudig die Gelegenheit begrüßt, mit Gesinnungsgenossen gleicher Lage einen besonderen Aufruf zum Eintritt in die Deutschnationale Partei zu unterzeichnen."
Die Gründungsmitgliedschaft Gierkes in der DNVP der Vergessenheit zu entreißen, war nicht ganz einfach. Von allen Nachrufen und Biographien deutet alleine Stutz an, Gierke habe in der letzten Zeit vorübergehend einer politischen Partei angehört. Stutz, a.a.O., S. XXX. Planitz, a.a.O., S. 117 leugnet die Parteimitgliedschaft:

Sein Austritt aus der Partei im Jahre 1920, der öffentliches Aufsehen erregte [1], war keine Abkehr von der Programmatik, sondern eine eher persönlich-schicksalhaft empfundene Konsequenz. Der Grund lag in der Behandlung seiner Tochter, Anna v. Gierke, die mit ihrem Vater zusammen schon in der evangelisch sozialen Bewegung gearbeitet hatte, mit ihm in die Partei eingetreten war und als Abgeordnete der DNVP für einen Berliner Wahlkreis Mitglied der Weimarer Nationalversammlung war [2]. Die schon damals starke antisemitische Gruppe der DNVP hatte nun 1920 ihre Aufstellung zur Wiederwahl abgelehnt, weil sie durch ihre Mutter jüdischer Abstammung war. Selbst dieser Vorfall ließ Gierke an seinem Nationalismus nicht irre werden; in einer öffentlichen Stellungnahme erkennt er die prinzipielle Berechtigung der antisemitischen Gruppe in der DNVP an; er hält es nur für fehlerhaft, an der Abstammung alleine anzuknüpfen. Juden mit "ausgesprochen deutscher Gesinnung" sollten in der Partei durchaus ihren Platz finden. Alleine die Vereitelung der Wiederwahl bewegten deshalb ihn und seine Tochter zum Austritt aus der Partei, zu deren Grundanschauungen er sich in seinem Artikel im Oktober 1920 nach wie vor bekennt [3].

Diese Stellungnahme erfordert es, die 1920 veröffentlichten Grundsätze der DNVP zur Wirtschaft und zur Stellung der Arbeiter und Angestellten in dieser Arbeit mit beizuziehen, als wahrscheinlich letzte von Gierke persönlich formulierte Ausführung zur sozialen Frage [4].

.. "Doch er war nie Parteimann und auch seine religiöse Gesinnung hatte keine kirchliche Wendung. Ein überzeugter Freund der Ordnung und Autorität, wahrte er seine innerliche Unabhängigkeit."; ebenso Wolf, Große, Rechtsdenker, 1. Aufl., S. 561: "Alles politische Parteigetriebe war ihm zuwider."

1 Liebe, Die Deutschnationale Volkspartei, S. 65.
Gierke über die einzelnen Reaktionen, in: Einige Wünsche, 24.10.1920

2 Heilfromm, Bd. I, S. 12

3 Gierke, Einige Wünsche, 24.10.1920

4 Vgl. hierzu auch Gierke, in: Parteilose Wähler, 4.1.1919: "Den Arbeiterschutz und die Arbeiterversicherung wollen wir weiter ausbauen, den Einfluß der Arbeiter auf die Gestaltung der Arbeitsbedingungen durch Arbeiterausschüsse und staatlich anerkannte Gewerkschaften wollen wir sichern. Einer Verstaatlichung einzelner hierzu reifer Zweige des Großbetriebs und einer Vermehrung der Staatsmonopole stimmen wir zu, während wir insbesondere da, wo das private Unternehmen leistungsfähiger ist, es erhalten und dem

Zu den Aufgaben der Wirtschaft nach dem Kriege wird dort ausgeführt: "Je innerlicher unser Volk die Aufgabe erfaßt, in der Hingabe an das Ganze 'auch das Leben für die Brüder' zu lassen, um so mehr wird es zu der inneren Versöhnung und dem geläuterten sozialen Empfinden gelangen, aus dem letzten Endes die Wiedergeburt erwächst ... alle für alle, jeder an seinem Platz, der geistige wie der Handarbeiter, ein kühnes schaffensfreudiges Unternehmertum und eine hochentwickelte, lebensfrohe Arbeiterschaft, beide bewußte Mitglieder am Wiederaufbau der Nation, durch gegenseitiges Vertrauen verbunden, von heißer Vaterlandsliebe getragen, von gemeinsamem Verantwortungsgefühl bestimmt: das ist das große wirtschaftlich-soziale Ziel, das wir verfolgen. Wir wollen ringen nach den Formen, in denen Arbeit und Kapital sich versöhnen ... wir wollen werben für das Bewußtsein inniger Interessengemeinschaft, zu der der furchtbare Druck der Zeit und die gemeinsame Sorge um unseren Bestand Arbeitgeber und Arbeitnehmer mehr denn je verknüpft."[1]
Wieder wird hier eine fiktive Interessengemeinschaft und wie es weiter heißt, die deutsche Volksgemeinschaft beschworen, diesmal zum Zweck des Wiederaufbaus und unter dem scharfen außenpolitischen Druck.
Mit Sicherheit auf den Gierkeschen Einfluß ist es zurückzuführen, daß auch diese Partei im weiteren einzelne soziale Forderungen aufstellt: Soziale Schutzgesetzgebung zum Erhalt der lebendigen Arbeitskraft, Sicherung der Durchführung von Tarifverträgen, Gewährleistung des wirtschaftlichen Vereinigungsrechts, Gewinnbeteiligung, gegebenenfalls Kapitalbeteiligung der Arbeiter. "Die Betriebsrätegesetzgebung ist so zu gestalten, daß sie dem wirtschaftlichen Frieden und der Förderung der Erzeuger dient. Arbeitgeber- und Arbeitnehmerverbände müssen, wie es in der Zentralarbeitsgemeinschaft versucht wird, verständnisvoll zusammenarbeiten in dem Bewußtsein, daß sie sich als Deutsche an dem vaterländischen Werk des Wiederaufbaus der heimischen Wirtschaft gemeinschaftlich und nicht gegensätzlich zu betätigen haben ... unser Ziel ist nicht der Klassenkampf, sondern die friedliche, auf Pflicht gegründete Arbeit."[2] Auch hier findet man wieder eine Stellungnahme zu allen anstehenden sozialen Konfliktpunkten.

.. Unternehmer die ihm gebührende leitende Stellung und den Lohn seiner Geistesarbeit wahren wollen."

1 Grundsätze der Deutschnationalen Volkspartei von 1920, zit. bei Wilhelm Mommsen, Deutsche Parteiprogramme, S. 535

2 Mommsen, a.a.O., S. 542

Zusammenfassend läßt sich feststellen, daß die Entwicklung im sozialen und wirtschaftlichen Bereich von 1870 bis zur Weimarer Nationalversammlung den Hintergrund bildet für das Verständnis der Entwicklung der Sozialrechtsideen vom Genossenschaftsrecht des Germanisten Gierke zum Arbeits- und Dienstvertragsrecht des Kathedersozialisten Gierke, das im nächsten Kapitel behandelt wird. Sie ist gleichzeitig der Hintergrund für eine Generation von Sozialreformern, die zunächst empört über die bedrückende soziale Lage des neuen Standes, der Arbeiterschaft, Verbesserungen erreichen wollten, die dann erschrocken über die Schärfe der sozialen Widersprüche den sozialen Frieden predigten, die dann alle Hoffnungen und ihr Schicksal an die Monopolindustrie knüpften und geblendet durch die scheinbaren sozialen Errungenschaften schließlich in Rüstung und Krieg den einzigen Ausweg aus der Krise erblickten.
Die Mitgliedschaft Otto von Gierkes im Verein für Sozialpolitik, die Auseinandersetzung mit der Notwendigkeit der Sozialreform und den Forderungen der Arbeiterbewegung haben auch die Entwicklung in Gierkes wissenschaftlichem Werk geprägt, wobei er besonders in seinem späteren Werk die Leitlinie des Vereins ins Juristische übersetzte [1].
Der Einfluß, den die Auseinandersetzungen, Debatten und Anregungen aus dem Verein auf sein wissenschaftliches Werk hatten, konnte sich nicht so deutlich niederschlagen, wie in dem Werk manches anderen Vereinsmitglieds, denn Gierke war nicht in erster Linie Nationalökonom, sondern Jurist. Als solcher - und damit stand er fast allein - mußte er diese Gedanken erst in die juristisch-dogmatische Begriffswelt 'übersetzen', dort Grundlagen schaffen. Das führte in seinem sozialpolitischen Werk zu Bruchstellen; vom Ideal von germanischer Gemeinfreiheit, sozialer Selbstbestimmung und der Produktivgenossenschaft ließ sich nicht nahtlos überleiten in die auf Treue und Fürsorge gegründete Betriebsgemeinschaft als Gebiet des sozialen Gottesfriedens. Seine persönlich konservativ-nationalistische Gesinnung er-

---

1 Vgl. Teuteberg, Ökonomischer Liberalismus, a.a.O., S. 66 Anm. 58: An Gierkes Person "läßt sich der Zusammenhang zwischen der damaligen Privatrechtstheorie und der deutschen liberalen Nationalökonomie besonders augenfällig demonstrieren."
Zu der parallelen Entwicklung bei Gierke und in der Nationalökonomie Schmollers, ausgehend von der gemeinsamen Grundlage eines historisch-organischen "Ideal-Realismus" und von gemeinsamen Vorläufern (Roscher, Knies, Trendlenburg) vgl. Janssen, a.a.O., S.173 f.

schwerte dabei zusätzlich die präzise und vollendete Ausformulierung. Dennoch ist ihm die Verbindung zu den Kräften, die in der Weimarer Republik das Arbeits- und Sozialrecht ausgestalteten, durchaus gelungen. Direkt deutlich wird dies an den Schriften Sinzheimers und Potthoffs [1]. Es ist deswegen insbesondere verfehlt, Gierke etwa nur als Vorläufer des Nationalsozialismus abtun zu wollen [2], obwohl von ihm und auch Schmoller [3] unbestreitbar Verbindungen dahin laufen und auch hergestellt wurden [4]. Man sollte nicht einerseits Gierkes Einfluß auf das moderne Arbeitsrecht, andererseits aber auch seinen Einfluß auf die faschistische Rechtsidee konstatieren, ohne zu erklären, von welcher gemeinsamen Basis her es zu diesem 'Sowohl als auch' kommen kann. Diese für beide Entwicklungen wichtigen Grundgedanken, die gerade im Bereich der sozialen Idee angesiedelt sind, sollen im folgenden besonders herausgearbeitet werden.
Seine um die Jahrhundertwende entwickelte Lehre vom Wesen des Dienstvertrags, die Einführung des Treuebegriffs und noch viel mehr des personenrechtlichen Gemeinschaftsverhältnisses im Sozialrecht stellten die adäquate Übersetzung der Ideologie vom sozialen Gottesfrieden im juristischen Bereich dar. Parallel zu seiner Entwicklung von der liberalen-nationaldemokratischen Haltung zu einem reaktionären, mythischen Nationalismus, der die Volksgemeinschaft beschwört, läuft die Entwicklung der sozialen Gedanken von der sozialen Selbstbestimmung im Genossenschaftsrecht bis zur Gemeinschaft des Treudienstvertrag, in seinen späteren sozialrechtlichen Abhandlungen.

---

1 Siehe unten, Kapitel V

2 So wohl Hattenhauer, Zwischen Hierarchie und Demokratie, Karlsruhe 1971, RdNr. 305, 578

3 Völkerling, S. 134 m.w.N.

4 E. Wolf, Große Rechtsdenker, 1. Aufl., S. 562 m.w.N. Janssen, S. 4 m.w.N.

Kapitel IV

DIE ENTWICKLUNG DES SOZIALEN GEMEINSCHAFTSRECHTS UND SEINE AUSWIRKUNGEN AUF DIE GESTALTUNG DES DIENSTVERTRAGES

1. Genossenschaftsrecht - Gemeinschaftsrecht

Otto v. Gierke ist als Begründer des Genossenschaftsrechts und der Lehre von der Verbandspersönlichkeit in die Rechtsgeschichte eingegangen [1]. Angesichts des vierbändigen Werkes über das Genossenschaftsrecht und der Abhandlungen über Vereine und Verbände hat dies sicherlich seine Berechtigung. Demgegenüber ist weniger bekannt, daß Gierke auch die Grundgedanken des sozialen Gemeinschaftsrechts, die bis heute das Privatrecht, und hier besonders das Arbeitsrecht ausgestaltet haben, entwickelt hat. Dieser soziale Gemeinschaftsgedanke im Recht fand einen sehr viel weiterreichenden Niederschlag in der Rechtsentwicklung dieses Jahrhunderts. Sowohl in der Zeit der Weimarer Republik als auch während der nationalsozialistischen Herrschaft und später in der Bundesrepublik Deutschland erlangten seine Ideen Einfluß auf das geltende Recht. Exemplarisch ist das Gemeinschaftsrecht in der Ausgestaltung des Arbeitsvertrages und des Arbeitsverhältnisses, in der Betriebsverfassung und in der Tarifordnung verwirklicht. Von diesem Ausgangspunkt her wurde die dogmatische Abgrenzung von Dienst- und Werkvertrag, die Unterscheidung zwischen schuldrechtlichem Arbeitsvertrag und personenrechtlichem Arbeitsverhältnis getroffen; die arbeitsrechtliche Treue- und Fürsorgepflicht, das Direktionsrecht des Arbeitgebers und die Gehorsamspflicht des Arbeitnehmers, Kündigungsrecht und Kündigungsschutz, die betriebliche Haftpflicht, die Lohnfortzahlung im Krankheitsfall, die arbeitsrechtlichen Sonderregelungen bei Leistungsstörungen (z.B. die Sphärentheorie) haben hier ihre Wurzeln [2]. Dieses Gemeinschaftsrecht wird,

---

1 Laufs, a.a.O., S. 311
Isele, Handwörterbuch zur deutschen Rechtsgeschichte, Berlin 1971, Sp. 1684, 1685

2 Vgl. Isele, Die Bedeutung Otto v. Gierkes für das moderne Arbeitsrecht, 1963.
Jobs, Otto v. Gierke und das moderne Arbeitsrecht, 1968

wenn überhaupt, dann häufig als eine Art Anhängsel oder als irgendwie mit der Genossenschaftslehre zusammenhängend dargestellt [1]. Eine solche Betrachtung ist jedoch nicht zutreffend. Gemeinschaft und Genossenschaft sind bei Gierke nicht nur etwas begrifflich streng Unterschiedenes, obwohl gewisse Tendenzen im Verlauf seines Gesamtwerkes bestehen, diese Unterscheidung zu nivellieren, sie sind auch, was die Entstehung, Begründung, Funktion und gesellschaftspolitische Zielvorstellung betrifft, die damit verbunden wird, geradezu diametral einander entgegen gesetzt.

Das Gemeinschaftsrecht ist nicht, wie das Genossenschaftsrecht, in einer Abhandlung systematisch entwickelt, sondern taucht zunächst unsystematisch und zerstreut im Werk auf, immer wieder um einzelne neue Aspekte ergänzt. Der Schwerpunkt liegt einmal bei den Schriften der neunziger Jahre des letzten Jahrhunderts, insbesondere den kritischen Schriften zum BGB und dem ersten Band des Privatrechts [2], zum anderen, was den Dienstvertrag angeht, in der Zeit nach 1910, also sozusagen in der letzten und abschließenden Arbeitsperiode Gierkes und im Jahrzehnt des Ersten Weltkrieges [3]. Die Entwicklung mündet in eine Abhandlung über die Wurzeln des Dienstvertrages, die eine wichtige Vorarbeit zum dritten Band des Privatrechts darstellt und auf die in der arbeitsrechtlichen Literatur bis heute zurückgegriffen wird. Diese Schrift dokumentiert gleichzeitig einen klaren Bruch mit den im ersten Band des Genossenschaftsrechts entwickelten sozialen Ideen und Sozialidealen. Die philosophischen und historischen Quellen und die grundlegenden Begriffe dieses Gemeinschaftsrechts sollen im folgenden dargestellt und untersucht werden.

---

1 Typisch etwa bei Mertens, Otto v. Gierke, a.a.O., S. 509, 510. Differenzierter hierzu Molitor/Schlosser, Grundzüge der neueren Privatrechtsgeschichte, Karlsruhe 1975, S. 78; auch Planitz, a.a.O., S. 113

2 Gierke, Deutsches Privatrecht Bd. I, 1895.
Gierke, Entwurf eines bürgerlichen Gesetzbuchs und das deutsche Recht, a.a.O., 1888/89
Gierke, Die soziale Aufgabe des Privatrechts 1889
Gierke, Personengemeinschaften und Vermögensinbegriffe, a.a.O., 1889

3 Gierke, Schuld und Haftung im älteren deutschen Recht, 1910
Gierke, Die Wurzeln des Dienstvertrags, 1914
Gierke, Deutsches Privatrecht Bd. III, 1917

2. Kritik an der Pandektenwissenschaft

Die Idee der sozialen Gemeinschaft wurde von Gierke in die rechtswissenschaftliche und rechtspolitische Auseinandersetzung mit der Pandektenwissenschaft hineingetragen. Im BGB-Entwurf, der ja vornehmlich von Pandektenwissenschaftlern entwickelt wurde, waren die Rechtsverhältnisse im aufstrebenden kapitalistischen Deutschland zu einem einheitlichen Gesetzeswerk zusammengefaßt worden. Bei aller Kritik daran hat Gierke von Anfang an klargestellt, daß auch er die kapitalistische Wirtschafts- und Gesellschaftsordnung schützen und erhalten wolle und daß es ihm keinesfalls darum gehe, das Wirtschafts- und Lohnsystem anzugreifen.
Im Gegenteil, in der Kritik am ersten Entwurf des BGB betont er ausdrücklich, ein "Freund der gegenwärtigen Gesellschaftsordnung" zu sein [1]. Nicht der Wirtschaftsordnung, sondern nur dem BGB-Entwurf wohnt seiner Ansicht nach eine individualistische und einseitig kapitalistische Tendenz des reinen Manchestertums inne. Die Richtung des Gesetzes sei gemeinschaftsfeindlich, auf die Stärkung des Starken gegen den Schwachen zielend, eine in Wahrheit antisoziale Richtung [2]. Dieses Gesetzeswerk sei "durchweg aus einer individualistischen, kapitalistischen, gemeinschaftswidrigen Grundanschauung geflossen."[3]

Richtig verstanden greift Gierke mit diesen scharfen Worten nicht den Kapitalismus als solchen an, sondern will, wie auch seine Mitstreiter im Verein für Sozialpolitik, alleine das nach den englischen Erfahrungen auch für das deutsche Bürgertum nicht mehr opportune Manchestertum treffen. Trotz aller Schärfe ist daher zu dieser Zeit seine Kritik nicht mehr grundsätzlich formuliert. Im Gegenteil, er nimmt sogar die Verfasser des BGB in Schutz; die sozialen Mängel im BGB seien einfach durch "Vergeßlichkeit und schlichtes Unvermögen, diese sozialen Probleme zu begreifen" "unwillkürlich" entstanden [4].

---

1 Gierke, Entwurf, S. 26

2 Gierke, Entwurf, S. 3

3 Gierke, Entwurf, S. 23

4 Gierke, Entwurf, S. 25, Anmerkung:
"Völlig verkehrt ist die Vorstellung Mengers, als beruhe dies alles auf bewußter Tendenz oder volksfeindlichen Absichten. Wir haben schon oben betont, daß vielmehr der Mangel jeder sozialen Absicht unwillkürlich solche Früchte gezeitigt hat."

Was Gierke vielmehr treibt, ist einmal die Ahnung über die dialektische Beziehung zwischen der reinen Verwirklichung der kapitalistischen Freiheitsrechte und - institution und deren Aufhebung [1] und zum anderen das bereits deutlich gewordene Auseinanderklaffen zwischen Ideologie und Wirklichkeit. Darauf versucht Gierke mit seinen neu entwickelten Begriffen der Freiheit und der Persönlichkeit zu reagieren. War für die Pandektenwissenschaft die Freiheit des einzelnen noch dadurch gewährleistet, daß er als Rechtssubjekt frei und gleich Verträge schließen konnte, so war dieser Schein von Freiheit zu dem Zeitpunkt, als Gierke seine Kritik am ersten Entwurf des BGB verfaßte, schon längst zerstört.
Dies galt nicht nur für das Bewußtsein der Masse der Arbeiter, die neben der politischen Unfreiheit durch die Sozialistengesetze und der Einschränkung der Koalitionsfreiheit [2], der ökonomischen Unfreiheit, der Willkür und Ausplünderung durch den Fabrikherrn unterworfen waren, sondern dies schlug sich auch bereits im Bewußtsein der Kathedersozialisten frühzeitig nieder. Schmoller schildert dies in seinem Gutachten über die Natur des Arbeitsvertrages sehr anschaulich: "Die neuere Gesetzgebung hat, von großartigen reformatorischen Tendenzen geleitet, diese Herrschaftsverhältnisse beseitigen wollen, soweit sie im positiven Recht begründet waren. Sie suchte an Stelle von Rechtsinstituten die Verträge der einzelnen zu setzen, sie wollte damit die Rechtsgleichheit begründen, während sie allerdings die alten sozialen Unterschiede, die Bildungs- und Besitzverschiedenheiten, die herkömmlichen Arten des Geschäftsbetriebs nicht änderte, zu einem großen Teil auch nicht hätte ändern können."[3]

---

1 Vgl. Gierke, Entwurf, S. 76 zu dem Grundsatz 'Kauf bricht nicht Miete'; "Oder galt es vielleicht, den deutschen Mietern und Pächtern zu Gemüte zu führen, daß sie doch eigentlich nur heimatlose Proletarier sind? Wollen wir etwa gar, indem wir den Eigentumsbegriff auf die Spitze treiben, an der Aufhebung des Privateigentums an Grund und Boden vorarbeiten?"

2 Etwa den Streikerlaß des preußischen Ministers von Putkammer vom 11.4.1886, der nach einigen Jahren "milder" Praxis wieder eine neue Verschärfung einleitete. Vgl. Mehring, Deutsche Geschichte, a.a.O., S. 313

3 Schmoller, in: Schriften des Vereins für Sozialpolitik, Bd. 7, 1874, S. 70 ff.

Dann habe man in den verschiedensten Parikularrechten einen legislatorischen Mittelzustand zu schaffen gesucht, der halb patriarchalisch, halb auf dem Boden des freien, willkürlichen Vertrages stehen sollte. Dies führte bei den Fabrikarbeitern dazu, daß sie sich im "freien" Vertrag den von den Unternehmern diktierten Fabrikordnungen unterwerfen mußten, die ihre vollständige Ausplünderung rechtfertigten [1].

Schmoller und vor allem Bitzer [2] geben, wenn auch einen unvollständigen, so doch einen sehr eindrucksvollen Überblick über den Rechtszustand in Deutschland: Die meisten Fabrikordnungen sahen Lohnabzüge und Geldstrafen in heute unvorstellbarem Ausmaß vor; z.B. wegen Übertretung der Vorschriften über das Aufräumen von Arbeitswerkzeugen, wegen unehrerbietigen Betragens gegen Aufseher, wegen aller Art von Verunreinigung des Betriebsgeländes, wegen Singens und Pfeifens in den Fabriken. Die Höhe der Strafe wurde vom Fabrikinhaber festgelegt [3]. Darüber hinaus war körperliche Züchtigung als Strafe vorgesehen. Die Unternehmer konnten Arbeitszeit, ja selbst die Höhe des Arbeitslohns in der Fabrikordnung selbst bestimmen [4]. Die Fabrikordnungen sahen weiterhin eine Art Sicherheitsleistung der Arbeiter vor, um den Fabrikherren dagegen zu schützen, daß der Arbeiter zu einem ihm nicht genehmen Zeitpunkt kündigte. Dazu wurde der erste Wochenlohn bei Beginn des Arbeitsverhältnisses einfach einbehalten, was, insbesondere wenn der Arbeiter vorher arbeitslos war, zu unerträglichen Zuständen führte. Demgegenüber hatte der Arbeitgeber ein uneingeschränktes Kündigungsrecht. Wurden in einem Raum Maschinen defekt oder beschädigt, mußten alle Arbeiter für den Schaden haften, wenn der Verantwortliche nicht gefunden wurde [5]. Bitzer faßt seine Unter-

---

1 Schmoller, a.a.O., S. 76 "und der Konkurrenzkampf nötigte auch humanere Naturen in der Wahrnehmung ihres Vorteils so weit zu gehen, als möglich."

2 Bitzer war ebenfalls Referent im Verein für Sozialpolitik. Hier und im folgenden wird jedoch zitiert aus: Bitzer, Der freie Arbeitsvertrag und die Arbeitsordnungen 1872

3 Bitzer, a.a.O., S. 21, 22

4 Schmoller, Schriften Bd. 7, a.a.O., S. 85 Anm. 2 zitiert dazu Art. 10 der Mühlhauser Fabrikordnung, der bestimmt, daß der Tarif der Löhne je nach den Umständen festgesetzt und in den Werkstätten angeschlagen wird, wobei Schmoller noch darauf hinweist, daß derartige Fabrikordnungen zu den mildesten gehören.

5 Bitzer, a.a.O., S. 25-30

suchung dahingehend zusammen, daß eine "innere Unwahrheit" darin bestehe, die einseitige Anordnung des Arbeitgebers in den Fabrikordnungen als Ausdruck der freien gegenseitigen Willensäußerung des Arbeitnehmers und des Arbeitgebers zu behandeln [1]. Die Erkenntnis über die Unzulänglichkeit der Fiktion der Vertragsfreiheit war also durchaus nicht neu; Gierke hat sie nur in die juristische Diskussion um das BGB eingeführt [2].
Er ging aber weiter und ersetzte die alte Fiktion von Freiheit und Rechtssubjekt durch eine neue Fiktion: "Wenn das moderne Recht hier den Grundsatz der Vertragsfreiheit durchführt, so kann doch auch hier nicht die willkürliche, sondern nur v e r n ü n f t i g e F r e i h e i t gemeint sein: Freiheit, die kraft ihrer sittlichen Zweckbestimmung ihr Maß in sich trägt, Freiheit, die zugleich Gebundenheit ist. Schrankenlose Vertragsfreiheit zerstört sich selbst. Eine furchtbare Waffe in der Hand des Starken, ein stumpfes Werkzeug in der Hand des Schwachen, wird sie zum Mittel der Unterdrückung des Einen durch den Andern, der schonungslosen Ausbeutung geistiger und wirtschaftlicher Übermacht."[3] Eingedenk der bisherigen Klassenauseinandersetzungen und Streikkämpfe konstatierte er, daß die bisherige Anwendung des Vertragsrechts unter dem "Schein einer Friedensordnung das bellum omnium contra omnes in legale Formen bringe."[4] Er entwarf dagegen den Begriff der gebundenen Freiheit, der vernünftigen Freiheit, der durch Schranken begrenzten Vertragsfreiheit und das war vorläufig das eigentliche Kernstück der Kritik am Obligationenrecht des BGB. Von da aus ist auch erklärlich, warum Gierke durch

---

1 Bitzer, a.a.O., S. 34

2 Ähnlich zu dieser Zeit nur noch Menger, Das bürgerliche Recht und die besitzlosen Volksklassen, 1. Aufl. 1890, der aber die Vertragsfreiheit keineswegs so präzise kritisiert, wie Gierke, sondern mehr das Problem der Rechtsverfolgung und praktischen Rechtsgeltung für die besitzlosen Klassen in den Vordergrund stellt. S. 17 f. Beachtenswert auch Sohm, Soziale Aufgaben des modernen Staates, 1898.
Menger, Über die sozialen Aufgaben der Rechtswissenschaft, 1895

3 Gierke, Soziale Aufgabe, S. 28

4 Gierke, Soziale Aufgabe, S. 29

die mehr peripheren Einschränkungen und Begrenzungen einzelner Rechtsinstitute im zweiten Entwurf des BGB bereits merklich besänftigt wurde und warum er es für möglich, ja für besonders notwendig hielt, das Privatrechtslehrbuch in Angriff zu nehmen.
Diesen neu gewonnenen Begriff einer sozial gebundenen Freiheit stellt Gierke als historisch und philosophisch aus dem deutschen Gemeinschafts- und Personenrecht gewachsen dar.

3. Die personenrechtliche Gemeinschaft

Dem individualistischen Pandektenrecht setzte er das vom Gedanken der Gemeinschaft durchdrungene Recht gegenüber. Dieser Gemeinschaftsgedanke sollte seiner Meinung nach insbesondere da wirken, wo ein Rechtsverhältnis die ganze Persönlichkeit für eine gewisse Zeit ergriff [1]. Ein solches Rechtsverhältnis sollte nicht alleine durch das Obligationenrecht erfaßbar sein, sondern daneben einen personenrechtlichen Charakter haben [2]. Bei Gierke wurzelt der Begriff der personenrechtlichen Gemeinschaft aber nicht etwa in der Verbandspersönlichkeit, in der Korporation, sondern als etwas davon Unterschiedenes, im deutschrechtlichen Personenbegriff selbst.

Die Theorie der personenrechtlichen Gemeinschaft sonderte Gierke früh von der Körperschaftslehre ab. Im zweiten Band des Genossenschaftsrechts ist zum ersten Mal neben der Körperschaft von der Rechtsgemeinschaft die Rede. Für Gierke stand diese Rechtsgemeinschaft in einem prinzipiellen Gegensatz zur Körperschaft [3]. Sie entstand niemals aus einem konstituierenden Willensakt, hatte keine Satzung, keine Mitgliedschaft, keine Organisation [4]. Wollte man die

---

1 Gierke, Entwurf, S. 104

2 Gierke, Entwurf, S. 191

3 Genossenschaftsrecht Bd. II, 1873, S. 923 f., 924, 936: "So nahe nun aber von dieser doppelten Seite her in äußeren Erscheinungen die Rechtsgemeinschaft der Körperschaft kommen mag: der feste begriffliche Gegensatz, welcher sie trennt, muß sich überall bis ins einzelne geltend machen, so daß alle äußerlich einander ähnlichen Erscheinungen des einen und des andern Falles zuletzt auf direkt entgegengesetzte Prinzipien zurückführen."

4 Gierke, Genossenschaftsrecht Bd. II, S. 936-940

Struktur der Genossenschaft auf den germanischen Stamm zurückführen, dann mußte man die der Gemeinschaft auf den Hausverband, die Sippe zurückführen [1]. Dennoch sollte die Rechtsgemeinschaft keine bloße Summe von Individuen darstellen, die in ihrem souveränen Einzelwillen nur durch einzelne vertragliche oder sonstige Beziehungen verbunden sind. Der deutschrechtliche Personenbegriff erlaube es nämlich, daß eine Personenmehrheit zwar von vornherein als Mehrheit, "aber nicht als Mehrheit schlechthin, sondern als so und so verbundene Mehrheit Subjekt einer Gemeinschaftssphäre" würde [2]. Ausgangspunkt dieses deutschen Rechts und der Bestimmung der Persönlichkeit war für Gierke der einheitliche Willensbegriff, "der die Merkmale der Freiheit und der Beschränkung, des Fürsichseins und Füreinanderseins des Individuellen und des Gemeinheitlichen gleichmäßig umschloß."[3] Die deutschrechtliche Persönlichkeit des Privatrechts erschien ihm daher von vornherein bedingt und innerlich beschränkt durch die sittliche Ordnung der menschlichen Gemeinschaft: Wenn nun "die Person auf Grundlage des deutschen Freiheitsbegriffs als verkörperter, sittlich gebundener Wille aufgefaßt und daher die Beschränkung durch andere Willen dem Einzelwillen schon bei seinem Eintritt in das Recht als Wesensmerkmal attributiert wird, dann sind auch b e s o n d e r e Gebundenheiten des Willens durch andere Willen dergestalt denkbar, daß sie der Person innerhalb einer gewissen Lebenssphäre als v o n v o r n h e r e i n g e g e b e n e n ä h e r e B e s t i m m u n g e n a n h a f t e n, ohne daß doch damit diese Person aufhörte, in bezug auf das dergestalt umschriebene Gebiet als freies und für sich abgeschlossenes Individuum zu erscheinen."[4]

Diese Gemeinschaft sollte als eine von vornherein verbundene und dadurch determinierte Mehrheit oder bildlich als eine "mit verschlungenen Händen heranschreitende Gruppe" (entsprechend dem Symbol der gesamten Hand) verstanden werden. Der begriffliche Standort dieser Gemeinschaft bleibe aber im Individualrecht, sie bleibe die Gemeinschaft mehrerer und erhalte nur den Schein einer körperschaftlichen Gestaltung durch die gemeinschaftliche Bindung der Einzelwillen. Als Beispiel für ein

---

1 Vgl. Gierke, Privatrecht I, S. 698

2 Gierke, Genossenschaftsrecht Bd. II, S. 928

3 Gierke, Genossenschaftsrecht Bd. II, S. 30 f., 33

4 Gierke, Genossenschaftsrecht Bd. II, S. 929, Hervorhebung d. Verf.; Gierke, Personengemeinschaften und Vermögensinbegriffe, S. 53

solches Gemeinschaftsverhältnis nennt Gierke zunächst das eheliche Güterrecht, in dem die Ehegatten nicht in beliebiger Zweiheit nebeneinander stünden, sondern Träger von "einander gebundenen und in dem Verhältnis natürlicher Ungleichheit organisch verknüpften, vereinigten Willen" seien [1]. Da diese Gemeinschaft im Gegensatz zur Körperschaft niemals durch einen konstituierenden Willensakt oder eine konstituierende Satzung geschaffen, sondern bloße Folgeerscheinung der subjektiven Rechtsbeziehungen sei, kenne sie keine Mitgliedschaft und keine Organisation und fasse die ihr angehörende Personenmehrheit nur mehr oder minder straff zu einer "Kollektiveinheit". [2] Im wirtschaftlichen Bereich erwähnt Gierke an dieser Stelle die Gesellschaften jeder Art, die sich nicht bis zur korporativen Struktur entwickelt haben, Eigentumsgemeinschaften, etc. Der Übergang zur Körperschaft sei allerdings fließend. Trotz der prinzipiellen Unterschiede berührten sich im Leben die äußersten Glieder "der realen Verwirklichung beider Begriffe", die Gemeinschaft könne sich allmählich zur Körperschaft steigern, die Körperschaft könne sich allmählich zur Gemeinschaft abschwächen. In diesem Rahmen erschöpfe sich die Gemeinschaft in einem Komplex typischer Beziehungen, die aus freiwilliger Bindung, darüber hinaus aber auch aus allgemeinen Regeln hervorgingen.

Die so entwickelte personenrechtliche Gemeinschaft (nicht zu verwechseln mit der Gemeinschaft des Personenrechts) wurde für Gierke zur beherrschenden Rechtsfigur der Privatrechtskritik. In der 1889 erschienenen Schrift über die sozialen Aufgaben des Privatrechts, in der er einer breiten Öffentlichkeit seine Sozialvorstellungen zu erläutern suchte, sah Gierke die Anwendung des Gemeinschaftsgedankens im Privatrecht wie folgt: "Der Gemeinschaftsgeist muß das Privatrecht von unten auf durchdringen."; "von unten auf" meint dabei von den einfachen schuldrechtlichen Grundverhältnissen ausgehend in jeweils steigendem Maße in dauernden Rechtsverhältnissen, Personenverbindungen, Gesellschaften und Vereinen [3].

---

1 Gierke, Genossenschaftsrecht Bd. II, S. 931

2 Gierke, Genossenschaftsrecht Bd. II, S. 940

3 Gierke, Soziale Aufgaben, S. 17

Der Ausgangspunkt dieser Gemeinschaftslehre wie auch des Persönlichkeitsbegriffs war, obwohl auch hier wieder scheinbar historisch [1] in Wirklichkeit ein philosophischer [2]. Der sozialphilosophische Ausgangspunkt wird nicht nur in den bereits zitierten Passagen deutlich, sondern etwa auch in den "Grundbegriffen des Staatsrechts", wo Gierke ausführt: "Der Mensch trug überall und zu allen Zeiten die Doppeleigenschaft in sich, ein Individuum für sich und ein Glied des Gattungsverbandes zu sein."[3] und "Jeder Mensch lebt zugleich sich selbst und der Gattung, ist ein dem Universum gegenüber geschlossenes Ganzes und doch auch ein Teil von höherem Ganzem."[4]

Gurwitsch hat als erster darauf hingewiesen, daß die ethischen Voraussetzungen für diesen Begriff in der späten Sittenlehre Fichtes ihre Parallelen finden [5]. Janssen gibt zwar zu Recht zu bedenken, daß die einfache Einordnung Gierkes in ein philosophisches System wegen seiner Eigenständigkeit fehlschlagen muß [6]. Dies gilt insbesondere für die Gemeinschaftslehre Gierkes, deren gesamtes Verhältnis zur rein individualistischen Rechtsauffassung einer besonderen Klärung bedarf. Dennoch soll hier kurz auf die Fichteschen Gedanken eingegangen werden, da Fichte weit mehr als Gierke die Konsequenzen seiner Auffassung reflektiert. Im System der Sittenlehre entwickelt er, daß sich das Individuum nur in Beziehung auf ein anderes Individuum erzeugen kann. In bezug auf den Trieb nach Selbständigkeit des einen Individuums heißt dies, daß dieser Trieb durch die Freiheit des anderen bedingt ist und sonach schlechthin nicht darauf ausgehen kann, die Bedingung seiner eigenen Möglichkeit, d.i. die Freiheit des anderen,

---

1 Gierke, Genossenschaftsrecht Bd. II, S. 30 f.

2 Gurwitsch, a.a.O., S. 106 Anm. 8 bezweifelt die sachliche Berechtigung und methodische Stichhaltigkeit der Ableitung aus der germanischen Rechtsidee; ebenso Janssen, a.a.O., S. 64, der betont, daß Gierke in der Schrift über die sozialen Aufgaben von einer philosophischen Grundlegung ausgeht, was auch für die späteren Werke gilt.

3 Gierke, Grundbegriffe des Staatsrechts, S. 93

4 Gierke, Soziale Aufgaben, S. 5

5 Gurwitsch, a.a.O., S. 103, 107

6 Janssen, a.a.O., S. 15

zu vernichten [1]. Auf dieser Grundlage definiert Fichte die individuell freie Handlung als von vornherein durch die Freiheit des anderen, bzw. der anderen begrenzt.
Daraus ergibt sich für ihn einmal das Problem der Determinierung menschlicher Handlungen, und nachdem er dies verneint hat [2], die Möglichkeit des Konflikts zwischen den Individuen. Da die Individuen mit ihren Handlungen aufeinanderstoßen können und die Freiheit des anderen nicht gefährden dürfen fordert er, daß jeder einem gemeinschaftlichen Zwecke entsprechend handeln müsse. "Jeder soll in der Gesellschaft leben und sich nicht absondern. Jeder muß bereit sein, auf die Wechselwirkung mit den andern einzugehen."[3] "Diese Wechselwirkung aller mit allen zur Hervorbringung gemeinschaftlich praktischer Überzeugungen ist nur möglich, inwiefern alle von gemeinschaftlichen Prinzipien ausgehen, dergleichen es notwendig gibt."[4] Diese gemeinschaftlichen Prinzipien entwickelt Fichte im folgenden in den konkreten Pflichten seiner Sittenlehre.

Anders in der "juristischen" Gemeinschaftslehre Gierkes wo das Problem des Konflikts zwischen Individuen nicht aufgeworfen wird und wo die notwendige inhaltliche Bestimmung der gemeinschaftlichen Prinzipien gesellschaftlichen Handelns zunächst nicht getroffen wird, ja aus dem Prinzip der Trennung von Recht und Sittlichkeit nicht getroffen werden kann. Statt dessen greift Gierke zur Begründung seiner Auffassung vom gemeinschaftlich gebundenen Individuum immer wieder auf scheinbar historische Quellen zurück, die er zum einen im Christentum [5] und natürlich im alten deutschen Recht sieht [6].

Nun ist aber Gierke nicht nur zur philosophischen und historischen Kritik, sondern letztendlich zur praktischen rechts- und sozialpolitischen Kritik am BGB angetreten. Und so ergab sich doch die Frage,

---

1 Fichte, Das System der Sittenlehre, S. 221, a.a.O. Kapitel: "Systematische Aufstellung der Bedingungen der Ichheit in ihrer Beziehung auf den Trieb nach absoluter Selbständigkeit."

2 Fichte, a.a.O., S. 226 f.

3 Fichte, a.a.O., S. 235

4 Fichte, a.a.O., S. 236

5 Gierke, Genossenschaftsrecht Bd. III, S. 106 f.

6 Gierke, Soziale Aufgabe, S. 7
Gierke, Entwurf, S. 11

welcher konkrete Gemeinschaftszweck nun - bei Anerkennung der vorgefundenen wirtschaftlichen Grundstruktur - zur Ausgestaltung des Zivilrechts vorzuschlagen sei. Dabei war er sich selbst darüber im klaren, daß weder "reaktionäre Versuche der Wiederbelebung abgestorbener Gebilde des feudalen Mittelalters" noch "schwärmerische Träumereien über unreifes Zukunftsrecht" [1] Erfolg versprachen. Was lag hier näher, als das allgemeine philosophische System mit einer konkreten historischen Begrifflichkeit zu füllen. War doch in der deutschrechtlichen Person die besondere Gebundenheit des Willens durch andere Willen dergestalt denkbar, daß sie der Person innerhalb einer gewissen Lebenssphäre als von vornherein gegebene nähere Bestimmtheit anhaftet [2], so ergab sich für Gierke nun in der Weiterentwicklung, daß das Privatrecht der Persönlichkeit des einzelnen den Schutz gewähren müsse, der der Persönlichkeit in ihrer ökonomischen Stellung in der Gemeinschaft zukomme. Es müsse die Persönlichkeit und ihre Rechte "in ihrer durch die Zugehörigkeit zu einer bestimmten Personenklasse bedingten oder sonstigen besonderen Ausprägungen und in ihrer individuell erarbeiteten oder sonst erlangten Entfaltung" anerkennen und begrenzen [3]. Damit übernahm der Begriff der Persönlichkeit bereits eine apologetische Funktion; die unterschiedliche Klassenzugehörigkeit wurde zum Wesensmerkmal der Persönlichkeit. Im Namen des Gemeinschaftsrechts wurde die rechtliche Anerkennung der Unterschiede zwischen den Angehörigen der verschiedenen Klassen gefordert. Dies war nun kein rückwärts gewandtes Konzept mehr, sondern die philosophische Begründung zur rechtlichen Erfassung und Legitimierung der bestehenden sozialen Verhältnisse. Die personenrechtliche Gemeinschaft konnte nun beliebig angenommen werden, wo auch immer Menschen zueinander in enge Beziehung traten, und sie regelte diese Beziehung nach der vorgegebenen Stellung des einzelnen im Wirtschaftsleben. Dieser Gedanke wurde später aufgenommen bei Sinzheimer: "Wir müssen uns von der juristischen Weltanschauung befreien, die alles menschliche in abstraktes Verhältnis verflüchtigt und zur sozialen Weltanschauung bekennen, die die durch die Ver-

---

1 Gierke, Soziale Aufgabe, S. 15 Anm. 7

2 Gierke, Genossenschaftsrecht Bd. II, S.929

3 Gierke, Soziale Aufgabe, S. 35
Vgl. auch E. Wolf, Rechtsdenker, S. 701, der auf Folgen auf dem Gebiet des Urheber-Erfinder- und Wettbewerbsrechts hinweist, was deutlich macht, für welche Klasse von Persönlichkeiten diese Anschauung praktische und materielle Geltung erlangte.

schiedenheit der Lebensmöglichkeit gekennzeichnete Tatsächlichkeit des Lebens anerkennt."[1]

4. Die Betriebsgemeinschaft als Gemeinschaft kraft herrschaftlicher Gewalt und die daraus resultierende Bestimmung des Dienstvertrages

Um mit diesem Gemeinschaftsbegriff ganz konkret das Arbeitsverhältnis als wichtigstes soziales Verhältnis erfassen zu können, erweiterte Gierke den Begriff um das Merkmal der Über- und Unterordnung, das bei ihm nach und nach zum unabdingbaren Wesensmerkmal der sozialen Rechtsgemeinschaft wurde.

Daß es solche herrschaftlichen Gemeinschaften gebe, konstatierte er bereits in den kritischen Schriften zum BGB. Das Privatrecht müsse stärker Verbindlichkeiten berücksichtigen, die durch Eintritt in den betrieblichen Herrschaftsverband erzeugt würden. Die Persönlichkeit werde dabei in einen wirtschaftlichen Organismus eingegliedert, "ein monarchisch organisiertes Ganzes, dessen alleiniger Träger der Unternehmer ist, und dem Angestellte und Arbeiter als dienende Glieder angehören."[2] Die Vorstellung vom freien Arbeitsvertrag sei demnach eine Fiktion. Diese Forderung nach Anerkennung der wirtschaftlichen Herrschaftsverbände [3] wird über das ganze Jahrhundert hinweg als Ausdruck einer besonders realistischen, nüchternen, ja richtungswei-

---

1 Sinzheimer, Otto v. Gierke, a.a.O., S. 6

2 Gierke, Soziale Aufgabe, S. 32, 40, 41
Gierke, Entwurf, S. 191
Gierke kritisiert das bürgerliche Pandektenrecht, daß es nichts davon wisse, "daß der durch das Dienstverhältnis bewirkte Eintritt in eine Hausgemeinschaft, in einen Berufsverband, in einen geschäftlichen oder gewerblichen Organismus, in einen jener in Wahrheit zu modernen Herrschaftsverbänden ausgestalteten Zusammenhänge, welche die Erwerbsgesellschaft der Gegenwart durchziehen, eigenartige gegenseitige Verbindlichkeiten von sittlichem Gehalt erzeugen muß." Entwurf, S. 105

3 die Gierke in ihrer praktischen Existenz deutlich erkennt: "Wozu sollte es nützen, diese klar am Tage liegenden Tatsachen abzuleugnen." Soziale Aufgabe, S. 40

senden Erkenntnis Gierkes gewürdigt [1]. Allerdings spricht Gierke zu dieser Zeit noch nicht ausdrücklich von der Gemeinschaft kraft herrschaftlicher Gewalt, sondern orientiert sich noch mehr an den Gemeinschaften der gesamten Hand der Germanisten. So etwa in: "Personeneinheiten und Vermögensinbegriffe" (1889), wo er als Beispiel für personenrechtliche Gemeinschaft noch in erster Linie die Hausgemeinschaft, die Miterbengemeinschaft und die Gesellschaft nennt, aber auch bereits auf die "machtvollen Personenvereinigungen" der "betrieblichen Herrschaftsverbände" verweist [2].

Die systematische Herleitung des Begriffs der personenrechtlichen Gemeinschaft kraft herrschaftlicher Gewalt und seine Anwendung auf das betriebliche Verhältnis erfolgte jedoch erst später, 1895, im ersten Band des Privatrechts. Dort wird - bereits durch die Einfügung unter dem Gliederungsparagraphen 80 a) als etwas Eigentümliches gekennzeichnet - nach der personenrechtlichen Gemeinschaft zur gesamten Hand ausdrücklich die personenrechtliche Gemeinschaft kraft herrschaftlicher Gewalt behandelt. Das Wesen dieser personenrechtlichen Gemeinschaft entwickelt er ähnlich wie im zweiten Band des Genossenschaftsrechts, wobei die Gemeinschaft weiterhin im Gegensatz zur Genossenschaft begriffen wird. Der Unterschied zwischen den Begriffen wird jedoch weiter verwischt. "Denkt man die Verbandsperson als Organismus, dann ist diese Personeneinheit zwar kein Organismus, aber eine organische Verbindung. Die personenrechtliche Gemeinschaft ist daher im Rechtssinne ein individualrechtliches Gebilde, enthält jedoch sozialrechtliche Keime." [3] Zum ersten Mal

---

1 "Das Wesen dieses Herrschaftsverbands sah er ohne jede romantische Anwandlung, die heute bei der Betrachtung solcher Dinge Mode ist, klar und nüchtern an."
Sinzheimer, Otto v. Gierke, a.a.O., S. 4
Ihm folgend: Isele, Die Bedeutung Otto v. Gierkes, S. 296; Jobs, a.a.O., S. 32

2 Gierke, Personeneinheiten und Vermögensinbegriffe, 1889, S. 53, 54 Gleichzeitig wird in dieser Schrift der Begriff der personenrechtlichen Gemeinschaft näher präzisiert, ohne allerdings die Abgrenzung zur Körperschaft noch einmal herauszustellen. - Soziale Aufgabe, S. 39, 40: "Der Herrschaftsverband entsteht aus der Erweiterung der Hausgemeinschaft durch das Gesinde und höhere Hausdienerschaft."

3 Gierke, Privatrecht Bd. I, S. 661

verwendet Gierke bei der Bestimmung der Gemeinschaft nicht nur das Bild der gesamten Hand, sondern auch das der Munt [1]. Die im Begriffssystem neu eingeführte Gemeinschaft kraft herrschaftlicher Gewalt wird nun dadurch gekennzeichnet, daß in ihr ein Gemeinschaftsverhältnis zwischen mehreren Personen infolge einer personenrechtlichen Über- und Unterordnung bestehe [2]. Diese Gemeinschaften finden nach Gierke ihre geschichtliche Wurzel in der Hausgemeinschaft des germanischen Familienrechts, die sich über den Lehensverband und im gutsherrlich-bäuerlichen Verband erhalten habe und sich nun in der Gestalt der modernen wirtschaftlichen Unternehmen neu herausbilde [3]. Diese Herrschaftsverhältnisse seien ihrer tatsächlichen Bedeutung nach nichts anderes als personenrechtliche Gemeinschaften kraft herrschaftlicher Gewalt. Zwar sei dem heutigen Privatrecht diese Gemeinschaft noch fremd, doch, "im Leben bricht sich der Gedanke einer personenrechtlichen Gemeinschaft zwischen Gewalthabenden und Gewaltunterworfenen immer wieder machtvoll Bahn."[4]

Nun verweist Gierke überraschenderweise im Anschluß an die Ausführungen über die faktische Bedeutung dieser Rechtsverhältnisse auf den ersten Band des Genossenschaftsrechts [5]. Doch anders als dort, wo er die Gefahren kennzeichnen wollte, die von der Existenz der kapitalistischen Herrschaftsverbände für die Freiheit des einzelnen und die Existenz des ganzen Volkes ausgingen, will er hier die Anerkennung dieser Verbände, ihre juristische Legitimation erreichen

---

1 Gierke, Privatrecht Bd. I, S. 661 Anm. 5.
Dieses neue Bild, oder besser Denkmodell, wird an dieser Stelle jedoch noch kaum begründet und in der Anmerkung auch nicht näher erläutert. Vergleicht man diese Stelle einmal mit den entsprechenden Ausführungen im Genossenschaftsrecht Bd. II, S. 931, so wird hier deutlich, wie schrittweise mit dem genossenschaftlichen Denkmodell gebrochen wird.

2 Gierke, Privatrecht Bd. I, S. 697

3 Gierke, Privatrecht Bd. I, S. 698

4 In den Fabrikbetrieben sei der Geschäftsherr Träger einer Gemeinschaft, der aber auch die dem Geschäft eingeordneten Gehilfen und Arbeiter angehörten. Gierke, a.a.O., S. 699

5 Gierke, Privatrecht, S. 698 Anm. 7 mit Verweis auf Genossenschaftsrecht Bd. I, S. 1036 ff. (s.o. Kapitel II. 3)

und sie als natürliche soziale Beziehungen darstellen. Dieser Verweis auf den ersten Band des Genossenschaftsrechts zeigt, daß Gierke der Bruch in seiner Sozialkonzeption, seine vollkommen veränderte Blickrichtung möglicherweise gar nicht bewußt wurde, daß sich hinter dem vorgeblichen Bemühen, das neue Recht germanistisch zu durchdringen, nunmehr unterschiedlichste sozialpolitische Zielvorstellungen zusammenfanden. Wurde im Genossenschaftsrecht der Herrschaftsverband noch als Ausfluß des römisch-rechtlichen Prinzips abgelehnt, so wird er hier als einzig denkbare Form akzeptiert; wurde damals noch die Produktivgenossenschaft als höchste Vollendung der Freiheit und beste Form der Arbeitsorganisation entwickelt, so soll diese Rolle nun die "Gemeinschaft zwischen Gewalthabenden und Gewaltunterworfenen" übernehmen, als individualrechtliches Herrschaftsverhältnis das Gegenteil der Korporation. Anders als im Genossenschaftsrecht existieren nun für Gierke die Gegensätze aus dem Kapitalverhältnis nicht mehr, die Betriebsgemeinschaft erwächst als naturgegebene Beziehung aus der geschäftlichen Unternehmung, verpflichtet den Gewaltunterworfenen zu Gehorsam und Dienst und den Herrn zu Schutz und Fürsorge [1]. Ganze vier Seiten nimmt sich Gierke in dieser Arbeit um dieses neue, seiner Struktur nach andersgeartete Sozialmodell zu entwickeln und zu begründen [2]. 27 Jahre nach dem Erscheinen des ersten Bandes des Genossenschaftsrechts hat Gierke hier, verborgen hinter einer immer gleichlautenden Terminologie, in Wirklichkeit den Bruch mit seiner ursprünglichen sozialrechtlichen Konzeption vollzogen.

Die Auffassung vom betrieblichen Gemeinschaftsverhältnis kraft herrschaftlicher Gewalt stellt sozusagen die gedankliche Brücke dar für die Anwendung des Instituts der Rechtsgemeinschaft auf die Dienstverhältnisse. Es ist eine bewußte Erweiterung der ursprünglichen Gemeinschaftsvorstellungen der Germanisten und auch Gierkes, wonach die Gemeinschaften auf historisch gewachsene Arbeits- und Lebensgemeinschaften, wie die Ehe, die Hausgemeinschaft, die Erbengemeinschaft beschränkt waren. Zum ersten Mal wird systematisch das neue Zwangs- und Abhängigkeitsverhältnis des kapitalistischen Betriebes in die Reihe dieser Gemeinschaften eingeordnet. Das reale Machtverhältnis im Wirtschaftsverband wird durch das Institut der Betriebsgemeinschaft nicht

---

1 Gierke, Privatrecht Bd. I, S. 701

2 Gierke, Privatrecht Bd. I, S. 701, nur in einer Anmerkung verweist er hier erstmals auf die Funktion der Treue im sozialen Gemeinschaftsverhältnis, a.a.O., Anm. 21

nur anerkannt, sondern auch philosophisch und ethisch begründet [1].

Damit ist auch der Weg zu einer neuen Einordnung des Dienstvertrags geebnet. Die Pandektenwissenschaftler hatten das 'Wesen' des Dienstvertrags von Anfang an als freien Tauschvertrag gefaßt und ihn im Schuldrecht lokalisiert [2]. Die Bücher des sogenannten deutschen Privatrechts hatten dem bisher nichts entgegengesetzt. Im allgemeinen wurde dort allenfalls - und das auch noch im Familienrecht - der Gesindevertrag erwähnt [3]. Für Gierke galt der schuldrechtliche Dienstvertrag wegen seiner vorgeblichen Herkunft aus dem römischen Rechtsverhältnis der Sklaven, ungeachtet der Ausführungen Savignys, als Inbegriff des unfreien, ehrlosen Abhängigkeitsverhältnisses [4]. Nach Gierkes Ansicht war ein solcher Vertrag nicht brauchbar, das moderne Arbeitsverhältnis, in dem die "Arbeit als Betätigung freier Persönlichkeit erscheint" [5] und "untrennbarer Ausfluß der Persönlichkeit ist" [6] zu erfassen. Der deutschrechtliche Dienstvertrag müsse deshalb anders als der römisch-rechtliche nicht im Schuldrecht, sondern

1 Auch hiermit ist Gierke keinesfalls anachronistisch, sondern durchaus auf der Höhe seiner Zeit, der viel an der Stabilisierung und theoretischen Fundierung der bestehenden Herrschaftsverhältnisse lag.

2 Bereits im ersten Entwurf des BGB hatte der heutige § 611 BGB als § 559 die gleiche systematische Stellung, den gleichen Wortlaut und die gleiche Gesetzesüberschrift: "Wesen des Dienstvertrags". "Durch den Dienstvertrag wird derjenige, welcher Dienste zusagt, zur Leistung der versprochenen Dienste, der andere Teil zur Gewährung der versprochenen Vergütung verpflichtet. Gegenstand des Dienstvertrages können Dienste aller Art sein."

3 So z.B. K.S. Eichhorn, Einleitung in das deutsche Privatrecht, 1829, § 328
C. Gerber behandelt die Gesindemiete und den Gesellenvertrag; System des deutschen Privatrechts, 1875, §§ 181, 182.

4 Dazu oben, Kapitel I, 2

5 Gierke, Wurzeln des Dienstvertrags, S. 38

6 Gierke, Dauernde Schuldverhältnisse, a.a.O., S. 365

im Personenrecht wurzeln [1]. Schon in der Kritik am Entwurf des BGB benannte Gierke den Dienstvertrag als typisches Rechtsverhältnis mit personenrechtlichem Charakter und entwickelte von da aus die Schranken, die in die Vertragsfreiheit eingebaut werden müßten. Der erste Entwurf des BGB enthalte, abgesehen von § 564 (Kündigungsmöglichkeit nach 10 Jahren) keine einzige auf die Schranken der Vertragsfreiheit hinweisende Bestimmung; vielmehr erscheine "der Dienstvertrag durchweg als freier Kauf und Verkauf der Ware Arbeit, welcher die Selbstergebung in jede Art von Dienstbarkeit, sei sie tatsächlich selbst der Sklaverei verwandt, möglich macht."[2] Seine Vorschläge zur Ausgestaltung des Dienstvertragsrechts umfaßten Modifikationen bei der Kündigungsfrist, die Fürsorge in Krankheitsfällen und die Haftpflicht des Arbeitgebers [3] Er spricht in den kritischen Schriften zum BGB auch bereits vom Eintritt in den betrieblichen Herrschaftsverband, doch erst im ersten Band des Privatrechts kann er diese Auffassung systematisch begründen. Es geht nun nicht mehr um die begrenzte, vernünftige Freiheit, um die Entwicklung von Schranken der Vertragsfreiheit, sondern um eine darüber hinausweisende, gemeinschaftskonforme Ausgestaltung dieses Rechtsverhältnisses unter Beibehaltung der Grundstrukturen des BGB. Erst nachdem Gierke die personenrechtliche Gemeinschaft kraft herrschaftlicher Gewalt begrifflich klar entwickelt hat, kann er die in den kritischen Schriften begonnene Kritik weiterführen und das Verhältnis Gemeinschaftsrecht - Vertragsrecht und damit Sozialrecht - Privatrecht klären [4].

Gierke versäumte es auch nicht, seine Vorstellungen in unmittelbaren Zusammenhang mit der repressiven Bismarckschen Sozialpolitik zu stellen. Der "großartige Versuch der deutschen Reichsgesetzgebung" auf dem Gebiet der Kranken-, Unfall- und Altersversicherung würde nach seiner Ansicht "haltlos in der Luft schweben, wenn er mit unverbundenen Individuen und nicht mit vorgefundenen Verbandseinheiten rechnete."[5] Jede fernere sozialpolitische Gesetzgebung sei nur möglich aus der Entfaltung des Gedankens der personenrechtlichen Verbindung [6].

---

1 Gierke, Wurzeln des Dienstvertrags, S. 40

2 Gierke, Entwurf, S. 104

3 Gierke, Entwurf, S. 246, 247

4 Siehe unten, Kapitel IV. 6

5 Gierke, Soziale Aufgabe, S. 40

6 Gierke, Soziale Aufgabe, S. 40

Nun bestanden aber doch noch eine Reihe Ungereimtheiten. Es war z.B. noch nicht erklärt, warum das Arbeitsrecht seinen Ursprung ausgerechnet im Familienrecht finden sollte, und es bestand noch der Widerspruch in Gierkes eigenem Werk, daß der kapitalistische Herrschaftsverband, ursprünglich als Ausfluß des römischen Herrschaftsprinzips gedeutet [1], nun zur Verkörperung freiheitlicher germanischer Organisationsformen werden sollte. Unklar war auch noch, nach welchen Prinzipien die gegenseitigen Verpflichtungen konkretisiert werden sollten und mit welchem Inhalt die Vertragsfreiheit eingeschränkt werden sollte; welchem sittlichen Zweck also diese Gemeinschaft untergeordnet sein sollte. Alleine der Hinweis auf den germanischen Gemeinschaftsgeist genügte hier nicht mehr. Diese Probleme zwangen Gierke dazu, erneut in die Rechtsgeschichte einzusteigen und den Treudienstvertrag heranzuziehen. Dies geschah relativ spät, vorbereitet durch die Forschungen über altgermanische Haftungsbegründung [2], in der schon mehrfach zitierten Schrift über die Wurzeln des Dienstvertrags [3].

5. Treudienstvertrag

Mit seiner Untersuchung über die Wurzeln des Dienstvertrages suchte Gierke die Herkunft des Dienstvertrages aus dem alten germanischen Treudienstvertrag zu beweisen. Der Treudienstvertrag bilde in seinem Wesen die Vorstufe des deutschrechtlichen Vertrages, seine älteste Form sei der Vertrag des Gefolgsmanns mit dem Gefolgsherrn [4]. Er sei aus einer vertragsmäßigen Erweiterung des hausherrlichen Verbandes hervorgegangen und ursprünglich mit der Aufnahme in die Hausgemeinschaft verbunden gewesen.

Der Treudienstvertrag wurde mit Hand und Mund abgeschlossen. "Der Treudiener reichte zum Zeichen der Ergebung seiner Person in die Gewalt des Herrn diesem die gefalteten Hände dar, die der Herr zum Zeichen der Aufnahme des Treudieners in seinen Schutzbereich mit den eigenen umschließenden Händen entgegennahm." "Die beiderseitigen mündlichen Zusagen gipfelten in dem gegenseitigen Treuversprechen,

---

1 Gierke, Genossenschaftsrecht Bd. I, S. 100; S. 1037

2 Gierke, Schuld und Haftung, 1910

3 Gierke, Wurzeln des Dienstvertrags, 1914

4 Gierke, Wurzeln des Dienstvertrags, S. 40

das seitens des Treudieners durch Eidgelübde verstärkt, seitens des Herrn in schlichter Form abgegeben wurde."[1] Treue hingegen hieß, seine ganze Persönlichkeit dafür einsetzen, daß die Leistung vollzogen wird [2]. Wer sich der leiblichen Haftung für sein Gelübde entzog, machte sich des Treuebruchs schuldig [3]. Das gegenseitige Treueversprechen bewirkte eine dauernde, bei der Vasallität eine lebenslange persönliche Bindung. Der Dienstpflichtige mußte vollen Einsatz und Gehorsam gegenüber seinem Dienstherrn walten lassen und den Nutzen des Herrn fördern. Der Treudienstvertrag setzte die Vertragsschließenden zueinander in das Verhältnis von Herr und Diener [4]. Aus der gegenseitigen Treuepflicht entsprangen nun eine Reihe weiterer Rechte und Pflichten, die keines eigenen Haftungsgrundes mehr bedurften. Sie alle waren lediglich Ausfluß des einen einheitlichen Zentralbegriffs, der alles umspannte und durchdrang, der Treue. Diese Treue sollte nach Gierkes Auffassung zugleich den tieferen sittlichen Zweck als auch eine Rechtspflicht im Gemeinschaftsverband darstellen [5].

Der Treudienstvertrag wurde nun von Gierke insofern als Vorläufer des heutigen Dienstvertrags angesehen, als auch aus ihm ein dauerndes Schuldverhältnis entspringe, das den einen Teil zur Leistung von

---

1 Gierke, Wurzeln des Dienstvertrags, S. 40

2 Gierke, Schuld und Haftung, S. 164 Anm. 65, S.199 f.

3 Gierke, Schuld und Haftung, S. 201

4 Gierke, Wurzeln des Dienstvertrags, S. 41. "Dem Herrn verschaffte er die Munt, die ihm Befehls- und Zuchtgewalt gewährte, ihn aber zugleich zu Schutz und Vertretung berief ... Den Diener unterwarf er einer dauernden Freiheitsbeschränkung, kraft derer er zu Gehorsam und Dienst verpflichtet war, zugleich aber ein Recht auf Schutz und Vertretung gewann."

5 Gierke, Wurzeln des Dienstvertrags, S. 41; später Gierke, Recht und Sittlichkeit, S. 218, 1916
"Tief in das Reich des Sittlichen reicht mit ihren Wurzeln die Pflicht zur Treue. Heute aber ist sie auch in erheblichem Umfange zugleich Rechtspflicht. Unser geltendes Dienstvertragsrecht kann nicht zutreffend gewürdigt werden, wenn man die Treuepflicht streicht und das Fortleben der alten germanischen Dienertreue und Herrentreue ignoriert."

von Diensten, den anderen Teil zur Gewährung einer Vergütung verpflichtet [1]. Andererseits seien aber auch wesentliche Elemente dieses Treudienstvertrages, insbesondere die gegenseitig geschuldete Treue in den deutschrechtlichen Dienstvertrag eingeflossen.

Die Passagen, in denen Gierke diese Entwicklung vom Treudienstvertrag zum heutigen Dienstvertrag schildert, lassen leider sowohl die sorgfältige historische Forschung als auch die begriffliche Klarheit zugunsten einer verschwommen rechtspolitischen Zielsetzung vermissen. "Offenbar", schreibt Gierke an zentraler Stelle, "offenbar erfüllte der Treudienstvertrag in immer steigendem Maße die Funktion eines entgeltlichen Arbeitsvertrags."[2] Die schlüssige Herleitung dessen, was hier so offenbar sein soll, bleibt er jedoch schuldig. Bei der Auswahl der Rechtsverhältnisse der fränkischen Zeit, die so die Vorstufen für den heutigen gewerblichen Dienstvertrag, besser Lohnarbeitsvertrag, gebildet haben sollen, verfährt er großzügig: Er ordnet sowohl kriegerische und höfische Dienste höherer Art, die Gefolgschaft an Fürstenhöfen [3] als auch die Dienste der Halbfreien, Freigelassenen und Hörigen [4], mit anderen Worten, Abhängigkeitsverhältnisse unterschiedlichen sozialen und wirtschaftlichen Gehalts als Vorläufer des heutigen Dienstvertrags ein. Der Treudienstvertrag sei gerade deshalb Vorbild des modernen Arbeitsvertrags, weil er Selbsthingabe "unter Vorbehalt der persönlichen Freiheit" und "ohne Opferung der Persönlichkeit" beinhalte [5] und den Gedanken zum Durchbruch gebracht habe, daß auch entlohnte Arbeit mit der Ehre und Würde freier Berufstätigkeit in Einklang zu bringen sei. Es seien ja höchste Kriegs-, Hof- und Amtsdienste in dieser Form geleistet worden und die persönliche Bedienung des Herrn durch sein Gesinde habe seit je als ehrenvoll gegolten [6].

---

1 Gierke, Wurzeln des Dienstvertrags, a.a.O., S. 41

2 Gierke, Wurzeln des Dienstvertrags, a.a.O., S. 42

3 Gierke, Wurzeln des Dienstvertrags, a.a.O., S. 43

4 Gierke, Wurzeln des Dienstvertrags, a.a.O., S. 43

5 Gierke, Wurzeln des Dienstvertrags, S. 40

6 Gierke, Wurzeln des Dienstvertrags, S. 55

Verfolgt man Gierkes weitaus differenziertere Beschreibung dieses Vorgangs im Genossenschaftsrecht Band I, dann ist diese Herleitung für die höheren, höfischen Dienste, nicht aber für die niederen, einfachen Dienste zutreffend. Die ständische Differenzierung unter den Lehensabhängigen führte sehr wohl dazu, daß die Mehrheit niedere Dienste in fast sklavischer Abhängigkeit verrichtete. Auch bei den wenigen, die die Oberklasse der Gefolgschaft bildeten, forderte das Treueversprechen, trotz gehobener sozialer Stellung [1] schärfste Unterordnung und striktesten Gehorsam [2]. Der Gefolgsmann hatte buchstäblich jeden Befehl seines Herrn zu erfüllen, alleine für ihn und seinen Ruhm zu kämpfen und war sogar körperlicher Züchtigung unterworfen. Angesichts dieser Tatsachen kommt Gierke in seinem früheren Werk nicht umhin festzustellen, daß "zweifellos im Gefolgsdienst an sich eine Minderung der vollen Freiheit des Volksgenossen lag", daß auch, wenn diese Dienste am glänzensten Königshof geleistet wurden, die alte Freiheit untergegangen sei [3]. Da die Unfreiheit aber in den realen sozialen Verhältnissen ein Emporsteigen bewirkte, habe es Grund genug gegeben, sie anzunehmen. Allerdings sei durch diesen herrschaftlichen Verband erstmals die Idee eines für Freie möglichen Herrschaftsdienstes entstanden; es lag Gierke jedoch zu diesem Zeitpunkt fern diese Idee auf die Regelung des Arbeitsverhältnisses anzuwenden [4]. Aus der Tatsache, daß in der Form des Treudienstes auch von ehemaligen Freien sozial hochstehende Dienste geleistet wurden, wird nun in der späteren Schrift über die Wurzeln des Dienstvertrags die bloße Behauptung, daß alleine durch die Anwendung dieser Rechtsform auf sozial niedere Dienste diese "geadelt und in die Sphäre der Freiheit" gehoben würden [5].

In der weiteren Entwicklung sei dann der Treudienstvertrag in "eine Art Schuldvertrag" übergegangen, wobei der personenrechtliche Inhalt

---

1 Gierke, Genossenschaftsrecht Bd. I, S. 99: "Das königliche Gefolge hob sich mit dem Königtum zugleich höher und höher, bis aus ihm zwar immer noch die dienenden, aber in Wahrheit durch das Mittel des Dienstes herrschenden Stände hervorgingen."

2 Gierke, Genossenschaftsrecht Bd. I, S. 96: "Gehorsam in härtester Gestalt".

3 Gierke, Genossenschaftsrecht Bd. I, S. 97-98

4 Gierke, Genossenschaftsrecht Bd. I, S. 99

5 Gierke, Wurzeln des Dienstvertrags, S. 68

- Die Rechtsstellung Herr - Diener und das verbindende Treueband - nicht abgestreift worden sei, sondern nur die personenrechtliche Über- und Unterordnung nicht mehr Grund, sondern Folge des Dienstverhältnisses geworden sei. "Hiermit war der deutschrechtliche Schuldvertrag geboren, geboren als ein eigenartiger Schuldvertrag mit gleichzeitig personenrechtlicher Wirkung."[1] Der älteste ausgeprägte Typus dieses Vertrages sei der Gesindevertrag [2]. Diesem Vertrag, den Gierke damit zum Prototyp des modernen Dienstvertrags erklärt, widmet er nicht nur breiten Raum bei der Erörterung der Wurzeln des Dienstvertrags, sondern auch im dritten Band des Privatrechts, wo er ihn besonders ausführlich behandelt. Im Vergleich dazu völlig unzulänglich, nämlich nur mit ein, zwei Sätzen wird dagegen der im Mittelalter in den Städten entstandene gewerbliche Arbeitsvertrag behandelt [3]. Hierzu stellt er nur lapidar fest, auch diese Verträge hätten sich aus dem Eintritt des Gesellen in die Hausgemeinschaft des Meisters entwickelt und seien damit aus dem personenrechtlichen Gemeinschaftsverhältnis entstanden. Schließlich hätten sich sogar "noch losere Verhältnisse" entwickelt, wie die Verträge der Tagelöhner, die keine Einordnung des Arbeiters in den personenrechtlichen Verband mehr mit sich brachten, für die allein noch wesentlich gewesen sei, daß die Vertragsparteien zueinander in das Verhältnis Herr und Diener traten [4].

---

1 Gierke, Wurzeln des Dienstvertrags, S. 44 (Hervorhebung bei Gierke).

2 Gierke, Wurzeln des Dienstvertrags, S. 44, 51, siehe auch: Gierke, Soziale Aufgabe, S. 39. "Unser Gesinderecht hat glücklicherweise trotz allen Ansturms der abstrakten Theorie diesen Gedanken (der familienrechtlichen Herkunft) bisher mit ziemlicher Energie bewahrt. Der Entwurf will diese schutzwürdige und schutzbedürftige Personenklasse lediglich seinen kahlen Sätzen über den Dienstvertrag unterwerfen."

3 Gierke, Wurzeln des Dienstvertrags, S. 45
Vgl. auch Gierke, Privatrecht Bd. III, S. 642 ff. zum Gesindevertrag und S. 595 zur Entstehung des gewerblichen Arbeitsvertrags.

4 Gierke, Wurzeln des Dienstvertrags, S. 48
Ähnlich, nur noch weniger deutlich, entwickelt er das Wesen des Dienstvertrags in Privatrecht, Bd. III, wo der Dienstvertrag, der grundsätzlich durch freie Vereinbarung zustandekommt nur noch "in irgendeinem Umfang ein persönliches Herrschaftsverhältnis" begründet, denn er verpflichte zu persönlicher Tätigkeit für Zweck

Die Einwirkung des Treudienstvertrags auf den heutigen Dienstvertrag faßt er schließlich zusammen: "Die Herkunft des Dienstvertrags aus dem Treudienstvertrag adelte die Lohnarbeit und erhob schließlich auch die unfreie Arbeit in die Sphäre der Freiheit ... das Vorbild des Treudienstverhältnisses hielt die Anschauung, daß die Arbeit untrennbarer Ausfluß der Persönlichkeit sei, auch für verdungene Arbeit lebendig und trieb dazu, den Dienstvertrag mit personenrechtlichem Gehalt zu erfüllen und so als eigenartigen Schuldvertrag über die rein vermögensrechtlichen Geschäfte emporzuheben."[1]

Neben dem Fehlen der Herleitung einer geschichtlichen Kontinuität wird die Gierkesche Hypothese nicht zuletzt auch dadurch fragwürdig, daß bereits 40 Jahre früher unter anderem Gegenstand der Diskussion im Verein für Sozialpolitik war, welche Unterschiede zwischen dem Arbeitsvertrag der Arbeiter der Großindustrie, der Hausindustrie, der Gesellen, der Lehrlinge und des Gesindes bestünden [2]. Für die Debattenredner (Knauer, Schmoller, Roscher) stand dabei außer Frage, daß zwischen diesen Arten von Verträgen tiefgehende Unterschiede bestünden. So betonte Schmoller, der Gesindevertrag sei gegenüber dem Arbeitsvertrag etwas "ganz Selbständiges", die "materielle Natur des Verhältnisses" sei eine "ganz andere". Anders als beim Facharbeiter, sei keine Verpflichtung zur genau fixierten Arbeit, sondern nur zu allgemein dienender Tätigkeit möglich [3]. Dies sei auch der Grund dafür, daß die Gesindeordnungen eine allgemeine Treuepflicht vorsähen, aus der dann die einzelnen geschuldeten Leistungen bestimmt würden [4]. Der Arbeitsvertrag des Fabrikarbeiters sei demgegenüber durch ausgebildete Arbeitsgliederung, kaufmännische Betriebsweise und die Bedeutung des Kapitals als Produktionsfaktor gekennzeichnet. Schmoller betonte, daß sich der Fabrikarbeitervertrag und der Dienstbotenvertrag auch in Zukunft nicht gleichstellen lassen und lehnte sogar die Anwendung von Dienstbotenordnungen auf Fabrikarbeiter und Gesellen ausdrücklich ab [5]. Angesichts dieser Debatten läßt sich die Tatsache, daß

.. und Bedürfnisse einer anderen Person. Das letztlich entscheidende Kennzeichen sei, daß dadurch "immer eine Beziehung Herr - Diener" entstehe. A.a.O., S. 660, 609

1 Gierke, Wurzeln des Dienstvertrags, S. 68

2 Schriften des Vereins, Bd. 7, 1874

3 Schmoller, in: Schriften des Vereins, Bd. 7, S. 88, 89

4 So ergänzend Roscher, Schriften des Vereins, Bd. 7, S. 25

5 Schmoller, in: Schriften des Vereins, Bd. 7, S. 89 mit Begründung, S. 90

Gierke dieses Problem in den Wurzeln des Dienstvertrags nicht anschneidet, noch nicht einmal mehr als Versehen betrachten.

Die kritische Würdigung der von Gierke behaupteten kontinuierlichen Entwicklung vom Treudienstvertrag über den Gesindevertrag zum modernen Arbeitsvertrag läßt die Widersprüche und Lücken dieser Hypothese ins Auge fallen. Bereits die Grundvoraussetzung für eine derartige Betrachtung, die erforderte, die Rechtsverhältnisse ökonomisch und sozial zumindest annähernd vergleichbarer Arbeitsverhältnisse zu untersuchen, ist nicht eingehalten. Im Gegenteil, die gewerblichen Arbeitsverhältnisse des Mittelalters, besonders der Handwerkerschaft werden in dieser bis heute als grundlegend anerkannten Schrift fast völlig vernachlässigt. Es bleibt ungeklärt, was denn der heutige Lohnarbeiter mit dem Beamten der fränkischen Zeit oder mit dem Hausmädchen einer herrschaftlichen Familie gemein hat. Der Anachronismus des Gesindevertrags, der das Hausgesinde im rechtlosen und elenden Zustand vegetieren ließ, ist gerade von Anton Menger zu Recht in seiner Kritik am ersten Entwurf des BGB angegriffen worden [1].

Genauso unverständlich bleibt zunächst die Tatsache, daß Gierke für diese Abhandlung besonders treffende soziologische Erkenntnisse [2] und Einsicht in das reale Wirtschaftsgefüge [3] bescheinigt wurden und daß sich auch im Verein für Sozialpolitik kein Widerspruch regte. Dies um so mehr, wenn man bedenkt, daß Gierkes Arbeiten über das Wesen des Dienstvertrags 1914 und 1917 erschienen, in einer Zeit also, als in Deutschland eine entwickelte Großindustrie existierte, die dem Vergleich mit den frühen fränkischen Treudienstverhältnissen in jeder Hinsicht spottete.

---

1 Anton Menger, Das bürgerliche Recht und die besitzlosen Klassen, 1890, S. 119, schreibt über den Anachronismus gerade des Gesindevertrags: "Keine Erscheinung in unserer bürgerlichen Gesellschaft nähert sich so sehr der Sklaverei und Leibeigenschaft als das Gesindeverhältnis."
Wegen dieser Kontroverse wird Menger in der 1974 erschienenen Dissertation von Jobs bescheinigt, er habe sich mit dieser Ansicht im Gegensatz zu Gierke den "Weg für eine wirklich fundierte rechtliche Durchdringung des Arbeitsverhältnisses versperrt." Jobs, Die Bedeutung Otto v. Gierkes, S. 39.
Dies ist nur ein Beispiel für den Einfluß Gierkes auf die zeitgenössischen Arbeitsrechtler.

2 Schultze, Otto v. Gierke als Dogmatiker, a.a.O., S. V

3 Sinzheimer, Otto v. Gierkes Bedeutung für das Arbeitsrecht, a.a.O., S. 3

Dennoch wurden Gierkes Thesen erst in den dreißiger Jahren durch den Rechtshistoriker Wilhelm Ebel ins Wanken gebracht. Ebel warf die Frage, in welchen geschichtlichen Erscheinungen die Wurzeln des heutigen Arbeitsvertrages zu suchen sind, noch einmal neu auf. Er untersuchte dazu insbesondere die Arbeitsverträge der Handwerksgesellen, der Bergarbeiter und der Seeleute als wichtigste Vertragstypen [1]. Anhand zeitgenössischer wirtschaftshistorischer Forschungen machte er überdies darauf aufmerksam, daß es auch in der fränkischen Zeit vertragliche Lohnarbeit von Freien und Unfreien außerhalb jedes Treudienstverhältnisses gegeben habe [2]. Entscheidend für diese Bestimmung war ihm alleine, ob die abhängigen Arbeiter nach Recht und Sitte imstande waren, "über ihre Arbeitskraft, wenn auch nur zeitweilig, selbständig zu verfügen."[3] Ein Kriterium, das im Gegensatz zu den Gierkeschen Kriterien einen konkreten Bezug zum heutigen Arbeitsverhältnis herstellt.
Ebel kommt zu dem Ergebnis, daß sich bis zum Ende des Mittelalters aus den einzelnen gewerblichen Sonderrechtsgebieten eine Art gemeinsames Arbeitsrecht herausgebildet habe. In diesen gewerblichen Arbeitsverträgen sei "freie Lohnarbeit" geleistet worden und zwar bedeutete hier Freiheit lediglich, daß die Beziehungen zwischen Arbeiter und Arbeitgeber dem beiderseitigen freien Willen entsprangen [4].

Dies sage nichts über die standesrechtliche Freiheit des Arbeiters; im Gegenteil, häufig hätten Unfreie erst in der Folge von Arbeitsverträgen auch die persönliche Freiheit erworben [5]. Mit der Untersuchung der gewerblichen Arbeitsverträge, insbesondere der Verträge der Handwerksgesellen in den Städten, widerlegt Ebel bereits 1934 Otto von Gierkes "romantisierende Auffassung vom Ursprung des Dienstvertrages". Er stellt den Arbeitsvertrag des Handwerksgesellen als eine Fortbildung des älteren Lehrvertrages, nicht aber des Ge-

---

1 Ebel, Gewerbliches Arbeitsvertragsrecht, S. 10

2 Ebel, Zum Ursprung des Arbeitsvertrags, a.a.O., S. 323 ff.

3 Ebel, Zum Ursprung des Arbeitsvertrags, a.a.O., S. 324

4 Ebel, Gewerbliches Arbeitsvertragsrecht, S. 109

5 Ebel, Gewerbliches Arbeitsvertragsrecht, S. 109

sindevertrages dar [1]. Auch der gewerbliche Handwerker des frühen Mittelalters schloß nach seinen Forschungen Lehrverträge ab. In klarer Abgrenzung zu Gierke stellt Ebel insbesondere fest: "Die Hauszugehörigkeit des Gesellen rechtfertigt nicht die Annahme, daß hier eine Fortbildung des Treudienstverhältnisses vorliege. Zum größten Teil ist sie durch die handwerkliche Arbeitsweise geboten und hat ihre weitere Wurzel in dem auch auf den Gesellen ausgedehnten Unterweisungsverhältnis. Wo eine Arbeit im Hause des Meisters nicht erforderlich oder nicht möglich war, wie bei den Baugewerben oder z.T. bei den Webern, hat eine Hausgemeinschaft auch nie bestanden."[2]

Fazit: Der Gesellenvertrag sei nicht personenrechtlicher, sondern schuldrechtlicher Natur. Der Meister wache über den Gesellen nicht aus eigenem Recht, sondern als Vertreter der Zunft [3].

Diese Auffassung wurde von Ebel später noch weitergehend korrigiert, als er auch den Bezug auf das mittelalterliche Gesellenverhältnis als fehlerhaft verwarf [4]. Zwar sei dieses Verhältnis ein schuldrechtliches Arbeitsverhältnis gewesen, man dürfe es jedoch nicht umstandslos als Vorbild neuzeitlichen Arbeitsverhältnisses betrachten. Das Gesellen-

---

1 Ebel, Gewerbliches Arbeitsvertragsrecht, S. 111 Anm. 1 mit der kritischen Bemerkung zu Gierke: "Die Bedeutung des Lehrvertrags als Wurzel des Gesellenvertrags würdigt Gierke nicht, er läßt ihn vielmehr zu Unrecht außer Betracht."

2 Ebel, a.a.O., S. 111 Anm. 2
"Übrigens nimmt Gierke zu Unrecht an, der Geselle sei später von der Hauszugehörigkeit unabhängig geworden. Sie hat entweder nie bestanden, oder sich bis in die Gegenwart erhalten."

3 Ebel, Zum Ursprung des Arbeitsvertrags, S. 331; so wie hier übrigens auch noch:
Gierke, Genossenschaftsrecht Bd. I, S. 402 ff., wo er Lehrlinge und Gesellen als passive, mittelbare Zunftgenossen beschreibt, die in letzter Instanz nicht der Hausgewalt des Meisters, sondern alleine der Zunft unterworfen sind.
Mit der Zeit habe sich ein klarer Standesgegensatz herausgebildet, der zur Bildung eigener Gesellenorganisationen führte, die ihre sozialen Angelegenheiten regelten und schon in frühester Zeit planmäßig Koalitionen und Arbeitseinstellungen herbeiführten.
Gierke, a.a.O., S. 405

4 Ebel, Quellen zur Geschichte des deutschen Arbeitsrechts, 1958, S. 12 f.

verhältnis sei nämlich wesentlich davon geprägt gewesen, daß der Geselle selber ja irgendwann einmal Meister werden wollte, sich also nur in einem Durchgangsstadium befand.
Für das heutige Arbeitsrecht und seine wesentlichen Regelungsgebiete seien vielmehr alleine die Verhältnisse Vorbilder, in denen die abhängige, im Dienstvertrag geleistete Arbeit, grundsätzlich eine lebenslängliche blieb "wo also die Existenz von Familien von der Gestaltung des Lohnarbeitsverhältnisses abhing." Dies sei aber erst mit der Existenz von zunftfreien Großbetrieben erreicht worden, in denen auch der Arbeitgeber nicht mehr gelernter Meister und Zunftangehöriger, sondern nur noch Kaufmann, Händler mit fremder Arbeitskraft war [1].

Solche Unternehmen hätten sich sehr früh im Baugewerbe, in der Textil- und der Metallindustrie und im Bergbau herausgebildet, der wegen seiner Gefahren die soziale Problematik des Arbeitsverhältnisses besonders deutlich sichtbar werden ließ [2]. In allen diesen Gewerben ließen sich durchgängig Lohnkämpfe nachweisen, die Einrichtung sozialer Unterstützungskassen auf genossenschaftlicher Basis, Akkord- und Zeitlohnverträge, alles Erscheinungen, die mit der Herkunft aus dem personenrechtlichen Gemeinschaftsverhältnis so gut wie nicht erklärt werden können und unter keinem Blickwinkel - weder rechtshistorisch noch soziologisch - irgendetwas mit dem alten deutschen Treudienstvertrag gemein haben [3].

Obwohl Ebel seine Ergebnisse schlüssig begründen konnte, hatten seine Arbeiten keine Konsequenzen für die Arbeitsrechtswissenschaft [4].

---

1 Ebel, Quellen zur Geschichte des deutschen Arbeitsrechts, 1958, S. 15

2 Ebel, Quellen ..., a.a.O., S. 14, 15 m.w.N. S. 18. Ebel verweist auf Beispiele beim Kathedralenbau, auf die Krefelder Seidenfabrik von der Leyen, die schon 1768 3000 Beschäftigte hatte und die Druckerei Anton Koberger in Nürnberg mit 149 'Gesellen' Ende des 15. Jhd. In Plauen gab es im 18. Jhd. eine Karton-Druckerei mit 1158 Personen und die Calwer Zeugmanufaktur hatte im Jahre 1784 rd. 9000 Beschäftigte.

3 Vgl. dazu, daß diese Auffassung den faktischen Gegebenheiten diametral entgegensteht, neuerdings auch Schwerdtner, a.a.O., S. 40 f., 49 f.

4 Eine Ausnahme findet sich bei Ogris, Geschichte des Arbeitsrechts, a.a.O., S. 286 f., der im wesentlichen der Forschung Ebels folgt.

Dies mag noch verständlich sein, für die nationalsozialistische Zeit, in der solche Forschung vielleicht unerwünscht war. Dazu kommt, daß Ebel seine von der parteioffiziellen Arbeitsrechtswissenschaft [1] abweichende Meinung so weit als möglich doch noch in die herrschende Lehre und Terminologie zu integrieren sucht. Trotzdem scheint mir die Tatsache, daß seine Arbeit gerade in der nationalsozialistischen Zeit entstanden ist, kein Zufall zu sein. Die im Gesetz zur Ordnung der nationalen Arbeit (AOG) kodifizierte Treuepflicht [2] machte die mühsame Konstruktion eines personenrechtlichen Gemeinschaftsverhältnisses in gewisser Weise obsolet. Typischerweise sah auch Ebel, der zu dieser Zeit die Treuepflicht keineswegs im Kern angreifen wollte, diese direkt in der Arbeits- und Volksgemeinschaft begründet [3].
Unverständlich wird aber, warum die Lehre von dem personenrechtlichen Gemeinschaftsverhältnis und der darin herrschenden Treuepflicht bis heute im Arbeitsrecht einen starken Einfluß behalten hat [4].

---

1 Vgl. Ebel, Zum Ursprung des Arbeitsvertrags, S. 319, 320 Anm. 2

2 § 2 II AOG vom 20.1.1934, RGBl I, S. 45.
"Er (der Führer des Betriebes) hat für das Wohl der Gefolgschaft zu sorgen. Diese hat ihm die in der Betriebsgemeinschaft begründete Treue zu halten."

3 Ebel, Zum Ursprung des Arbeitsvertrags, S. 336

4 Sie wurde übernommen, allerdings mit jeweils unterschiedlicher Betonung des personenrechtlichen Elements, von Hueck/Nipperdey, Lehrbuch des Arbeitsrechts, Bd. I, 2. Aufl., 1928, S. 87; Oertmann, Deutsches Arbeitsvertragsrecht, 1923, S. 14, 20 f.; Sinzheimer, Grundlagen des Arbeitsrechts, 1927, S. 18; Molitor, Das Wesen des Arbeitsvertrags, 1925, S. 14
Das Reichsgericht übernahm seit dem Urteil vom 6.2. 1923 die Lehre von der Betriebsgemeinschaft, RGZ 106, 277; weitere Rechtsprechungsnachweise bei Jobs, a.a.O., S. 86.
Nach dem Zweiten Weltkrieg mit insoweit unveränderter Rechtsauffassung: Hueck/Nipperdey, Lehrbuch des Arbeitsrechts, Bd. I, 7. Aufl., 1963, S. 163; Nikisch, Arbeitsrecht, 2. Aufl., 1955, S. 162, 168; Denecke im RGR-Kommentar, 10. Aufl., 1951, Vorb. I vor § 611; Molitor, Privatrecht und öffentliches Recht im Arbeitsrecht, RdA 51, 255

Kaum war die nationalsozialistische Herrschaft zu Ende, stellte sich der führende Arbeitsrechtswissenschaftler Alfred Hueck die Aufgabe, den "Treuegedanken" erneut richtig abzugrenzen [1] und darauf hinzuwirken, daß die Treuepflicht für das Arbeitsverhältnis auch nach der zu erwartenden Abschaffung des AOG eine "maßgebende Rolle spielen werde." Es handle sich, unabhängig von der nationalsozialistischen Gesetzgebung, bei dem Arbeitsverhältnis um ein personenrechtliches Gemeinschaftsverhältnis alter deutschrechtlicher Tradition, dies sei in der Literatur und Judikatur auch schon vorher anerkannt gewesen. Es könne deshalb keinem Zweifel unterliegen, daß die Treuepflicht auch in Zukunft für das Arbeitsverhältnis eine maßgebende Rolle spielen werde [2].

Bevor diesem Phänomen weiter nachgegangen wird, soll jedoch zunächst abschließend das Verhältnis von individualistischem Privatrecht und sozialrechtlicher Gemeinschaft bei Gierke abgeklärt werden und damit der Standort bestimmt werden, den das Gemeinschaftsrecht nach seiner Auffassung im Gefüge des Privatrechts erhalten sollte.

---

1 Hueck, Der Treuegedanke im modernen Privatrecht, S. 6, 7, published 1947 under military government informations control licence.

2 Hueck, Der Treuegedanke ..., a.a.O., S. 13, Anm. 33 - 35. Besonders auffallend ist, daß, obwohl Ebel einleitend als Kritiker des Treuebegriffs zitiert wird (a.a.O., Anm. 4), an dieser Stelle jeder Hinweis auf die Arbeiten Ebels fehlt.
Wie Hueck auch Jobs, a.a.O., S. 85.
"Zwar wurden nach 1945 einzelne Stimmen laut, die sich gegen das Wesen des Arbeitsverhältnisses als personenrechtliches Gemeinschaftsverhältnis wandten, weil sie es für nationalsozialistisches Gedankengut hielten. Die herrschende Meinung erkannte jedoch, daß es sich hier nicht um nationalsozialistisches Ideengut handelte, sondern daß das Wesen des Arbeitsvertrags als personenrechtliches Gemeinschaftsverhältnis historisch aus dem deutschrechtlichen Treudienstvertrag gewachsen unserem geltenden Recht immanent sei."

6. Verhältnis Privatrecht und Sozialrecht

Erst die Entwicklung des Gemeinschaftsrechts ermöglichte es Gierke, einen neuen, umfassenden Begriff von Sozialrecht zu bilden, der unabhängig vom genossenschaftlichen Gedanken steht. Auch hier wird die Unterscheidung zwischen Genossenschaft und Gemeinschaft im Gierkeschen Werk oft übersehen, so etwa, wenn Isele ausführt, Gierke sei aufgrund seiner genossenschaftlichen Untersuchungen zu der Erkenntnis gekommen, das Recht in Individualrecht und Sozialrecht zu scheiden [1].

Im ersten und zweiten Band des Genossenschaftsrechts wird der Begriff Sozialrecht jedoch noch nicht verwendet [2]. Wenn Gierke in der Folgezeit von Sozialrecht spricht, so meint er damit zunächst ein genossenschaftliches Sozialrecht, das ausschließlich für die Rechtsbeziehungen innerhalb der körperschaftlichen Gebilde und Verbände und für deren Verhältnis zum Staat gilt [3]. Diese Einschränkung auf einen engeren Bedeutungsgehalt mag noch aus dem genossenschaftlichen Denken entspringen, nicht aber die Erweiterung, die dieser Begriff nach und nach bei Gierke erfährt, sobald er das Sozialrecht auf das gesamte Privatrecht einwirken lassen will. Dieser erweiterte Begriff deutet sich an in den kritischen Schriften zum Privatrecht [4] und in der Schrift über

---

1 Isele, Die Bedeutung Otto v. Gierkes, S. 289; auch Jobs, a.a.O., S. 29: "Ausgehend von einem solchen, aus genossenschaftlichen Ideen entwickelten Sozialrecht ..." Erstmals taucht diese Wendung auf bei Planitz, a.a.O., S. 115: "Gierkes genossenschaftliche Untersuchungen haben ihn endlich zu einer grundlegenden neuen Scheidung des gesamten Rechtsstoffs geführt: in Individualrecht und Sozialrecht"; dies obwohl Planitz ansonsten noch relativ deutlich zwischen den Schaffensperioden Gierkes vor und nach 1887 unterscheidet.

2 Für Gierke ist zwar alles germanische Recht soziales Recht; insoweit sind diese Begriffe für ihn deckungsgleich (Janssen, a.a.O., S. 66, 67) und werden immer gebraucht. Damit ist aber keineswegs der Bedeutungsgehalt umrissen, den Gierke später dem Begriff 'Sozialrecht' beilegt.

3 So etwa in: "Genossenschaftstheorie und die deutsche Rechtsprechung" 1887, S. 155 f. und auch in: "Das Wesen der menschlichen Verbände", 1902, S. 26 f.

4 Etwa in: Soziale Aufgabe, S. 32, "Mit dem Eintritt in ein geschäftliches Unternehmen beginnt das gewerbliche Sozialrecht gebieterisch zu walten."; oder im "Entwurf", S. 88, wo er von einem Vorschreiten vom Individualrecht zum Sozialrecht spricht.

Personengemeinschaften und Vermögensinbegriffe, wo Gierke von einem "privatrechtlichen Sozialrecht" spricht und darlegt: "Das deutsche Gemeinschaftsrecht pflanzt in die Individualrechte die Keime des Sozialrechts."[1] Systematisch entwickelt wird dieser weitere Sozialrechtsbegriff erst erstaunlich spät [2], nämlich im ersten Band des Privatrechts: Die Aufspaltung von Individual- und Sozialrecht sei im Wesen des Menschen selbst angelegt. "Denn der Mensch ist zugleich als Individuum eine sich selbst zugekehrte Einheit und als Gesellschaftswesen Teil eines vielgliedrigen Ganzen."[3] Individualrecht sei das Recht insoweit, als es einzelne Menschen, aber auch Verbände, die selbständige Einheiten bildeten, im Verhältnis der Nebenordnung zueinander in Beziehung setzte. Sozialrecht sei demgegenüber das Recht insoweit, als es die menschlichen Willensträger als Gesellschaftswesen einordne, im Sinne von Über- und Unterordnen. Es behandele die einzelnen Menschen als Glieder von höherem Ganzen und gehe von der Verbundenheit der Subjekte aus. Öffentliches Recht schließlich sei das Staatsrecht, das die Individuen als Staatsglieder und das Sozialrecht da erfasse, wo es wegen der Beschaffenheit der von ihm geordneten Gemeinschaft als öffentlich anerkannt ist [4]. Das Sozialrecht durchschneide so das Privatrecht und das öffentliche Recht in der Mitte. Erst der Sozialrechtsbegriff, der direkt aus dem Personenbegriff und der personenrechtlichen Gemeinschaft hergeleitet wird, erlaubt die Einwirkung nicht nur auf das Körperschafts- oder Familienrecht, sondern auf das gesamte Gebiet des Privatrechts nunmehr zu begründen: "Durch die personenrechtliche Verbundenheit werden nun die Rechtsinstitute des Sachenrechts und des Obligationenrechts im Sinne der Annäherung des Individual- an das Sozialrecht umgebildet."[5]

---

1 Gierke, Personengemeinschaften und Vermögensinbegriffe, 1889, S. 4, 54 (Hervorhebung durch d. Verf.).

2 Schmid, Sozialrecht, a.a.O., S. 62 f.

3 Gierke, Privatrecht Bd. I, 1895, S. 26

4 Gierke, Privatrecht Bd. I, S. 27

5 Gierke, Privatrecht, Bd. I, S. 702. Diese Weiterentwicklung wird oft übersehen von Autoren, die bei Gierke eine einheitliche, ungebrochene, soziale Wertvorstellung sehen. So werden z.B. Zitate aus Schriften, die das 'enge' und das 'weite' Sozialrecht betreffen, einfach nebeneinandergestellt. Etwa bei Schultze, a.a.O., S. IV; bei Gurwitsch, a.a.O., S. 120 f., der alles aus der Genossenschaftstheorie entwickeln will; ebenso bei Mundt, S. 21 f.

So schlüssig diese Herleitung zunächst aus den philosophischen Grundpositionen Gierkes erscheint, so unzureichend ist sie, insbesondere wenn man die Stellung betrachtet, die er dem öffentlichen Recht zuweist. Darüber hinaus wird der willkürliche Wandel seiner Auffassung deutlich, wenn man diese Stelle, mit der in einer früheren Schrift vergleicht, wo er von der gleichen Grundposition her eine einfache Zweiteilung in privates Recht und in öffentliches Recht vorgenommen hat. In den 1874 erschienenen Grundbegriffen des Staatsrechts ergibt sich für ihn die Aufspaltung in öffentliches und privates Recht eben noch daraus, daß der menschliche Wille als Individual- und Gemeinwille auftritt, wobei das "Privatrecht die individuelle Willensfreiheit begrenzt, das öffentliche Recht das gemeinheitliche Willensgebiet ordnet."[1]

Der Mensch trage die Doppeleigenschaft in sich, zugleich Individuum und Glied des Gattungsverbands zu sein, dementsprechend betrachteten öffentliches und privates Recht die Person jeweils von einer der entgegengesetzten Seiten ihres Wesens aus [2]. Grundlage des Privatrechts seien daher Freiheit und Befugnis, Grundlage des öffentlichen Rechts Notwendigkeit und Pflicht. Dabei umfasse das öffentliche Recht sowohl Gemeinschaften, Körperschaften als auch das Staatsrecht, seine Grenzen zum Privatrecht seien fließend [3].

Dieses von ihm entwickelte duale System von öffentlichem und privatem Recht kennzeichnet er nun, 1895, unbefangen als Ausfluß der römischen Rechtsauffassung [4]. Erst vor dem Hintergrund des gewandelten Ge-

---

1 Gierke, Grundbegriffe des Staatsrechts, S. 108

2 Gierke, Grundbegriffe des Staatsrechts, S. 109

3 Gierke, Grundbegriffe des Staatsrechts, S. 111

4 Gierke, Privatrecht Bd. I, S. 27
Ein weiteres Beispiel für den recht beliebigen Umgang mit der Bezeichnung "deutschrechtlich" oder "römischrechtlich".
Auch diese Entwicklung übersehen Gurwitsch, a.a.O., S. 120 f. und Mundt, a.a.O., S. 22, genauso wie Lewis, a.a.O., S. 71 f., der meint, Gierke habe sich in den "Grundbegriffen" nur weniger philosophisch und mehr juristisch ausgedrückt und der Begriff des öffentlichen Rechts habe auch dort schon eine weitere Bedeutung (S. 71, 72). Da er sich nicht mit den entsprechenden Ausführungen im 1. Band des Privatrechts auseinandersetzt, kann er diese Auffassung jedoch nicht belegen.

sellschafts- und Staatsverständnisses wird auch diese Entwicklung erklärbar. Böckenförde weist in seinen verfassungsgeschichtlichen Forschungen darauf hin, daß für den frühen Gierke Staat und Gesellschaft noch in eins fielen und daß er im Genossenschaftsrecht daher nicht in der Lage war, die im bürgerlichen Staat sich auftuende Kluft zwischen Staat und Gesellschaft zu bewältigen [1]. Dem entspricht die Gleichsetzung von Gemeinschaftsrecht und öffentlichem Recht. Erst im späteren Stadium, etwa beginnend mit den kritischen Schriften zum BGB, wird Gierke dieser Gegensatz offenbar bewußt, und er weist dem Sozialrecht die Regelung der wesentlichen gesellschaftlichen Beziehungen zu, die er durch das öffentliche Recht nicht mehr erfaßt sieht.

Gierke hat zwar als Jurist erstmals den Begriff des Sozialrechts entwickelt und dem Sozialrecht den Standort im System von öffentlichem und privatem Recht zugewiesen, doch bemerkenswert in diesem Zusammenhang ist, daß diese Idee zwei Jahre vor Erscheinen des ersten Bandes des Privatrechts durch den Nationalökonomen Adolph Wagner, ebenfalls Mitglied des Vereins für Sozialpolitik, bereits präzise vorgezeichnet wurde [2].

Wagner beklagt, daß im Privatrecht die Probleme des wirtschaftlichen Gemeinschaftslebens noch nicht gelöst seien. "Die leidige, viel zu weit getriebene Trennung des öffentlichen und des Privatrechts in unserer Rechtswissenschaft" sei wohl vornehmlich daran schuld, daß das Problem in der Rechtsphilosophie noch nicht einmal richtig und

---

1 Böckenförde, Verfassungsgeschichtliche Forschung, S. 152 f. Das gilt auch noch, wie die obigen Zitate zeigen, für die Schrift Grundbegriffe des Staatsrechts.

2 A. Wagner, Grundlagen der politischen Ökonomie, 3. Aufl. 1894. Der 2. Teil dieses Werkes: Volkswirtschaft und Recht, erschien erstmals mit der 3. Auflage als eigener Band von 564 Seiten. Obwohl Gierke Wagner nicht zitiert, ist belegt, daß beide nicht nur privat befreundet waren (Planitz, a.a.O., S. 110) und im Verein für Sozialpolitik tätig waren, sondern gerade in dieser Zeit im Aktionskomitee des Evangelisch-sozialen Kongresses zusammen wirkten (Göhre, a.a.O., S. 140; Lindenlaub, a.a.O., S. 158).

scharf formuliert worden sei [1]. Erst die Diskussion um das BGB habe den Anstoß sowohl für die Rechtswissenschaft (hier Verweis auf Gierke und Menger) als auch für die Nationalökonomie gebracht, die Sache erneut zu untersuchen. Die abstrakte, individualistische Auffassung vom Menschen habe gerade volkswirtschaftlich betrachtet entscheidende Mängel:

1. Die Auffassung von der Natur des Menschen sei zu eng und historisch irreal alleine auf das egoistische Leitmotiv beschränkt,
2. die volle Identität des privaten und volkswirtschaftlichen, des individualistischen und gesellschaftlichen Interesses habe sich bisher nicht beweisen lassen, etwa beim Problem der Konkurrenz,
3. das soziale Pflichtenmoment sei bisher unterschlagen worden,
4. die Konstruktion der persönlichen Freiheit sei überhaupt nicht auf ihre volkswirtschaftliche Wirkung geprüft [2].

Die Folge sei, daß grenzenlose Freiheitsrechte gefordert wurden und jeder notwendigen Maßnahme der Gemeinschaft hemmend entgegenständen, wie dem Schulzwang, dem Militärzwang, dem Versicherungszwang, etc. Von der volkswirtschaftlichen Seite her gesehen sei daher das Recht einer Überprüfung auf Zweckmäßigkeit und Reformbedürftigkeit zu unterziehen. Gegenwärtig ständen sich wieder zwei Prinzipien von welthistorischer Bedeutung, das Individual- und das Gemeinschaftsprinzip, der Individualismus dem Sozialismus gegenüber [3]. "Beide Prinzipien sind tief in der Natur des Menschen begründet. Auch das zweite ... folgt für den einzelnen ohne weiteres aus seiner angeborenen sozialen Natur, aus dem Umstand, daß er in und für die

---

1 Wagner, a.a.O., S. 12. Nicht zu Unrecht fordert Wagner, die Rechtsphilosophie müsse mit der Nationalökonomie Fühlung gewinnen, um zu gedeihen und umgekehrt. Zwar könne sich die idealistische Rechtsphilosophie mit ihrem abstrakten Freiheitsbegriff bisher auf die Nationalökonomie berufen, die ebenfalls vom abstrakten Individualismus ausgehe. Dies habe sich aber geändert und der Fortschritt der nationalökonomischen Theorie bedinge an sich schon entsprechende Veränderungen auch der rechtsphilosophischen Auffassungen und Begründungen, a.a.O., S. 11

2 Zum ganzen Wagner, a.a.O., S. 33-35

3 Wagner, a.a.O., S. 41

Gemeinschaft, die Gesellschaft, für 'andere' mitgeboren wird." Nachdem sich gezeigt habe, daß die ungehemmte Entfaltung des einzelnen, sowohl was die Entwicklung der Konkurrenz anbetrifft, schädliche Folgen gezeigt habe als auch, daß sich die Erwartung auf "möglichste Steigerung der Produktion in qualitativer und quantitativer Hinsicht und die möglichste Verwohlfeilerung der Produktionskosten" nicht erfüllt habe [1], sei gegenwärtig der Kompromiß zwischen diesen beiden Rechtsprinzipien möglich und notwendig [2]. Keines dürfe dabei vollständig allein auf Kosten des anderen zur Geltung kommen.

Wagner betont so insbesondere die ökonomische Notwendigkeit dieser Entwicklung und markiert damit den realen Hintergrund, auf dem das Prinzip des Sozialrechts praktische Geltung erlangen konnte.

Was nun das Verhältnis des Sozialrechts zum Privatrecht bei Gierke im einzelnen angeht, so soll das Sozialrecht in mehrfacher Weise, sozusagen auf verschiedenen Ebenen, auf das Privatrecht einwirken: Zum einen wird dadurch die privatrechtliche Freiheit sittlich gebundene Freiheit, "wie sie mit dem Wollen des Ganzen bestehen kann."[2]

Weiterhin pflanzt es in das Privatrecht den Gedanken der organischen Gemeinschaft, um ihn im Familien-, Gesellschafts- und Genossenschaftsrecht zu verwirklichen. Zum dritten entwickelt es Rechtssätze zur Ergänzung und Berichtigung des Individualrechts und schließlich existieren noch die mit staatlichen Zwangsmitteln ausgestalteten Sozialrechtsgebilde [4]. "Das moderne Privatrecht durchweht so ein ständig anschwellender sozialer Hauch."
Diese Passagen machen deutlich, daß es Gierke um ein umfassendes System geht, das in wechselseitiger Abhängigkeit zum gesamten Privatrecht steht und niemals in sich abgeschlossen ist.

Auch was seine weiteren Arbeiten zum Privatrecht angeht, wird offensichtlich, daß Gierke sein Sozialrecht nicht als eigenes System fassen will und auch eine schematische Einteilung Privatrecht, Sozialrecht, öffentliches Recht nicht so vornehmen will. Auch in der späten Abhandlung über die Zukunft des Tarifvertragsrechts spricht sich Gierke eigentlich gegen ein besonderes Tarifgesetz, wie es Sinzheimer vor-

---

1 Wagner, a.a.O., S. 91

2 Wagner, a.a.O., S. 41

3 Gierke, Privatrecht Bd. I, S. 30

4 Gierke, Privatrecht Bd. I, S. 27

schlägt, aus und stimmt Boos zu, der die gesetzliche Fassung für überflüssig hält und das Tarifrecht im Privatrecht über den "Gesamtarbeitsvertrag" geregelt sieht, wobei er das Privatrecht als zugleich auch Sozialrecht interpretiert [1]. "Das Sozialrecht pflanzt er [Boos] im Gegensatz zu Sinzheimer mitten in das Privatrecht hinein und verflicht es mit dem privatrechtlichen Individualrecht, baut daher auch das neue Arbeitsrecht als Teil des Privatrechts ohne staatssozialistische Zutaten auf. Ich habe diesen Grundgedanken schon gewürdigt und ihm wesentlich meine Zustimmung ausgesprochen."[2] Es sei auch nochmals auf die Ausführungen Gierkes in "Recht und Sittlichkeit" verwiesen, so er angesichts des Kriegsrechts von der "stets wachsenden Verschlingung von Individualrecht durch Sozialrecht" spricht und für die Zukunft darauf hinweist, daß die engere Verflechtung von Individualrecht und Sozialrecht nicht einfach rückgängig gemacht werden könne, daß aber der Schutz der Einzelpersönlichkeit gewahrt bleiben müsse [3].

Schultze weist meiner Meinung nach aus dem Blickwinkel des privatrechtlichen Dogmatikers zu Recht darauf hin, daß eine systematisch durchgeführte Trennung in Privatrecht und Sozialrecht nicht möglich gewesen wäre und sich insgesamt hemmend ausgewirkt hätte [4]. Zum gleichen Ergebnis kommt Beyerle, der feststellt, daß eine besondere Abschichtung des Sozialrechts von Gierke nicht intendiert war, da zahlreiche, dem Sozialrecht zuzuweisende Rechtsinstitute auch individualrechtliche Seiten hätten [5]. Demgegenüber vertritt Janssen, daß der Aufbau, den Gierke in seiner Schrift über die soziale Aufgabe des Privatrechts gewählt habe, daraufhin deute, daß er ein völlig neues, vom Aufbau des BGB grundlegend abweichendes Sozialrechtssystem habe schaffen wollen [6]. Der Aufbau, den Gierke in dieser Programmschrift

1 Gierke, Zukunft des Tarifvertragsrechts, S. 828

2 Gierke, Zukunft des Tarifvertragsrechts, S. 840

3 Gierke, Recht und Sittlichkeit, S. 260

4 Schultze, Otto v. Gierke als Dogmatiker, a.a.O., S. VI. "Man denke nur z.B. an den Arbeitsvertrag, der im individualrechtlichen Vertragsrecht wurzelt, aber darüber hinaus 'Organisation der Arbeit durch Einfügen in ein herrschaftlich geleitetes Ganzes bedeutet.'"

5 Beyerle, Gierke, a.a.O., Sp. 793

6 Janssen, a.a.O., S. 159

gewählt hat, ist zwar unter der Schwerpunktsetzung auf die sozialrechtliche Problematik gewählt, steht aber auch von vornherein bewußt in keinem Verhältnis zur Privatrechtsdogmatik. Schon im "Entwurf" übernimmt er diesen Aufbau nicht mehr. Nach alledem, was Gierke zur Anerkennung des Individuums und zur Notwendigkeit des Privatrechts immer wieder betont hat [1], meine ich, daß er das Sozialrecht niemals als isoliertes und abgeschlossenes System gedacht hat und auch keine Dreiteilung vornehmen wollte. Insoweit halte ich es auch für ein Mißverständnis, wenn Isele folgende Bilanz zieht: "Soweit jedoch ursprünglich das "Sozialrecht" geeignet schien, neben dem öffentlichen Recht und Privatrecht als "dritte Kraft" zu wirken, blieb es auf die Dauer ohne Erfolg. Es konnte für das Arbeitsvertragsrecht nichts beitragen zur Lösung derjenigen Probleme, bei denen sich privatrechtliche und öffentlichrechtliche Elemente in Gemengelage vereinigt finden ... Es führte auch nicht zu einer Neugliederung der rechtswissenschaftlichen Systembildung, etwa im Sinne einer überzeugenden Dreigliederung der Gesamtrechtsordnung ..."[2] Etwas derartiges hatte Gierke nicht intendiert, deshalb kann sich der "Erfolg" seiner Idee nicht daran messen lassen.

Auch für das Arbeitsverhältnis ist Gierkes Auffassung insoweit eindeutig. Die Existenz des privatrechtlichen Vertrags zieht er nicht in Zweifel. Das ergibt sich einmal da, wo er den Treudienstvertrag in einen verschwommenen "deutschrechtlichen Schuldvertrag" übergehen läßt [3], in dem das persönliche Abhängigkeitsverhältnis nicht mehr wie in feudaler Zeit Grund des Rechtsverhältnisses, sondern nur noch Folge des nach den Regeln des Privatrechts geschlossenen Vertrages sein soll, und dann im dritten Band des Privatrechts, wo die privatrechtliche Vereinbarung als Entstehungsgrund des Dienstvertrages unange-

---

1 Vgl. z.B. Gierke, Soziale Aufgabe, S. 11, 12.
"In diesem Zusammenhange erscheint die Frage nach dem Verhältnis zwischen öffentlichem Recht und Privatrecht als eine Lebensfrage der Gegenwart. Der scharfe, grundsätzliche Gegensatz ist für uns unantastbar. Wir können ihn nicht austilgen, ohne die Errungenschaften selbst, die wir schützen wollen, preis zu geben."

2 Isele, Das Arbeitsverhältnis in der Zivilrechtsordnung, Juristenjahrbuch, a.a.O., S. 74

3 Gierke, Wurzeln des Dienstvertrags, S. 44

tastet bleibt [1]. So ist es denn nicht verwunderlich, wenn bis heute, trotz der weitgehenden Anerkennung des Sozialrechtsverhältnisses im Arbeitsrecht in den Privatrechtslehrbüchern das freie Vertragsverhältnis noch immer als wesentliches Strukturelement auch des Arbeitsrechts betont wird. Flume meint dazu, die Einschränkung des Bereichs der Privatautonomie sollte aber auch nicht überschätzt werden. Selbst im Arbeitsrecht sei für den Abschluß und - wenn auch in geringerem Maß - für die Kündigung des Arbeitsvertrages die Privatautonomie maßgebend. Trotz der Geltung von Tariflöhnen spiele die individuelle Lohnvereinbarung in der Praxis eine entscheidende Rolle [2]. Auch wenn heute die Masse der arbeitsrechtlichen Regelungen aus dem BGB ausgeschieden ist und erst recht die Rechtsprechung in eine weitverzweigte Kasuistik mündet, so liegt der Ausgangspunkt des Dienstvertragsrechts wohl nach wie vor im bürgerlichen Gesetzbuch und wird auch dort bleiben [3].

Betrachtet man Gierkes Lehrbuch zum Privatrecht, dann kommt man eher zu dem Schluß, daß das Sozialrecht einen Orientierungspunkt im Koordinatensystem öffentliches Recht - privates Recht bilden soll, der wie oben ausgeführt, in mehrfacher Hinsicht Gestaltungsmöglichkeiten eröffnet und den Weg zu einer vielfältigen und dabei von der privatrechtlichen Betätigung dominierten sozialen Gestaltung freigibt. Ganz in diesem Sinne übrigens auch Wagner, der betont, daß die Grenzen zwischen Privat- und Sozialrecht immer fließend sein werden, daß immer neue Aufgaben, neues technisches Können, neue Bedürfnisse, neue Anschauungen zu einer neuen Regelung des Verhältnisses Individuum und Gemeinschaft nötigen [4]. Die Grenzziehung soll letztlich der Staat nach den aktuellen Bedürfnissen festlegen können [5], was zweifellos das Gebiet des Privatrechts der sozialpolitischen Gestaltung

---

1 Insofern kann sich auch Siebert, Faktische Vertragsverhältnisse, S. 82 nicht auf Gierke berufen, wenn er sagt, Gierke habe das personenrechtliche Rechtsverhältnis in einen scharfen Gegensatz zum Schuldverhältnis gestellt.

2 Flume, a.a.O., S. 16, dazu gehören etwa die sehr individuell geregelten übertariflichen Leistungen. So auch Zöllner, Privatautonomie und Arbeitsverhältnis, a.a.O., S. 222 f., besonders im Hinblick auf Lohnbildung und Arbeitsbedingungen.

3 Isele, Juristenjahrbuch, a.a.O., S. 69 f.

4 Wagner, Grundlagen der politischen Ökonomie, S. 43

5 Gierke, Privatrecht Bd. I, S. 27

öffnet [1]. Dennoch ist die wesentliche Funktion dieses Sozialrechts paradoxerweise, den Weg zu einer einheitlichen sozialen Rechtsgestaltung zu verstellen, einer Entwicklung, die Gierke wohl als Sozialismus abgelehnt haben würde [2]. Das von Gierke entwickelte Sozialrecht bietet damit zwar die Möglichkeit für neue rechtliche Gestaltung, hat aber auf der anderen Seite die Funktion, diese letztlich der privatrechtlichen, kapitalbestimmten Betätigung unterzuordnen und damit eine tiefgreifende einheitliche soziale Umgestaltung zu verhindern und zu zersplittern. Die soziale Regel soll erst eingreifen, wenn durch den Vertrag die Grundlage dafür geschaffen ist. Sie setzt alleine die gleichen Bedingungen für die Ausübung des Vertragsrechts. Darüber hinaus trägt unter den bestehenden Verwertungsverhältnissen jede neue sozialrechtliche Ausgestaltung des alten Austauschverhältnisses den Zwang zu ihrer Umgehung und Aufhebung in sich, was seine extremste Form dann annimmt, wenn ein Betrieb, um konkurrenzfähig zu bleiben, die Arbeitsplätze im bestehenden Rechtskreis auflöst und dafür am anderen Ende der Welt Arbeiter zu Hungerlohn, ohne jede soziale Absicherung, ohne Streikrecht, ohne Kündigungsschutz einstellt.

---

1 Mundt, a.a.O., S. 26 f.

2 Vgl. Gierke, Privatrecht Bd. I, S. 26 und Soziale Aufgabe, S. 12: "... die Verstaatlichung des Privatrechts im Sinne des Sozialismus bedeutet die Unfreiheit und die Barbarei."

Kapitel V
ZUSAMMENFASSUNG UND KONSEQUENZEN

Angesichts des Gesamtwerks von Gierke wurde oft die Frage gestellt, ob sich hier nicht verschiedene Grundkonzeptionen, anachronistische Bilder und reale soziale Einsicht einander hemmend gegenüber gestanden haben. Dies wird kritisch bei Wieacker angesprochen, wenn er sagt: "In Gierkes leiblich und seelisch altertümlich mächtiger Gestalt werden zukunftsreiche Einsichten in die soziale Aufgabe der Rechtsordnung, ja in den Bau der Gesellschaft selbst, durch romantisches und geschichtsphilosophisches Erbe und durch nationaldemokratisches Pathos seltsam überlagert."[1]
Gierkes Werk sei zugleich traditionalistisch und reformerisch, einerseits als Sozialrecht heute weitgehend deutsche und europäische Wirklichkeit, andererseits bleibe es die Schwäche dieser Konzeption, daß sie sich am veralteten Modell der vorindustriellen Gesellschaft orientiere und die Realität der Wirtschaftsgesellschaft des späten 19. Jahrhunderts nicht mehr bewältigt habe [2].

Dem letzteren muß man bei näherer Betrachtung widersprechen. Gierkes sozialrechtliche Werke waren, auch wenn sie häufig scheinbar weit zurückreichende rechtshistorische Bezüge enthielten, Antworten auf aktuelle sozialpolitische Probleme. Oft wird Gierkes sozialpolitisches Engagement neben seiner wissenschaftlichen Arbeit unterbewertet, seine intensive Auseinandersetzung z.B. mit dem Problem der Sozialreform und den in England gemachten Erfahrungen, seine Stellung zu politischen Tagesfragen völlig negiert. So bemüht sich etwa Stutz [3] in seinem Nachruf, das Bild eines politisch eher desinteressierten,

---

1 Wieacker, Privatrechtsgeschichte, S. 454

2 Wieacker, Privatrechtsgeschichte, S. 454; ähnlich auch Laufs, a.a.O., S. 312 für das Genossenschaftsrecht; Heinz Wagner, Recht als Widerspiegelung und Handlungsinstrument, 1976, S. 158

3 Stutz, Zur Erinnerung an Otto v. Gierke, a.a.O., S. XXX

der reinen Wissenschaft verschriebenen Menschen zu zeichnen. Bezieht man aber Gierkes gesellschaftspolitische Tätigkeit, seine vielfältigen Verbindungen zu den Sozialreformern seiner Zeit mit ein, so ist es möglich, sein Werk vor diesem Hintergrund zu deuten und hieran zu belegen, was eigentlich durch die spätere Anerkennung Gierkes in unserem Arbeits- und Sozialrecht längst belegt ist, daß er sehr wohl in der Lage war, die Realität der Wirtschaftsgesellschaft des 19. und 20. Jahrhunderts zu erfassen. Das von Gierke unter dem "Schein anachronistischer Bilder" entwickelte Gemeinschaftsrecht trat in Deutschland unter unterschiedlichsten politischen Bedingungen seinen Siegeszug an. Wieso dies kommen konnte, soll hier thesenförmig, aufbauend auf den vorliegenden Untersuchungen, formuliert werden:

- Das soziale Gemeinschaftsrecht ist einmal aus dem Spannungsverhältnis zum klassischen Privatrecht, allerdings nicht als bloße Reaktion auf Fehler, Mängel oder Versäumnisse, sondern als eigenständige Fortbildung zu begreifen. Die Pandektenwissenschaft hat mit ihrem Privatrecht ein den ökonomischen Bedingungen und Anforderungen ihrer Zeit durchaus angemessenes "Sozialrecht" geschaffen. Nur durch den freien Vertrag konnten die überkommenen Bindungen der alten Sozialgemeinschaft gelöst werden. Soziale Pflichten wurden nicht "vergessen", sondern waren noch nicht notwendig. Noch konnte die wirtschaftliche Last dieser Zeit einseitig auf den Rücken einer noch nicht organisierten Arbeiterschaft abgewälzt werden, ohne daß dies unlösbare Konflikte aufwarf (Kapitel I).

- Das soziale Gemeinschaftsrecht ist weiter im Gegensatz zum Genossenschaftsrecht zu verstehen, dessen emanzipatorische Tendenz es aufhebt. Aus der liberalen, demokratischen Bewegung des Bürgertums wuchsen insbesondere nach dem Studium der Entwicklung des englischen Frühkapitalismus durchaus Forderungen nach sozialer Selbstbestimmung im Sinne von sozialer Berechtigung und ökonomischer Unabhängigkeit der Arbeiterschaft. Ein solches Sozialkonzept, aufgebaut auf der Idee der freien Assoziation der Germanisten, findet auch im Genossenschaftsrecht von Gierke seinen Ausdruck. Im übrigen wurde aber von den Germanisten, die sich mehrheitlich tatsächlich am veralteten Modell einer vorindustriellen Gesellschaft orientierten, kein Beitrag zur Entwicklung des Sozialrechts geleistet. Mit dem Ende der liberalen Bewegung in Deutschland versiegte auch bei Gierke der Ansporn, in dieser Richtung weiter zu arbeiten (Kapitel II).

- Das soziale Gemeinschaftsrecht ist nicht aus der Fortentwicklung, sondern erst nach einem Bruch mit dem Ideal der sozialen Selbstbestimmung entstanden. Dieser Bruch läßt sich anhand veränderter gesellschaftspolitischer Zielsetzungen, aber auch veränderter Bewertung historischer Erscheinungen im Werk Gierkes vielfach aufzeigen. Das soziale Gemeinschaftsrecht hat die vorrangige Funktion, bestehende soziale Abhängigkeiten und die Unterordnung des Arbeiters unter den vom Unternehmer bestimmten Produktionsablauf zu legitimieren. Das Sozialrecht setzt dabei das Privatrecht nicht außer Kraft, sondern modifiziert es. So wird das 'freie' Vertragsverhältnis mit den faktischen Herrschaftsverhältnissen in Einklang gebracht, diese werden rechtlich erfaßt und stabilisiert (Kapitel IV).
- In dieser Lehre schlägt sich, obwohl das geschichtliche Fundament, das Gierke ihr gegeben hat, nicht besteht, aktueller Gegenwartsbezug nieder [1]. Sie ist die ins Juristische übertragene Grundposition der deutschen Sozialreform, sie ist das juristische Pendant des Ideals vom sozialen Gottesfrieden des Vereins für Sozialpolitik. Sie dient dem dort formulierten Ziel des Erhalts des Privatrechtssystems und der Abwehr sozialer Umwälzung. Nur so ist zu erklären, daß etwa die Abhandlung über den Treudienstvertrag bei der Nachwelt nicht auf verständnislose Verwunderung und massive wissenschaftliche Kritik traf, sondern geradezu emphatische Aufnahme fand [2]. Die Verwirklichung des sozialen Gemeinschaftsrechts, z.B. die Gewährung von Sozialleistungen, forderte dabei gewisse materielle Voraussetzungen, die erst die imperialistische Entwicklung mit sich brachte. Auf der anderen Seite forderte die imperialistische Entwicklung auch, den Klassengegensatz im Innern mit einer Mischung aus Zwang und Zugeständnissen zu befrieden. Der sogenannte Kriegssozialismus des Ersten Weltkrieges ist die erste idealtypische praktische Verwirklichung dieser Gemeinschaftsvorstellungen [3] (Kapitel III).

Das soziale Gemeinschaftsrecht ist in seiner Bedeutung nur erkennbar, wenn man seine Entwicklung im historischen und gesellschaftspolitischen Zusammenhang verfolgt. In diesem Zusammenhang dürfte es richtig sein, das Gemeinschaftsrecht als Privatrecht des monopolisti-

---

1 So auch Simitis, Die faktischen Vertragsverhältnisse, a.a.O., S. 275, 276

2 Simitis, a.a.O., S. 275

3 So ausdrücklich auch Gierke, Recht und Sittlichkeit, S. 257, 260

schen Kapitalismus zu begreifen [1]. Es ist der passende ideologisch-juristische Ausdruck [2] der Existenzbedingungen des Kapitals in dieser Phase und der entstandenen Vergesellschaftung der Produktion. So notwendig es im 19. Jahrhundert war, auch juristisch die Bedingungen für die Zerstörung der überlebten ökonomischen Gemeinschaften zu schaffen, so notwendig war es für das 20. Jahrhundert, der daraus resultierenden Individualisierung der Beziehungen und den damit offen werdenden Interessengegensätzen gegenzusteuern [3]. Der Kriegssozialismus war ein unter Zwang geborenes Muster für diese Entwicklung, und im weiteren Verlauf der Geschichte ergaben sich immer wieder neue Zwänge, die den Gemeinschaftsgedanken in unterschiedlicher Form wieder aufleben ließen. Er erwies sich als Instrument, den Interessengegensatz zwischen Arbeitgeber und Arbeitnehmer auf dem Gebiet des Individualarbeitsrechts zu eliminieren und auf dem Gebiet des kollektiven Arbeitsrechts so weit als möglich zu kanalisieren, und wurde so immer wieder zum bewußt eingesetzten Integrationsmodell.

Auf der Ebene des Individualarbeitsvertrags steht sein disziplinierender und anspruchsbegrenzender Charakter im Vordergrund [4]. Durch Treuepflicht und Direktionsrecht [5] wird die Herausbildung festumrissener Rechtspositionen des Arbeiters verhindert, wird seine Position vom Wohlverhalten abhängig gemacht. Über den Fürsorgegedanken werden eine Reihe von Sozialleistungen als 'freiwillige' qualifiziert und der gesicherte Anspruch ausgeschlossen und von weiteren Bedingungen abhängig gemacht [6]. Dies führt zu einer Anpassung der Sozial-

---

1 Vgl. Franz Neumann, Funktionswandel des Gesetzes, a.a.O., S. 70, 72, der im neuen Gemeinschaftsrecht Marx Horkheimer folgend die Theorie des Institutionalismus verwirklicht sieht.

2 Schwerdtner, Fürsorge- und Entgelttheorie, S. 66, 69 "gut verpaßte Ideologie".

3 Simitis, a.a.O., S. 270 spricht vom "Moment des Selbsterhaltungsprozesses der gegebenen Gesellschaftsordnung".

4 Deutlich wird diese Funktion, was den Arbeitskampf und die Meinungsäußerung im Betrieb betrifft bei Benda, Industrielle Herrschaft und sozialer Staat, Göttingen 1966, S. 250 f., 468 f.

5 Dazu ausführlich: Alfred Söllner, Einseitige Leistungsbestimmung im Arbeitsverhältnis, Mainz 1966

6 Dazu insgesamt: Schwerdtner, Fürsorge- und Entgelttheorie, a.a.O.

leistungen an die jeweilige wirtschaftliche Situation und ermöglicht so, trotz Geltung des Vertragsrechts flexible Regelungen [1].

Auf der Ebene der Betriebsverfassung wurde zunächst der Rätegedanke ausgeschaltet, der Betriebsrat auf die Betriebsgemeinschaft verpflichtet und das Arbeitskampfverbot begründet [2]. Erst auf der Tarifebene war vorgesehen, den Interessengegensatz Arbeiter - Unternehmer in engen Grenzen legal auszutragen [3].
Betrachtet man noch die weitere Ausgestaltung unter der Rechtsprechung des Reichs- und Reichsarbeitsgerichts, so diente diese Auffassung in der Geschichte in der Regel dazu, soziale Ansprüche zu begrenzen und Widerstand niederzuhalten [4].

Die Geltung des Gemeinschaftsrechts war in den weiteren Phasen der Geschichte durchaus nicht gleichförmig, sondern abgestuft, den jeweiligen Bedürfnissen angepaßt, ganz wie es bereits von Wagner gefordert worden war [5]. Die Grenzen zwischen Individualrecht und Sozialrecht blieben tatsächlich fließend. Dies spiegelt sich insbesondere in der Diskussion über das Verhältnis von schuldrechtlicher und personenrechtlicher Seite des Arbeitsverhältnisses [6] über Eingliederungs- und Vertragstheorie.

---

1 Ein Beispiel dafür gibt Denecke mit seiner Forderung nach Regulierung von Weihnachtsprämien und des Anspruchs auf Deputatkohle in Krisenzeiten. Er begründet dies damit, daß diese Leistungen "freiwillige Gabe des Unternehmers" und "Zeichen des Gemeinschaftsgefühls" seien, DAR, 1934, S. 223

2 Sinzheimer, Die praktische Ausgestaltung des Rätegedankens. Rede vom 10.10.1919, Berlin, in: Das Rätesystem. Zwei Vorträge zur Einführung in den Rätegedanken, Frankfurt 1919, S. 32 f.
§§ 66, 68 Betriebsrätegesetz v. 4.2.1920; RGBl 1920, Nr. 26, S. 147

3 Kahn-Freund, Der Funktionswandel des Arbeitsrechts, a.a.O., S. 222

4 F. Neumann, Das Arbeitsrecht in der modernen Gesellschaft, RdA 51, S. 2
Kahn-Freund, Das soziale Ideal des Reichsarbeitsgerichts, a.a.O., S. 149. Mundt, a.a.O., S. 3

5 Wagner, Grundlagen der politischen Ökonomie, S. 43

6 Die Entwicklung beschreibt ausführlich:
Simitis, Die faktischen Vertragsverhältnisse, S. 260 f.; ihm folgend: Unterseher, Arbeitsvertrag und innerbetriebliche Herrschaft, Frankfurt 1969

Es scheint, als ob der Grad der Geltung von der Schärfe des gesamtwirtschaftlichen Drucks abhing: starke Betonung der personenrechtlichen Auffassung im Ersten Weltkrieg und unter der Doppelwirkung der Wirtschaftskrise und erneuter Kriegsvorbereitung vor und während der NS-Herrschaft, schwächere Betonung zu Beginn der Weimarer Republik und nach 1945. Dies hier abschließend zu untersuchen, würde allerdings den Rahmen der Arbeit sprengen.

1. Die sozialreformerische Gierke - Interpretation

Ein Problem soll hier jedoch im Anschluß an die Untersuchung von Gierkes Lehre und Wirken angerissen werden, das ist die auch in der letzten Zeit wieder auflebende Gierke-Rezeption aus der Sicht der gewerkschaftlichen und sozialdemokratischen Sozialreform. Es ist nämlich wohl einleuchtend, daß der Nationalsozialismus nicht nur wegen eines oberflächlichen Bezugs zum germanischen Recht, sondern wegen der Idee der befriedeten sozialen Gemeinschaft gerade im Arbeitsrecht auf Gierke zurückgegriffen hat [1]; doch wenn Hueck 1947 schreibt, daß Literatur und Judikatur die Treuepflicht schon vorher anerkannt haben, so stimmt das auch. Und es waren nicht etwa wieder nur Hueck, Denecke und Siebert selbst und das Reichsarbeitsgericht, es waren Sozialdemokraten wie Hugo Sinzheimer, der ihm nahestehende Arbeitsrechtler Heinz Potthoff und der Gewerkschaftsfunktionär Legien, die dem Gemeinschaftsgedanken in Theorie und Praxis zum Durchbruch verhalfen [2].

---

1 Weitere Nachweise bei Janssen, S. 4 und bei E. Wolf. Große Rechtsdenker, 1. Aufl., S. 563 f. Was das Sozialrecht anbetrifft, kann man - anders als im Staatsrecht - keinesfalls von einem Aufgehen Gierkes in einer allgemeinen Sozialphilosophie sprechen. Mit dem Gemeinschaftsrecht wurde ein ganz konkretes Sozialkonzept entworfen, das das Sozialkonzept des Genossenschaftsrechts ablöste. Das war wohl auch Grund dafür, daß von den Zivil- und Arbeitsrechtlern des Nationalsozialismus Gierke positiver aufgenommen wurde, als von den Staatsrechtlern. So etwa W. Merk: Vom Wesen und Werden des deutschen Rechts, 3. Aufl., S. 40, der meint, die Neugestaltung des deutschen bürgerlichen Rechts werde an den meisten Punkten an die Gedankengänge und Vorschläge Otto v. Gierkes anzuknüpfen haben.

2 So auch Siebert, Faktische Vertragsverhältnisse, a.a.O., S. 82 Nach der Ansicht von Pinther, AuR 61, S. 226 ist die Vorstellung

Bereits in einem frühen Werk hebt Sinzheimer 1907 die Über- und Unterordnung, die persönliche Fürsorge und die Herrschaft als unveränderliche Grundzüge des Individualarbeitsrechts hervor und verweist dazu in umfangreichen Literaturangaben auf die Schriften Otto v. Gierkes und des Vereins für Sozialpolitik [1], zu dessen Ideen er über seinen Lehrer Lujo Brentano Zugang fand [2].
In seinem Nachruf auf Otto v. Gierke würdigt er 1922 diesen als Entdecker des sozialen Gedankens und als Wegbereiter für das Arbeitsrecht. Er habe erstmals erkannt, daß die Persönlichkeit des Menschen vom Arbeitsvertrag erfaßt sei. Er habe mit seinem Verweis auf den personenrechtlichen Kern des Arbeitsvertrags am frühesten das "Wesen des Arbeitsvertrags erkannt."[3] "Er sah im Arbeitsvertrag nicht nur ein Tauschgeschäft, durch das Arbeit gegen Entgelt ausgetauscht wird, sondern Einordnung des ganzen Menschen in einen Zweckzusammenhang ... Gierke begnügte sich nicht damit, dogmatisch diese personenrechtliche Seite des Arbeitsvertrags zu betonen, er wies auch nach, daß das Rechtsinstitut des Arbeitsvertrags überhaupt nicht im Obligationenrecht, sondern im Personenrecht, dem sogenannten Treudienstvertrag wurzele, dessen Wesen 'Selbsthingabe in fremde Munt unter Vorbehalt der Freiheit gegen Zusage dauernden Schutzes und Unterhalts' war." Aus diesem Grund habe Gierke auch den modernen Wirtschaftsbetrieb als einen Herrschaftsverband erkannt und habe, "mit seinem auf das Tatsächliche gerichteten Auge" die "eigentümliche Gemeinschaft wahrgenommen", die den Arbeiter mit dem Eintritt in den Betrieb umfängt [4]. Er habe weiter erkannt, daß der Arbeitsvertrag nicht von Gleichberechtigten geschlossen werde, sondern daß Angestellte und Arbeiter diesem Verband als dienende Glieder angehörten. Für Gierke sei das Unternehmen nicht ein 'Werk' mit unpersönlichem Charakter, auch nicht 'eine Arbeitsgemeinschaft'

.. des Reichsgerichts vom Bestehen einer Arbeitsgemeinschaft zwischen Arbeitnehmern und Arbeitgebern von der Tatsache beeinflußt, daß 1918 unter Führung von Legien und Stinnes die Zentralarbeitsgemeinschaft gebildet wurde.

1 Sinzheimer, Der korporative Arbeitsnormenvertrag, Bd. 1, Berlin 1907

2 Fraenkel, Hugo Sinzheimer, JZ 58, 457

3 Sinzheimer, Otto v. Gierkes Bedeutung ..., a.a.O.

4 Sinzheimer, a.a.O., S. 3

mit natürlicher Harmonie, sondern einfach ein monarchisch organisiertes Ganzes, dessen alleiniger Träger der Unternehmer sei und dem Angestellte und Arbeiter als dienende Glieder angehörten [1]. Auf dieser Grundlage müsse sich das neue Arbeitsrecht entwickeln [2], erst diese Anschauung ebne den Weg zur Reform [3]. Dieser Nachruf macht deutlich, daß Sinzheimer Gierkes Lehre in vollem Umfang und bei voller Kenntnis ihrer geistesgeschichtlichen Herkunft übernimmt. Sinzheimer, sozialdemokratischer Abgeordneter der Weimarer Nationalversammlung - wo er immerhin Gierke parteipolitisch konträr gegenüberstand - und Schöpfer des Arbeitsrechts der Weimarer Republik wird deshalb zu Recht als der "Testamentsvollstrecker der sozialrechtlichen Gedankenwelt Gierkes" bezeichnet [4].

Es ist der scheinbar enthüllende Charakter dieser Theorie, die dem abstrakten Personenbegriff den Kampf ansagt, statt dessen Herrschaft, Abhängigkeit, Über- und Unterordnung beim Namen nennt, die gerade Sozialdemokraten und Gewerkschafter offenbar so tief beeindruckt hat. Der so erkannte gesellschaftliche Charakter der Arbeit bedürfe gesellschaftlicher Regelung, die sich nur im Gemeinschaftsrecht finden lasse [5]. Es genügt jedoch nicht alleine, die Dinge beim Namen zu nennen, wenn man ihren realen Entstehungsgrund ausklammert. Woher kommt das Herrschaftsverhältnis, das hier so realistisch beim Namen genannt wird?

---

1 Sinzheimer, a.a.O., S. 4

2 Sinzheimer, a.a.O., S. 6

3 Sinzheimer, a.a.O., S. 4.; vgl. auch in neuerer Zeit, Isele, Die Bedeutung Otto v. Gierkes ..., a.a.O., S. 293, der Sinzheimers Nachruf aufnimmt und ausdrücklich betont, durch den Rechtsgedanken der beiderseits geschuldeten Treue sei es gelungen, dem Schutz der Persönlichkeit eine Grundlage im Arbeitsvertrag selbst zu geben.

4 Fraenkel, Hugo Sinzheimer, JZ 58, 459.
Es mutet schon eigenartig an, wenn man die sozialpolitische Auseinandersetzung in der Weimarer Nationalversammlung, beispielsweise über die Rätefrage verfolgt und weiß, daß sowohl der sozialdemokratische Vertreter (Sinzheimer) als auch sein schärfster Kontrahent von der deutschnationalen Volkspartei (Delbrück) von den gleichen sozialrechtlichen Grundpositionen ausgehen. Vgl. Stenogr. Protokolle der Weimarer Nationalversammlung, 6. Bd., S. 4260 f., 4318 f.

5 So Sinzheimer, Otto v. Gierkes Bedeutung ..., S. 6

Muß, wer den Herrschaftscharakter, den gesellschaftlichen Charakter der Eingliederung in den Produktionsprozeß erkennt, automatisch zur Konsequenz vom personenrechtlichen Gemeinschaftsverhältnis kommen? Im Gegenteil, Marx etwa kommt bei der Untersuchung der ökonomischen Strukturen des Herr - Knecht-Verhältnisses gerade zur Begründung seiner Theorie von der Mehrwertproduktion, vom Ausbeutungsverhältnis und zum prinzipiellen Gegensatz von Kapital und Arbeit.

Sein Ausgangspunkt dabei ist die unter kapitalistischen Bedingungen vollzogene Verwandlung von menschlicher Arbeitskraft in eine Ware. Und diese Auffassung ist es auch, gegen die sich der Gedanke von der personenrechtlichen Gemeinschaft eigentlich wendet. Gierke hat dies in der 1914 erschienenen Schrift über dauernde Schuldverhältnisse deutlich ausgesprochen. Danach bringe das deutschrechtliche Dienstvertragsverhältnis besonders den Gedanken zum rechtlichen Ausdruck, "daß die entlohnte Arbeit keine Ware, sondern untrennbarer Ausfluß der freien Persönlichkeit" sei [1]. Im 'Entwurf' bezeichnet er die Auffassung von Kauf und Verkauf der Ware Arbeit als römisches Prinzip [2]. Ganz in diesem Sinne interpretiert Potthoff Gierke: Das Arbeitsverhältnis sei kein Austauschverhältnis, es würden nicht Vermögenswerte ausgetauscht, sondern Menschen zum Arbeitsverbande geeint [3]. Man müsse aus dem Irrtum der marxistischen Lehre heraus, daß den Arbeiter nur ein rein wirtschaftliches Profitinteresse mit dem Arbeitgeber verknüpfe, daß nur der Austausch von Arbeit gegen Lohn Inhalt und Zweck des Arbeitsverhältnisses sei [4]. Paradoxerweise richtet sich die Kritik nun nicht mehr gegen das Kapitalverhältnis, sondern gegen die materialistische Kritik daran.
Das aus der gegenseitigen Treue begründete Arbeitsverhältnis soll nach dieser Intention den Warencharakter der Arbeit aufheben und den schroffen schuldrechtlichen Austauschprozeß modifizieren, indem es anerkennt, daß die menschliche Persönlichkeit in diesem Rechtsverhältnis betroffen ist.

Gierke und seine Nachfolger verkennen dabei bereits im Ansatz, was den Warencharakter der Arbeit ausmacht. Ob die menschliche Arbeit, oder richtiger Arbeitskraft, zur Ware wird, bestimmt sich nämlich nicht danach, ob man die Persönlichkeit des Arbeiters akzeptiert,

---

1 Gierke, Dauernde Schuldverhältnisse, S. 10

2 Gierke, Entwurf, S. 104

3 Potthoff, Ist das Arbeitsverhältnis ein Schuldverhältnis, a.a.O., S. 276

4 Potthoff, a.a.O., S. 284

sondern nach den Produktionsverhältnissen, in denen sich die Arbeitskraft betätigt. Marx und Engels haben seit ihrer Kritik an der deutschen idealistischen Philosophie diese Unterscheidung herausgearbeitet:
Die menschlichen Individuen seien dadurch bestimmt, daß sie produzierten [1]; bei ihrer produktiven Tätigkeit gingen sie jedoch bestimmte gesellschaftliche Verhältnisse ein, die Produktionsverhältnisse [2] und die seien nicht unveränderlich vorgegeben, sondern das Resultat der historischen Entwicklung und der Veränderung des Standes der Produktivkräfte [3].

Die kapitalistischen Produktionsverhältnisse seien nun gekennzeichnet durch eine entwickelte Arbeitsteilung und Warenproduktion. Jeder Gegenstand, der produziert werde, habe einmal eine konkrete, nützliche Eigenschaft als Gebrauchswert; sobald er aber nicht mehr für den eigenen Bedarf produziert werde, sondern für den Austausch mit anderen "Gebrauchs"gegenständen, werde er zur Ware [4]. Den Produzenten interessiere dabei nur noch seine Eigenschaft, Träger von Wert und damit gesellschaftlich tauschbar zu sein. Unter den kapitalistischen Produktionsverhältnissen werde auch die menschliche Arbeitskraft zu einer solchen Ware. Bedingung dafür sei nur, daß der Arbeiter in der Lage sei, den zeitweisen Gebrauch seiner Arbeitskraft frei auf dem Markt anzubieten und daß er nicht über Produktionsmittel verfüge, die er zur Verwirklichung seiner Arbeitskraft benötigte [5]. Da der Arbeiter so gezwungen sei, seine Arbeitskraft zu verkaufen, um existieren zu können, werde seine Arbeitskraft bloßer Tauschwert [6]. Gebrauchswert werde sie für das Kapital, für dieses werde sie produktiv, durch die Konsumtion der Arbeitskraft im Produktionsprozeß werde die Verwertung des Kapitals vermittelt [7]. Durch den Verkauf der Ware Arbeitskraft erhalte der Arbeiter nicht etwa ein Anrecht auf das Produkt seiner Arbeit,

---

1 Marx, Engels, Deutsche Ideologie, a.a.O., S. 21

2 Marx, Engels, Deutsche Ideologie, a.a.O., S. 25. Vorwort zur Kritik der politischen Ökonomie, a.a.O., S. 8

3 Marx, Kapital, Bd. 1, S. 183

4 Marx, Kapital, Bd. 1, S. 55

5 Marx, Kapital, Bd. 1, S. 183

6 Marx, Grundrisse, S. 213 ff.

7 Marx, Grundrisse, S. 213

sondern allein auf den Arbeitspreis: den Arbeitslohn [1]. Daraus ergibt sich für Marx das Kennzeichnende der kapitalistischen Epoche, daß die Arbeitskraft für den Arbeiter selbst die Form einer ihm gehörigen Ware, seine Arbeit daher die Form der Lohnarbeit erhält [2].

Philipp Lotmar hielt diese Herleitung für eine zutreffende Bezeichnung einer neuen Formation der politischen Ökonomie und wies darauf hin, daß gerade die Auffassung der Arbeit als spezifischer Ware im Unterschied zu anderen Waren zur Begründung für Forderungen nach Arbeitsschutz und Koalitionsfreiheit herangezogen wurde, denen er keinesfalls abweisend gegenüberstand [3]. Tatsächlich lassen sich wegen der spezifischen Natur der Ware Arbeitskraft, ohne Zwang im Rahmen des Privatrechtssystems sozialrechtliche Modifikationen einbauen. Im Gegensatz zu Gierke lehnt Lothmar die "höchst vage Treuepflicht" als Rechtspflicht ab, da sich ihr Erscheinungsbild nicht klar umreissen lasse und Treue etwa gegenüber einer juristischen Person auch nicht denkbar sei [4].

Man darf hier auch nicht vergessen, auf Ernst Abbè hinzuweisen, der als aufgeklärter Unternehmer ein weitaus freiheitlicheres und sozialeres Betriebsstatut entwickelt hat als alle Sozialreformer zusammengenommen, ohne auch im mindesten auf die Begriffe wie Persönlichkeit, Gemeinschaft, Treue und Fürsorge zurückgreifen zu müssen [5]. Ziel der Abbè'schen Reformvorstellung war nicht nur die gleichmäßige Hebung des Lebensstandards, sondern insbesondere die "wirkliche und dauernde Hebung der Rechtslage der vom industriellen Unternehmen abhängigen Personen", deren weitgehende rechtliche Absicherung [6]. So sieht sein Statut fixierten Arbeitslohn, Arbeitszeit (9-Stunden-Tag), Überstundenvergütung, Urlaub, Pension und Kündigungsschutz vor und gibt darauf einen vertraglichen Rechtsanspruch. Der Inhalt der arbeitsrechtlichen Leistungspflicht wird bei Abbè in sechs Punkten abschließend umschrieben, wobei Leitgedanke ist, daß die Leistungspflicht erkennbare

---

1 Marx, Grundrisse, S. 215

2 Marx, Kapital, Bd. 1, S. 184 Fußnote 41

3 Lotmar, Der Arbeitsvertrag, Band I, S. 44

4 Lotmar, Der Arbeitsvertrag, Band I, S. 859 f.

5 Vgl. Ernst Abbè, Motive und Erläuterungen zum Entwurf eines Statuts der Carl Zeiss-Stiftung, a.a.O.

6 Abbè, Motive und Erläuterungen, a.a.O., S. 347 f.

Beziehung zur vertragsmäßigen Arbeitsleistung haben und der völligen Gegenseitigkeit fähig sein muß, d.h. im vereinbarten Lohn ein Äquivalent finden muß [1].

Mit der strengen Umgrenzung des Pflichtenverhältnisses bezweckte Abbè, "den industriellen Arbeitsvertrag auf eine rechtlich gesunde, ethisch reinliche Grundlage zu stellen - nämlich unter schärfster Absage an die Idee des 'Brotherrn', das Vertragsverhältnis zu entlasten von allem Beipack an Gefolgschaftspflichten und Vasallendienst ..."[2]. "Grundsätzlich ist jede Beschränkung des Rechts abzulehnen, die unter der falschen Fiktion einer durch den Dienstvertrag begründeten Interessengemeinschaft beider Teile abzuleiten gesucht wird."[3]

Abbè und Lotmar beweisen, daß auch von einer rein schuldrechtlichen Auffassung her, die die Warenbeziehung nicht leugnet, soziale Reformen begründbar sind. Will man aber über diese genannten Ansätze hinaus die Aufhebung des Warencharakters der Arbeit erreichen,

---

1 Abbè, a.a.O., S. 348, 374, 376 zu § 57 des Statuts der Carl Zeiss-Stiftung. Einen Hinweis darauf, auf welchen Einfluß Abbès Arbeit zurückgeht, findet sich bei Brentano, Mein Leben, S. 191: "Abbès Nachfolger Professor Dr. Siegfried Czapski, hat mir bei einem Besuch mitgeteilt, sie [gemeint ist Brentanos Untersuchung "Über das Verhältnis von Arbeitslohn und Arbeitszeit zur Arbeitsleistung"] habe Abbè zu seinen einschlägigen Untersuchungen veranlaßt, deren Ergebnis mit meinen Ausführungen in Übereinstimmung war."

2 Abbè, a.a.O., S. 374

3 Abbè, a.a.O., S. 382
Er fährt fort: "Dergleichen gibt es rechtlich zwar in einem genossenschaftlich organisierten Unternehmen, in welchem die Gesamtheit der Einzelnen den Prinzipal darstellt."
Seine Auffassung illustriert er so: "... daß die Angehörigen eines und desselben Industriebetriebs als Mitarbeiter, Vorgesetzte und Untergebene in bezug auf gegenseitige Rechte und Pflichten aus ihren Dienstverträgen just nur in dem gleichen Verhältnis zueinander stehen, rechtlich, wie Leute, die zusammen in dasselbe Eisenbahncoupé eingestiegen sind - die ja auch wegen ihres gemeinsamen Rechtsverhältnisses zum Eisenbahnfiskus während der Fahrt gewisse tatsächliche Rücksichten aufeinander zu nehmen haben." A.a.O., S. 376

den "freien" Abschluß und die Auflösung des Lohnarbeitsverhältnisses samt der dazugehörigen ständigen Auseinandersetzung um die Höhe des Lohns und die Steigerung der Arbeitsintensität überwinden, so kann dies, wie Marx begründet, nur durch die Aufhebung des Lohnsystems erreicht werden [1]. Dieses Lohnsystem will aber Gierke mit seiner Lehre vom Treudienstvertrag nicht tangieren [2]. Für ihn ergibt sich der Warencharakter der Arbeit in einer vulgarisierten Betrachtungsweise nicht daraus, daß sie als Ware gehandelt wird, sondern, daß sie wie eine Ware behandelt wird. Mit der Formel von der Anerkennung der menschlichen Persönlichkeit als Träger der Arbeitskraft erfaßt er, was die Seite der sozialen Reform angeht, nicht mehr, als jeder sozial engagierte Vertragsrechtler, nämlich die Tatsache, daß die spezifischen Eigenschaften dieser Ware bei ihrer Benutzung zu beachten sind. Mit der Komponente vom personenrechtlichen Charakter dieser Gemeinschaft verhindert er, daß im sozialen Recht die Frage der Rechtspositionen, der Selbstbestimmung der Produzenten aufgeworfen wird und degradiert es zu einer Frage der Unternehmermoral. Die gesellschaftlichen Bedingungen, innerhalb derer die Arbeit geleistet wird, werden bei dieser Betrachtung negiert und gleichzeitig wird der Anschein erweckt, sie alleine durch die veränderte Betrachtung beeinflussen zu können.

Gerade diese idealistische Begründung des Konzepts von der personenrechtlichen Gemeinschaft ist später vom Nationalsozialismus aufgegriffen worden. Denecke formuliert diese Grundposition mit exemplarischer Deutlichkeit: Der Grundsatz, daß es sich bei dem Arbeitsverhältnis auch nur um Austausch von Leistungen handele, habe in den Unternehmerkreisen die Auffassung geweckt, daß die Arbeitsleistung auch nur eine Ware sei, die man möglichst billig kaufen und möglichst teuer verkaufen müsse. Nur daraus habe sich die Idee des Arbeitskampfes entwickeln können, durch den jede Seite die andere zur Annahme ihrer Bedingungen zwingen wolle. Durch die Entwicklung in der ersten Hälfte des 19. Jahrhunderts habe eine "Herabwürdigung der Arbeit zu Ware" stattgefunden, die trotz theoretischer Freiheit nur Sklaverei in anderer Form mit sich brachte. Dies habe auch "gefühlsmäßig den Gegensatz zwischen Unternehmer und Arbeiter zur Folge, indem der Arbeiter sich als Mensch zweiter Klasse fühlte. Die marxistische Lehre des Materialismus und Klassenkampfes wäre wahrscheinlich gar nicht möglich gewesen, wenn nicht die römisch-rechtliche Lehre von dem vermögensrechtlichen und schuldrechtlichen Charakter des Arbeits-

---

1 So Marx, Lohn, Preis, Profit, S. 152

2 Gierke, Privatrecht, Bd. III, S. 600

verhältnisses geherrscht hätte."[1] Nicht der wirkliche Interessengegensatz also, nicht die wirkliche Entwicklung des kapitalistischen Warentauschs, sondern allein die schuldrechtliche Behandlung des Lohnverhältnisses und das daraus resultierende "Gefühl" des Arbeiters, sich als Mensch "zweiter Klasse" zu empfinden, sind danach die Ursachen gesellschaftlicher Konflikte. All dies soll sich durch die deutschrechtlichen Grundsätze vom Arbeitsverhältnis als einem personenrechtlichen Treueverhältnis, bei dem Gemeinschaftsgefühl und Gemeinschaftswille die Hauptsache sind, auflösen [2].

Von diesem gemeinsamen theoretischen Grundsatz fällt es selbst Potthoff nicht schwer, das nationalsozialistische Gesetz zur Ordnung der nationalen Arbeit (AOG) folgendermaßen zu kommentieren: "Dreißig Jahre lang habe ich gegen die herrschende Auffassung vom schuldrechtlichen Charakter des Arbeitsverhältnisses gekämpft, immer wieder auf den personenrechtlichen und organisatorischen Inhalt verwiesen. Durch das AOG ist der große Schritt vom Vermögensrecht zum Menschenrechte, vom Tauschgeschäft zum Treudienst getan. Im Sinne dieses neuen Rechts ist die maßgebende Rechtsgrundlage nicht der Einzeltausch zwischen Lohn und Leistung, sondern die Zusammenfassung von vielen Volksgenossen zur Gefolgschaft, die unter der Führung des Unternehmers als Betriebsgemeinschaft zusammenwirkt."[3]
Soviel Übereinstimmung in prinzipiellen Ausgangspunkten muß eigentlich nachdenklich stimmen [4].

---

1 Denecke, Vermögensrechtliches und personenrechtliches Arbeitsverhältnis, DAR 1934, S. 323

2 Denecke, a.a.O., S. 323

3 Potthoff, Das deutsche Arbeitsrecht, 1935, S. 53. Handbuch für Vertrauensräte, Betriebsführer und Gefolgschaft.

4 Damit soll nicht gesagt werden, daß nicht zwischen Sinzheimer und zeitweise Potthoff und anderen Arbeitsrechtslehrern der Weimarer Zeit und der nationalsozialistischen Arbeitsrechtslehre kein Unterschied bestand. Es gab ja insoweit sogar scharfe Differenzen von Sinzheimer und seinen Schülern zur ebenfalls auf Gierke zurückführenden Betriebsgemeinschaftslehre des Reichsgerichts (vgl. Sinzheimer, Grundzüge des Arbeitsrechts, 2. Aufl., 1927; Kahn-Freund, Das soziale Ideal des Reichsarbeitsgerichts, a.a.O.). Hingewiesen werden muß aber auf die Problematik dieser Gemeinsamkeit, die trotzdem - vor allen in der Auffassung des Individualarbeits-

Es soll hier dahingestellt bleiben, inwieweit Sinzheimer dies bewußt war, aber er übernahm mit der Auffassung von der personenrechtlichen Gemeinschaft kein Modell zur tiefgehenden gesellschaftlichen Neugliederung des Arbeitsprozesses, sondern einen ideologischen Kampfbegriff zur Stabilisierung bestehender Herrschaftsverhältnisse und gegen den Marxismus. Es ist deshalb auch falsch, wenn Kahn-Freund in der von der Otto Brenner-Stiftung herausgegebenen Ausgabe der gesammelten Reden und Schriften Sinzheimers behauptet, bei Sinzheimer hätten sich marxistische und deutschrechtliche Tradition getroffen, Sinzheimers Lehre vom Arbeitsverhältnis als einem Gewaltverhältnis sei von Gierke ebenso stark beeinflußt wie von Marx [1]. Daß es gerade in der Auffassung des Arbeitsverhältnisses keine marxistischen Einflüsse, sondern nur grundlegende Differenzen gibt, betont schon früh Karl Korsch, der -- entgegen der gewerkschaftlichen Interpretation, Sinzheimer stehe in der Tradition Marx - selbst in der Rede Sinzheimers auf dem Leipziger Gewerkschaftskongreß die immer wieder hervortretende Sinzheimersche Grundtendenz, das Verhältnis 'abhängige Arbeitnehmer' zu ihren 'Arbeitsherren' zu verewigen, herausarbeitet [2].

Das Problem, das sich aus Sinzheimers Gierke-Rezeption ergibt, ist auch nicht so zu umgehen, wie Otto Kahn-Freund es versuchte. Er erklärt den Durchbruch des deutschrechtlichen Sozialgedankens Otto v. Gierkes als Resultat der vorrevolutionären Machtverhältnisse in Deutschland, die durch das Zusammenwirken des konservativen Beamtentums und der an der Herrschaft beteiligten Agrarierschichten entstanden seien. Dies habe dem Interesse des industriellen Kapitals

---

.. verhältnisses - bestand. Sie läßt sich keineswegs dadurch wegdiskutieren, daß man behauptet, dies beweise nur, daß es eine zeitlose Wahrheit sei, daß das Arbeitsverhältnis ein personenrechtliches Gemeinschaftsverhältnis deutschrechtlicher Tradition sei.
So Hueck, Der Treuegedanke, a.a.O., S. 13
Neumann, Funktionswandel, S. 79, sieht in der Tatsache, daß sich völlig disparate politische Theorien dieser Auffassung bemächtigt haben, ein Anzeichen der "Verwirrung im Rechtsdenken der Gegenwart."

1 Kahn-Freund, Hugo Sinzheimer, a.a.O., S. 6

2 Korsch, Der tote Sinzheimer und der lebende Marx, a.a.O., S. 1844 zu Sinzheimer: Das zukünftige Arbeitsrecht in Deutschland, Berlin 1922

nicht entsprochen [1]. Diese Auffassung habe den Arbeiter noch als Individuum, "schutzbedürftigen Volksgenossen" gesehen [2]. Nach 1919 habe sich unter einem zeitweiligen Machtgleichgewicht zwischen Bürgertum und Arbeiterschaft, die arbeitsrechtliche Normenbildung dahingehend entscheidend verändert, daß nun Arbeitgeber- und Arbeitnehmerorganisationen als rechtsbildende Faktoren und damit auch der Klassenkampf anerkannt worden seien. Der konservativ-fürsorgerische Gedanke des individuellen Arbeitsschutzes sei zugunsten des Kollektivismus zurückgetreten [3]. Unter dem Eindruck der Krise und des beamtenmäßigen Sozialideals des Reichsarbeitsgerichts sei die beiderseitige Organisation wieder vom Organ des Kampfes in ein Instrument der Friedenserhaltung umgewandelt worden [4].

Selbst wenn auf dem Gebiet des kollektiven Arbeitsrechts unterschiedliche Vorstellungen bei sozialdemokratischen Arbeitsrechtlern einerseits und Otto von Gierke [5] und dem Reichsarbeitsgericht andererseits geherrscht haben mögen, so hat dies doch die durch Sinzheimer hergestellte prinzipielle Übereinstimmung in der Auffassung von der personenrechtlichen Gemeinschaft im Individualarbeitsrecht nicht tangiert. Diese Gemeinsamkeit klammert Kahn-Freund nicht nur aus, er sucht sie auch mit der Darstellung des deutschrechtlichen Gemeinschaftsgedankens als überlebten Ausdruck vorrevolutionärer Machtverhältnisse zu verwischen. In den vorgehenden Kapiteln wurde herausgearbeitet, daß die Ideen vom Gemeinschaftsrecht und von den sozialen Friedensschlüssen gerade nicht die Ideologie sozialkonservativer und agrarischer Kreise waren. Die Sozialreformer des beginnenden 20. Jahrhunderts hatten sich längst zu Verfechtern der Monopolindustrie und imperialistischer Expansion gemausert. Mochte noch die Bismarck'sche Sozialgesetzgebung vom einzelnen schutzbedürftigen Volksgenossen ausgegangen sein, das personenrechtliche

---

1 Kahn-Freund, Funktionswandel des Arbeitsrechts, S. 213
Ähnlich auch Fraenkel, Hugo Sinzheimer, JZ 1958, S. 459

2 Kahn-Freund, a.a.O., S. 216

3 Kahn-Freund, Funktionswandel des Arbeitsrechts, S. 217, 218

4 Kahn-Freund, a.a.O., S. 232

5 Vgl. dazu die auf Gierke zurückgehenden wirtschaftspolitischen Grundsätze der DNVP von 1920, zit. bei Mommsen, Deutsche Parteiprogramme, S. 535 f.

Gemeinschaftsrecht geht, wie ausgerechnet Sinzheimer hervorhebt, vom gesellschaftlichen Charakter der Arbeit aus [1]. Die kollektive Organisation der Arbeiter, war im Grundsatz auch von den Sozialreformern anerkannt worden [2]. Und, ganz nebenbei bemerkt, waren es auch keine konservativen Beamten, die die "nachrevolutionäre" Weimarer Republik mit einer Zentralarbeitsgemeinschaft, ganz im Sinne Gierkes [3] und des Reichsarbeitsgerichts beginnen wollten, sondern Hugo Stinnes und der Sozialdemokrat Legien. Ein Widerspruch in den prinzipiellen Vorstellungen von der sozialrechtlichen Gemeinschaft insbesondere zwischen Gierke und Sinzheimer läßt sich, so unangenehm diese Tatsache für manchen sein mag, nicht auffinden, im Gegenteil, was die Auffassung vom Arbeitsverhältnis betrifft, kann man sagen, daß sich Sinzheimer in Gierkescher Tradition gegen die marxistische Tradition gestellt hat.

Sinzheimer hat noch ein weiteres Interpretationsschema für das Gierkesche Sozialrecht geliefert, das gerade in letzter Zeit wieder Zuspruch gefunden hat. Diese Interpretation versucht den freiheitsfeindlichen, undemokratischen Charakter der Vorstellung von der Eingliederung und Unterordnung in die Betriebsgemeinschaft durch ein Verständnis des Gemeinschaftsrechts vom Genossenschaftsrecht aus zu beheben. Sinzheimer schlägt in seinem Nachruf den kühnen Bogen [4], indem er ausführt, Gierke habe erstmals im Genossenschaftsrecht die eigentümliche Gemeinschaft des Wirtschaftsbetriebs wahrgenommen, die den Arbeiter zugleich einem Verbandsrecht unterstellt. In dieser Auffassung liege "die Keimzelle für die wissenschaftliche Erfassung des Betriebsrats. Denn nun erkennen wir den Einbau von Freiheitsformen im Betriebe als die Wiederkehr alter genossenschaftlicher Triebe in unfreien Herrschaftsverbänden."[5] Ganz in diesem Sinne interpretiert nun Dilcher, daß sich aus Gierkes Geschichtsbild ergebe, daß mit der Vorstellung von der personenrechtlichen Gemeinschaft eine "Ergänzung

---

1 Sinzheimer, Otto v. Gierkes Bedeutung, S. 6

2 Vgl. Schriften des Vereins, Bd. 47, 1890, S. 274 f. Zusammenfassung Gierkes zur Vereinstagung über die Wirksamkeit der Gewerkvereine.

3 Vgl. Grundsätze der DNVP von 1920, a.a.O., S. 542

4 den Gierke im ersten Band des Privatrechts so angedeutet hat (vgl. oben Kapitel IV 4.), aber aus guten Gründen nicht weiterentwickelt hat.

5 Sinzheimer, Otto v. Gierkes Bedeutung, S. 4

des herrschaftlichen Verbandes durch genossenschaftliche Elemente gemeint ist. Das Thema einer Betriebsverfassung, der Mitbestimmung im Betriebe liegt damit unabweislich auf dem Tisch."[1] Dilcher schildert nun ausführlich Gierkes dialektisches Bild von Herrschaft und Genossenschaft im ersten Band des Genossenschaftsrechts, wonach sich im Verlauf der Geschichte beide Prinzipien immer wieder durchdrangen und dann ablösten [2]. Wenn Gierke nun bei den Wirtschaftsbetrieben von Herrschaftsverbänden spreche, müsse man dies vor dem Hintergrund seines dialektischen Geschichtsverständnisses verstehen und damit begreifen, daß es ihm um die Ergänzung des Herrschaftsverbandes um genossenschaftliche Elemente gehe, wenn er dieses Verhältnis als personenrechtliches analysiere [3]. Diese Interpretation meint sich auf Stellen bei Gierke stützen zu können, nach denen zeitweise die deutsche Genossenschaftsidee innerhalb der Herrschaftsverbände zur Geltung kam und sie genossenschaftlich ausformte [4]. So soll dann Gierkes Personengemeinschaft kraft herrschaftlicher Gewalt letztlich doch als Ausfluß der germanistischen Assoziationsidee und Gemeinfreienlehre scheinen. Gegen diese Interpretation scheint mir vieles zu sprechen. Richtig ist zwar, daß Gierke im Genossenschaftsrecht von einer dialektischen Entwicklung der Prinzipien von Herrschaft und Genossenschaft ausging und daß er innerhalb dieses Rahmens auch die Lösung der sozialen Frage anstrebte. Er hat diese Frage jedoch nicht offengelassen, sondern bereits eine Lösung aufgezeigt, indem er dem kapitalistischen Herrschaftsverband einmal den Widerstand in den Gewerkvereinen, perspektivisch aber die Produktivassoziation der Arbeiter als konsequent genossenschaftliche Alternative entgegensetzte. Diese Festlegung entzieht jeder späteren Uminterpretation, Gierke habe in Wirklichkeit innerhalb des betrieblichen Herrschaftsverhältnisses "genossenschaftliche Triebe" zur Geltung bringen wollen, die Grundlage [5].

---

1 Dilcher, Genossenschaftstheorie und Sozialrecht, a.a.O., S. 339

2 Dilcher, a.a.O., S. 328 f.

3 Dilcher, a.a.O., S. 338, 339

4 Gierke, Genossenschaftsrecht, Bd. I, S. 135 f., 155 f.

5 abgesehen davon, daß sich bei Gierke nichts davon findet. Eine dahingehende Begründung müßte spätestens in der Stellungnahme zu den Betriebsräten im DNVP-Programm auftauchen.
Auch im Genossenschaftsrecht, 1. Band, beschreibt Gierke neben den herrschaftlichen Genossenschaften ausdrücklich eine neue Vereinsform, die sich bereits in der Feudalzeit herausgebildet habe - die freie Einigung, die bestimmt sei dem deutschen

Außerdem sind die späteren Abhandlungen, in denen das Gemeinschaftsrecht entwickelt wird [1] keineswegs mehr von diesem dialektischen Spannungsverhältnis gekennzeichnet, sondern von der Grundidee, darzulegen, daß es schon immer Verhältnisse der Über- und Unterordnung gegeben hat. Das soziale Gemeinschaftsrecht verschließt sich auch aus diesem Grund der genossenschaftlichen Interpretation. Alleine die konkrete historische Betrachtung des Gierkeschen Werkes, die mit dem weltanschaulichen Wandel auch den Wandel in der wissenschaftlichen Fragestellung miteinbezieht, vermeidet die Auflösung bestimmter Standpunkte in einer konturlosen Dialektik. Auch wenn Gierke selbst zu dieser Deutung, oberflächlich betrachtet, Anlaß gibt, indem er alles von ihm Angestrebte der germanischen Rechtsidee zuordnet, so halte ich es aus den dargelegten Gründen für unzulässig, den späten Gierke im Lichte des frühen Gierke und umgekehrt zu interpretieren. Freiheitsformen und die Idee der sozialen Selbstbestimmung in der personenrechtlichen Gemeinschaft aufspüren zu wollen, scheint mir ein gründlicher Irrweg.

Einzig der Sinzheimer-Schüler Franz Neumann hat sich entschieden gegen den durch die Auffassung von der personenrechtlichen Gemeinschaft geprägten Institutionalismus gewandt und hat seine Funktion gerade im imperialistischen System analysiert. Anders als die Abstraktion im privatrechtlichen Personenbegriff sei die Abstraktion, die im personenrechtlichen Gemeinschaftsverhältnis von den realen Machtverhältnissen stattfinde, weitaus totaler: Mit den Rechtssubjekten verschwänden auch die Interessengegensätze in der organischen Einheit der Gemeinschaft [2]. Wegen ihres schillernden Charakters, wegen der Ablösung des Begriffs von der gesellschaftlichen Wirklichkeit habe der Institutionalismus sowohl zur Theorie der gewerkschaftlichen Sozialreform als auch des autoritäten Staates werden können. "Wenn man den Betrieb, das Unternehmen, die Aktiengesellschaft, das Monopol zur gesellschaftlichen Einrichtung erklärt, so kann damit zum Ausdruck gebracht werden, daß das Eigentum nicht mehr nur Privatsache, sondern eine gesellschaftliche Institution geworden ist ...

.. Genossenschaftswesen zu glühender Wiedergeburt zu verhelfen und das Feudalsystem zu brechen. A.a.O., S. 155

1 wie im Privatrecht, Band I und III, Wurzeln des Dienstvertrags.

2 Neumann, Funktionswandel, S. 70 f., 72

Aber diese Wirklichkeitsnähe ist in Wahrheit nur scheinbar, denn die Institution wird von den gesellschaftlichen Machtverhältnissen getrennt, in deren Zusammenhang sie allein verständlich ist." Die Gliederungstendenz des Institutionalismus sei dadurch gekennzeichnet, "daß die zerstörenden dialektischen Gruppenbildungen im Volkskörper Arbeiter und Unternehmer, Mieter und Vermieter durch synthetische, häufig reichsständische Gliederungen" zunehmend aufgehoben würden [1].

Kein Wunder, daß es gerade Franz Neumann war, der nach dem Zweiten Weltkrieg wieder vor der Übernahme des Gemeinschaftsbegriffs warnte. Der Arbeitsvertrag sei Schuld- und Gewaltverhältnis, aber keine Gemeinschaft. "Den Begriff der 'Gemeinschaft', so schön er klingen sollte, sollte man, wenn man ganz radikal ist, aus Deutschland austreiben. Gemeinschaft kann nur existieren, wo Interessenidentität existiert ... Terror kann sehr häufig die Folge einer Gemeinschaftstheorie werden, die auf eine in sich gegensätzliche Gesellschaft aufgepfropft wird."[2] Doch Terror ist nur die schärfste Konsequenz, vorher liegen noch die sozialrechtlich ausgestaltete Abwälzung von Produktionszwängen, Krisenlasten aller Art auf den Arbeiter, alles im Rahmen des vorgeblich gemeinschaftlichen Produktionsinteresses [3].

Ich stimme aber Neumann nicht zu, den Weg zurück zum Schuldrecht einzuschlagen. Dies hat zwar den Vorteil und den Schutz der berechenbaren, abgrenzbaren schuldrechtlichen Leistungspflicht [4], entkleidet aller obskuren Treue-, Friedens- und Wohlverhaltenspflichten, hat aber den Nachteil, den von Gierke und Sinzheimer nur verzerrt erfaßten gesellschaftlichen Charakter der Arbeit wieder zu negieren [5].

---

1 Neumann, Funktionswandel, S. 73

2 Neumann, Das Arbeitsrecht in der modernen Gesellschaft, RdA 51, S. 2,3

3 Sei es bei der Kündigung aus betrieblichen Gründen, bei der Zustimmung zu Rationalisierung, Entlassung und Betriebsstillegung, einschließlich der Ausarbeitung oft unzureichender Sozialpläne.

4 So auch Abbè, a.a.O., S. 347 f.

5 Letzteres Element will gerade Radbruch, Vom individualistischen zum sozialen Recht, S. 39, stärker betont sehen, der obwohl er die Gefahren des Gemeinschaftsbegriffs bereits erahnt, noch positiv auf Sinzheimer und damit letztlich Gierke Bezug nimmt. A.a.O., S. 48

Sicherlich, der Treuegedanke, der schillernde Bezug auf das Personenrecht, muß radikal aufgegeben werden [1]. Die wirkliche Alternative liegt jedoch tatsächlich in einer Gemeinschaft, einer Gemeinschaft gleichberechtigter, über ihre Produktionsmittel verfügender Produzenten, die nicht durch Verwertungszwänge eingeengt sind und auch insofern frei und bewußt zusammenarbeiten, um gesellschaftliche Bedürfnisse zu befriedigen. Dies zu erreichen, bedarf es jedoch mehr als nur rechtswissenschaftlicher Bemühung, wie nicht zuletzt auch das Scheitern des Gierkeschen Genossenschaftsgedankens beweist.

---

1 Das gilt auch für die die abgeschwächte Auffassung Pinthers vom sozialrechtlichen Schutzprinzip, die letztlich zu gleichen Ergebnissen kommt. A.a.O., S. 229

LITERATURVERZEICHNIS

ABBÈ, Ernst: Gesammelte Abhandlungen, Bd. III, Sozialpolitische Schriften, Jena 1906. Motive und Erläuterungen zum Entwurf eines Statuts der Carl Zeiss-Stiftung. Statut der Carl Zeiss-Stiftung

BERICHT ÜBER DIE VERHANDLUNGEN DES EVANGELISCH-SOZIALEN KONGRESSES nach den stenographischen Protokollen. Band 1-30; Berlin 1890-1921

BESELER, Georg: Volksrecht und Juristenrecht. Leipzig 1843

System des gemeinen deutschen Privatrechts, 2. Aufl., Berlin 1866

BEYERLE, Konrad: Gierke, in: Staatslexikon, hrsg. v. Hermann Sacher, 2. Band, Freiburg 1927, Sp. 739

BITZER, Friedrich: Der freie Arbeitsvertrag und die Arbeitsordnungen, Stuttgart 1872

BLANKE, Thomas u.a. (Hrsg.): Kollektives Arbeitsrecht. Quellentexte zur Geschichte des Arbeitsrechts. Band 1, 1840-1933, Hamburg 1975

BLUNTSCHLI, Johann-Caspar: Allgemeines Staatsrecht, München 1851

Privatrechtliches Gesetzbuch für den Kanton Zürich mit Erläuterungen, Band III, 1855

BÖCKENFÖRDE, Ernst Wolfgang: Die deutsche verfassungsgeschichtliche Forschung im 19. Jahrhundert. Zeitgebundene Fragestellungen und Leitbilder, Berlin 1961

BOEHMER, Gustav: Grundlagen der bürgerlichen Rechtsordnung. Dogmengeschichtliche Grundlagen des bürgerlichen Rechts, Tübingen 1951

BOESE, Franz: Die Geschichte des Vereins für Sozialpolitik 1872-1932, Berlin 1939

BRAKELMANN, Günter: Die soziale Frage des 19. Jahrhunderts.
Teil I: Die industrielle Revolution, Der Frühsozialismus, Der Marxismus, Die Arbeiterbewegung, Witten 1962
Teil II: Die evangelisch soziale und die katholisch soziale Bewegung, Witten 1962

BRENTANO, Lujo: Mein Leben im Kampf um die soziale Entwicklung Deutschlands, Jena 1931

BRÜGGEMEIER, Gert: Entwicklung des Rechts im organisierten Kapitalismus. Materialien zum Wirtschaftsrecht. Band 1, Frankfurt 1978

BUECK, Henry Axel: Kathedersozialismus, in: Verhandlungen, Mitteilungen, Berichte des Zentralverbands Deutscher Industrieller, Nr. 104, Berlin 1906, S. 214 f.

CONRAD, Else: Der Verein für Sozialpolitik und seine Wirksamkeit auf dem Gebiet der gewerblichen Arbeiterfrage, Jena 1906

CONZE, Werner: Quellen zur Geschichte der deutschen Bauernbefreiung, Göttingen 1957

DEIST, Wilhelm: Militär und Innenpolitik im Weltkrieg 1914-1918, Düsseldorf 1970

DENECKE, Johannes: Vermögensrechtliches oder personenrechtliches Arbeitsverhältnis, in: Deutsches Arbeitsrecht, 1934, S. 219 f.

DIERKOPF, Herbert: Vorgeschichte, Entstehung und Auswirkung des vaterländischen Hilfsdienstgesetzes. Jur. Diss. Straßfurt 1937

DILCHER, Gerhard: Genossenschaftstheorie und Sozialrecht: ein "Juristensozialismus" Otto von Gierkes?, in: Quaderni fiorentini, hrsg. v. Paolo Grossi, Bd. 3, 4, Florenz 1974/75

Das Genossenschaftsbild der Rechtswissenschaft und die soziale Frage, in: Das wilhelminische Bildungsbürgertum, Hrsg. Klaus Vondung, Göttingen 1976, S. 53 f.

EBEL, Wilhelm: Gewerbliches Arbeitsvertragsrecht im deutschen Mittelalter, Weimar 1934

Zum Ursprung des Arbeitsvertrags, in: Zeitschrift für die gesamte Staatswissenschaft, Bd. 96, 1936, S. 319-336

Quellen zur Geschichte des deutschen Arbeitsrechts, Göttingen 1964

Deutsches Recht und deutscher Staat. Otto von Gierke (1841-1921) Paul Laband (1838-1918), in: Leben und Leistung. Burschenschaftliche Lebensläufe, Heidelberg 1965, S. 78 f.

ENGELS, Friedrich: Die Mark, Marx-Engels Werke (MEW), Bd. 19, S. 317 f.

Die fränkische Zeit, MEW Bd. 19, S. 474 f.

ENGELS, Friedrich: Der Ursprung der Familie, des Privateigentums, und des Staates, 1. Aufl. 1884, MEW Bd. 21, S. 30 f.

Brief an Kautsky v. 26.6.1884, MEW Bd. 36, S. 167 f.

FAUST, Helmut: Ursprung und Aufbruch der Genossenschaftsbewegung, Neuwied 1958

FICHTE, Johann Gottlieb: Das System der Sittenlehre nach den Prinzipien der Wissenschaftslehre, Sämtliche Werke, Bd. IV, 1798, S. 221 f.

FLUME, Werner: Allgemeiner Teil des BGB, 2. Bd. Das Rechtsgeschäft, Heidelberg 1965

FRAENKEL, Ernst: Hugo Sinzheimer, JZ 1958, S. 457 f.

GECK, L.H. Adolph: Zur Sozialreform des Rechts, Stuttgart 1957

Über das Eindringen des Wortes sozial in die deutsche Sprache, Göttingen 1963

GIERKE, Julius v.: Genossenschaftsrecht, in: Handwörterbuch der Rechtswissenschaft, 2. Bd., Berlin/Leipzig 1927, S. 705 f.

GIERKE, Otto von: Das deutsche Genossenschaftsrecht. 1. Bd. Rechtsgeschichte der deutschen Genossenschaft, Berlin 1868

Das deutsche Genossenschaftsrecht, 2. Bd. Geschichte des deutschen Körperschaftsbegriffs, Berlin 1873

Die Grundbegriffe des Staatsrechts und die neuesten Staatstheorien, 1874; unveränderter Nachdruck, Tübingen 1915

Das alte und das neue deutsche Reich. Vortrag gehalten zu Breslau am 7. December 1873, in: Deutsche Zeit- und Streitfragen, Jg. III, Berlin 1874

Genossenschaftswesen, in: Bluntschli's Staatswörterbuch in drei Bänden mit Nachträgen auf Grundlage des "Deutschen Staatswörterbuchs" von Bluntschli und Brater in elf Bänden. 2. Ausgabe, 1. Band, Leipzig/Stuttgart 1875, Hrsg. Dr. Löning, S. 775 f.

Das deutsche Genossenschaftsrecht, 3. Bd., Die Staats- und Korporationslehre des Altertums und des Mittelalters, Berlin 1881

Die Genossenschaftstheorie und die deutsche Rechtsprechung, Berlin 1887

An welche rechtlichen Voraussetzungen kann die freie Korporationsbildung geknüpft werden?, in: Verhandlungen des 19. Deutschen Juristentags, Berlin 1888, Band II, Gutachten, S. 259-311, Band III, Beiträge, S. 220 f.

GIERKE, Otto von: Der Entwurf des bürgerlichen Gesetzbuchs und das deutsche Recht, in: Schmollers Jahrbuch für Gesetzgebung, Verwaltung und Volkswirtschaft, 12. Jg., 1888, S. 843 f., 1179 f.; 13. Jg., 1889, S. 183 f., S. 723 f., hier zit. aus: Unveränderte und vermehrte Ausgabe dieser Abhandlung, Leipzig 1889

Die soziale Aufgabe des Privatrechts, Berlin 1889

Georg Beseler, Zeitschrift der Savigny-Stiftung für Rechtsgeschichte, Germ.Abt. Bd. 10, 1889, S. 1 f.

Personengemeinschaften und Vermögensinbegriffe in dem Entwurf eines BGB für das deutsche Reich, in: Beiträge zur Erläuterung und Beurteilung des Entwurfs eines BGB, hrsg. v. E.J. Bekker, O. Fischer, 18. Heft, Berlin 1889

Deutsches Privatrecht, Bd. 1, Allgemeiner Teil und Personenrecht, hrsg. v. Karl Binding. Systematisches Handbuch der deutschen Rechtswissenschaft, München 1895

Diskussionsbeitrag zu Sohm über den 2. BGB-Entwurf, in: 37. Jahresbericht über die Wirksamkeit der juristischen Gesellschaft zu Berlin, 1895/96, S. 29 f.

Das bürgerliche Gesetzbuch und der deutsche Reichstag, Berlin 1896

Vereine ohne Rechtsfähigkeit nach dem neuen Rechte. Berlin 1900

Handelsgesellschaftsrecht und bürgerliches Recht. Vortrag in der juristischen Gesellschaft zu Berlin, in: Archiv für bürgerliches Recht, Bd. 19, Berlin 1901, S. 114 f.

Das Wesen der menschlichen Verbände. Rektoratsrede vor der Universität Berlin vom 15.10.1902, Nachdruck Darmstadt 1954

Die historische Rechtsschule und die Germanisten, Berlin 1903

Deutsches Privatrecht, Bd. 2, Sachenrecht, hrsg. von Karl Binding. Systematisches Handbuch der deutschen Rechtswissenschaft, Leipzig 1905

Schuld und Haftung im älteren deutschen Recht, insbesondere die Form der Schuld- und Haftungsgeschäfte, in: Untersuchungen zur deutschen Staats- und Rechtsgeschichte, Heft 100, Breslau 1910

Die Abschaffung der Todesstrafe, in: DJZ XVI, Nr. 4, 15.2.1911, Sp. 233-235

Das deutsche Genossenschaftsrecht, Bd. 4, Die Staats- und Korporationslehre der Neuzeit, Berlin 1913

GIERKE, Otto von: Grundzüge des Handelsrechts, in: Holtzendorff-Kohler, Enzyklopädie der Rechtswissenschaft, 2. Aufl., München - Leipzig 1913

Dauernde Schuldverhältnisse, in: Iherings Jahrbücher für die Dogmatik des bürgerlichen Rechts Bd. 64, 1914, S. 355 f.

Die Wurzeln des Dienstvertrags, in: Festschrift für Heinrich Brunner, München - Leipzig 1914

Krieg und Kultur. Deutsche Reden in schwerer Zeit I, 18. Sept. 1914, S. 75 f.

Volksgeist, in: Der (rote) Tag Nr. 203/204 vom 38.8./1.9.1914

Das Recht und der Krieg, in: Gruchots Beiträge zur Erläuterung des deutschen Rechts, LIX, 1915, S. 3 f.

Der deutsche Volksgeist im Kriege. Heft 46 der Sammlung: Der deutsche Krieg, Berlin 1915

Recht und Sittlichkeit, in: Logos, Internationale Zeitschrift für Philosophie der Kultur, Bd. VI, 1916/17, Heft 3, Tübingen, S. 256 f.

Unsere Friedensziele, Berlin 1917

Deutsches Privatrecht, Bd. 3, Schuldrecht, hrsg. von Karl Binding, Systematisches Handbuch der deutschen Rechtswissenschaft, München - Leipzig 1917

Die Zukunft des Tarifvertragsrechts, in: Archiv für Sozialwissenschaft und Sozialpolitik, Bd. XLII, Heft 3, Mai 1917, S. 815 f.

Parteilose Wähler, in: Der (rote) Tag Nr. 259/260 vom 3.11./5.11.1918

Der germanische Staatsgedanke, in: Staat, Recht und Volk, 5. Heft, Berlin 1919

Einige Wünsche an die Deutschnationale Partei, in: Der (rote) Tag, Nr. 234/235 vom 23./24.10. 1920

GÖHRE, Paul: Die evangelisch-soziale Bewegung, Leipzig 1896

GREBING, Helga: Geschichte der deutschen Arbeiterbewegung, München 1970

GRIMM, Dieter: Zur politischen Funktion der Trennung von öffentlichem und privatem Recht in Deutschland, in: Studien zur Europäischen Rechtsgeschichte, Hrsg. Walter Wilhelm, Frankfurt 1972

GURWITSCH, Georg: Otto v. Gierke als Rechtsphilosoph, in: Logos, Internationale Zeitschrift für Philosophie der Kultur, Bd. 11, 1922/23, S. 86 f.

HANAU; ADOMEIT: Arbeitsrecht, 2. Aufl., Frankfurt 1973

HARNACK, Adolf v. (Hrsg.): Seckel, Kahl, Herkner: Zum Gedächtnis von Otto v. Gierke, Privatdruck, Berlin 1921

HEGEL, Georg Wilhelm Friedrich: Grundlinien der Philosophie des Rechts, hrsg. v. J. Hoffmeister, 4. Aufl., Berlin 1956

HEILFROMM, Eduard (Hrsg.): Die deutsche Nationalversammlung im Jahre 1919, Stenographischer Bericht, Berlin 1919

HERKNER, Heinrich: Die Arbeiterfrage, 8. Aufl., Leipzig 1922
1. Band: Arbeiterfrage und Sozialreform
2. Band: Soziale Theorien und Parteien

HEYMANN, E.: Geschichte der Berliner Juristenfakultät. DJZ XV. Jg. 1910, Sp. 1103 f.

HUBER, Victor Aimé: 'Assoziation' und 'Arbeitende Klasseen', in: Deutsches Staatswörterbuch, hrsg. von Johann C. Bluntschli und K. Brater, 1. Aufl., Stuttgart - Leipzig 1857, Band 1, S. 456 f. und S. 279 f.

Concordia. Beiträge zur Lösung der sozialen Frage, In zwanglosen Heften, Heft 1 folgende, Altona 1861

Die genossenschaftliche Selbsthilfe der arbeitenden Klassen, Elberfeld 1865

Die arbeitenden Klassen, in: Bluntschli's Staatswörterbuch, 2. Ausgabe, 1. Band, Leipzig - Stuttgart 1875, Hrsg. Dr. Löning, S. 87 f.

HUECK, Alfred: Der Treuegedanke im modernen Privatrecht, München 1947

HUECK; NIPPERDEY: Lehrbuch des Arbeitsrechts, Bd. 1, 2. Aufl., Berlin 1928; 7. Aufl., Berlin 1963

HUNKE, Hildburg: Germanische Freiheit im Verständnis der deutschen Rechts- und Verfassungsgeschichtsschreibung, Göttingen 1972

ISELE, Hellmut Georg: Die Bedeutung Otto v. Gierkes für das moderne Arbeitsrecht, in: Eranion in Honorem G.S. Maridakis, Vol. II, 1963, S. 285 f.

Das Arbeitsverhältnis in der Zivilrechtsordnung, in: Juristenjahrbuch Bd. 8., Köln 1967/68

Otto von Gierke, in: Handwörterbuch zur deutschen Rechtsgeschichte, Band I, Berlin 1971, Sp. 1684-1687

JANSSEN, Albert: Otto von Gierkes Methode der geschichtlichen Rechtswissenschaft. Göttinger Studien zur Rechtsgeschichte, Göttingen 1974

JOBS, Friedhelm: Otto v. Gierke und das moderne Arbeitsrecht. Diss. jur. Frankfurt 1968

KAHN-FREUND, Otto: Das soziale Ideal des Reichsarbeitsgerichts 1931, in: Ramm (Hrsg.): Arbeitsrecht und Politik, Neuwied 1966, S. 149

Funktionswandel des Arbeitsrechts, in: Ramm (Hrsg.): Arbeitsrecht und Politik, Neuwied 1966, S. 211 f.

Hugo Sinzheimer, Einleitung, in: Arbeitsrecht und Rechtssoziologie, Frankfurt-Köln 1976

KAISER, Andreas: Zum Verhältnis von Vertragsfreiheit und Gesellschaftsordnung während des 19. Jahrhunderts. Diss. jur. Berlin 1973

Industrielle Revolution und Privatautonomie, in: Kritische Justiz 1976, S. 60 f.

KANT, Immanuel: Metaphysik der Sitten. Ausgabe Vorländer, unveränderter Nachdruck, Berlin 1959

KASKEL, Walter: Begriff und Gegenstand des Sozialrechts als Rechtsdisziplin und Lehrfach, DJZ, 23. Jg., 1918, Sp. 541 f.

KIEFNER, Hans: Der Einfluß Kants auf Theorie und Praxis des Zivilrechts im 19. Jahrhundert, in: Philosophie und Rechtswissenschaft, hrsg. v. Blühdorn, Ritter, Frankfurt 1969

KILIAN, Winfried: Soziale Selbstbestimmung und Tarifvertrag. Diss. jur. Frankfurt 1965

KOCKA, Jürgen: Klassengesellschaft im Krieg. Deutsche Sozialgeschichte 1914-1918, Göttingen 1973

KORSCH, Karl: Der tote Sinzheimer und der lebende Marx. Internationale Pressekorrespondenz, Deutsche Ausgabe, 2. Jg. 1922, Nr. 244, S. 1843/44

KRAUSE, Hermann: Der deutschrechtliche Anteil an der heutigen Privatrechtsordnung, JuS 1970, S. 313 f.

KRUPA, Hans: Genossenschaftslehre und politische Neutralität. Über den Standort der Genossenschaftstheorie Otto v. Gierkes in der deutschen Staatswissenschaft des 19. Jahrhunderts, in: Schmollers Jahrbuch für Gesetzgebung, Verwaltung, Volkswirtschaft, Bd. 66, 1942, S. 723 f.

KUCZYNSKI, Jürgen: Die Bewegung der deutschen Wirtschaft von 1800 - 1946, 2. Aufl., Meisenheim 1948

Die Geschichte der Lage der Arbeiter unter dem Kapitalismus; Bd. 4 1900-1917, Berlin 1967; Bd. 13, Berlin 1961

LARENZ, Karl: Allgemeiner Teil des deutschen bürgerlichen Rechts, 1. Aufl., München 1967

LASALLE, Ferdinand: Reden und Schriften, hrsg. v. Ludwig Maener, Berlin 1926

LAUFS, Adolf: Genossenschaftsdoktrin und Genossenschaftsgesetzgebung, JuS 1968, S. 311 f.

LEWIS, John Donald: The Genossenschaft - theory of Otto von Gierke: A study in Political Thought. Madison USA 1935

LIEBE, Werner: Die deutsch-nationale Volkspartei, 1918-1924, Düsseldorf 1956

LINDENLAUB, Dieter: Richtungskämpfe im Verein für Sozialpolitik. Vierteljahresschrift für Sozial- und Wirtschaftsgeschichte, Wiesbaden 1967

LOTMAR, Philipp: Der Arbeitsvertrag nach dem Privatrecht des deutschen Reiches, Bd. 1 Leipzig 1902; Bd. 2 Leipzig 1908

LÜBBE, Hermann: Politische Philosophie in Deutschland, Basel 1963

LUXEMBURG, Rosa: Hohle Nüsse. Leipziger Volkszeitung, 22.7.1899. Gesammelte Werke, Band 1, S. 481 f.

LUXEMBURG, Rosa: Zwischen Hammer und Amboß, Sozialdemokratische Korrespondenz, Nr. 54 vom 14.5.1914; Gesammelte Werke Bd. 3, S. 446 f.

MARX, Karl: Vorwort zur Kritik der politischen Ökonomie, MEW 13, S. 7 f.

Lohn, Preis, Profit, MEW 16, S. 120 f.

Instruktionen für die Delegierten des provisorischen Zentralrats zu den einzelnen Fragen, MEW 16, S. 195

Kritik des Gothaer Programms. Randglossen zum Programm der deutschen Arbeiterpartei 1875, MEW 19, S. 15 f.

Das Kapital. Kritik der politischen Ökonomie, Bd. 1, 1. Aufl. 1867, MEW 23, S. 1 f.

Grundriß der Kritik der politischen Ökonomie, Moskau 1939, unveränderter Nachdruck Frankfurt 1970

MARX; ENGELS: Manifest der kommunistischen Partei, 1. Aufl., London 1848, MEW 4, S. 460 f.

Deutsche Ideologie, MEW 3, S. 1 f.

MEHRING, Franz: Deutsche Geschichte des 18. und 19. Jahrhunderts, Nachdruck Berlin 1973

MENGER, Anton: Das bürgerliche Recht und die besitzlosen Volksklassen, 1. Aufl., Tübingen 1890

Über die sozialen Aufgaben der Rechtswissenschaft, Wien 1895

MERTENS, Hans Georg: Otto von Gierke (11.1.1841-10.10.1921) Zum 50. Todestag des großen Germanisten. JuS 1971, S. 508 f.

MOGI, Sobei: Otto von Gierke, His political teaching and jurisprudence, London 1932

MOMMSEN, Wilhelm: Deutsche Parteiprogramme, München 1960

Das Zeitalter des Imperialismus. Fischer Weltgeschichte, Frankfurt 1969

MÜLLER, Georg: Otto v. Gierke, 11. Januar 1841 bis 10. Oktober 1921. Zum Gedächtnis deutschrechtlicher Heldenzeit, in: Archiv für Urheber-, Film- und Theaterrecht, Bd. 14, 1941, S. 1 f.

MUNDT, Hans Werner: Sozialpolitische Wertungen als methodischer Ansatz in Gierkes privatrechtlichen Schriften, Diss. jur. Frankfurt 1976

NATORP, Paul: Der Tag des Deutschen. Vier Kriegsaufsätze, Hagen 1915

NEUMANN, Franz: Funktionswandel des Gesetzes im Recht der bürgerlichen Gesellschaft, Paris 1937; zit. nach: Demokratischer und autoritärer Staat, Frankfurt 1967

Das Arbeitsrecht in der modernen Gesellschaft, RdA 1951, S. 1 f.

OGRIS, Werner: Geschichte des Arbeitsrechts vom Mittelalter bis in das 19. Jahrhundert, RdA, 1967, S. 286 f.

PASCHUKANIS, Eugen: Allgemeine Rechtslehre und Marxismus, 2. Aufl., Frankfurt 1969

PAULSEN, Ingwer: Viktor Aimé Huber als Sozialpolitiker, 2. Aufl., Berlin 1956

PFEIFFER, Eduard: Über Genossenschaftswesen. Was ist der Arbeiterstand und was kann er werden? Leipzig 1863

PINTHER, Helmut: Ist das Arbeitsverhältnis ein personenrechtliches Gemeinschaftsverhältnis? AuR 1961, S. 225 f.

PLANITZ, Hans: Otto von Gierke. In: Deutsches Biographisches Jahrbuch, Bd. III; Das Jahr 1921. Stuttgart 1927, S. 110 f.

POTTHOFF, Heinz: Der Krieg als Erzieher zum Sozialen, Flugschriften des Dürerbundes, 1915

Erziehung zur sozialen Kultur, Heft 12, Bonn 1915

Krieg und Sozialpolitik, Tatflugschriften, 1915

Ist das Arbeitsverhältnis ein Schuldverhältnis?, in: Arbeitsrecht, Jahrbuch für das gesamte Dienstrecht der Arbeiter, Angestellten und Beamten, 1922, S. 268 f.

Das deutsche Arbeitsrecht, Berlin 1935, Handbuch für Vertrauensräte, Betriebsführer und Gefolgschaft

PUCHTA, Georg Friedrich: Cursus der Institutionen, Bd. 1, Leipzig 1841

RADBRUCH, Gustav: Vom individualistischen zum sozialen Recht, Hanseatische Rechts- und Gerichtszeitschrift, September 1930; nachgedruckt in: Der Mensch im Recht, 2. Aufl., Göttingen 1957, S. 35 f.

Klassenrecht und Rechtsidee, in: Zeitschrift für Soziales Recht, 1. Jg., Nr. 2, 1929, S. 10 f.

RAUMER, Hans v.: Die Zentralarbeitsgemeinschaft, in: Der Weg zum industriellen Spitzenverband, Frankfurt 1956

SAVIGNY, Friedrich Carl v.: Vom Beruf unserer Zeit für Gesetzgebung und Rechtswissenschaft, 1. Aufl., Heidelberg 1814

Das Obligationenrecht als Teil des heutigen römischen Rechts, Bd. 1, Berlin 1851

System des heutigen römischen Rechts, Band I-VIII, Berlin 1840-49

SCHMID, Felix: Sozialrecht und Recht der sozialen Sicherheit, Diss. jur. München 1979

SCHMOLLER, Gustav: 20 Jahre deutsche Politik 1897-1917. Schriftensammlung München-Leipzig 1920

SCHOLLER, Heinrich (Hrsg.): Die Grundrechtsdiskussion in der Paulskirche, Darmstadt 1973

SCHRAEPLER, Ernst: Quellen zur Geschichte der sozialen Frage in Deutschland, Bd. 1, 1800-1870, Göttingen 1955; Bd. 2, 1871-Gegenwart, Göttingen 1957

SCHRIFTEN DES VEREINS FÜR SOZIALPOLITIK, Bd. 1-188, Leipzig 1873-1939

SCHULTZE, Alfred: Otto v. Gierke als Dogmatiker des bürgerlichen Rechts, in: Iherings Jahrbücher für Dogmatik des bürgerlichen Rechts, Bd. 73, NF 37, 1922, S. I f.

SCHWABE, Klaus: Wissenschaft und Kriegsmoral. Die deutschen Hochschullehrer im 1. Weltkrieg, Frankfurt 1969

SCHWERDTNER, Peter: Fürsorge- und Entgelttheorie im Recht der Arbeitsbedingungen, Bochum 1969

SCHWERIN, Freiherr von: Otto von Gierke. Ein Nachruf, in: Leipziger Zeitung für deutsches Recht, XV. Jg., 1921, S. 634 f.

SEELMANN, Kurt: Sozialismus und soziales Recht bei Gustav Radbruch, Diss. jur. München 1973

SIEBERT, Wolfgang: Das Arbeitsverhältnis in der Ordnung der nationalen Arbeit, Hamburg 1935

Faktische Vertragsverhältnisse. Abwandlungen des Vertragsrechts in dem Bereich der Daseinsvorsorge, des Gesellschaftsrechts und des Arbeitsrechts, in: Schriftenreihe der juristischen Studiengesellschaft Karlsruhe, Heft 41, 1958

SIEBERT, Wolfgang: Das Arbeitsverhältnis als personenrechtliches (sozialrechtliches) Rechtsverhältnis, DAR 1935, S. 95-100

SIMITIS, Spiros: Die faktischen Vertragsverhältnisse als Ausdruck der gewandelten sozialen Funktion der Rechtsindstitute des Privatrechts, Frankfurt 1957

SINZHEIMER, Hugo: Der korporative Arbeitsnormenvertrag, Bd. I/II, 1. Aufl., Berlin 1907/08, 2. Aufl., Berlin 1977

Ein Arbeitstarifgesetz. Die Idee der sozialen Selbstbestimmung im Recht, München-Leipzig 1916

Ein Mahnruf, in: Arbeitsrecht, Jahrbuch für das gesamte Dienstrecht der Arbeiter, Angestellten und Beamten, 1916, S. 33 f.

Das Gesetz über den vaterländischen Hilfsdienst vom 5.12.1916, in: Arbeitsrecht, Jahrbuch für das gesamte Dienstrecht der Arbeiter, Angestellten und Beamten, 1917, S. 65 f.

Die Entwicklung des sozialen Gedankens im Arbeitsrecht, in: Arbeitsrecht, Jahrbuch für das gesamte Dienstrecht der Arbeiter, Angestellten und Beamten, 1922, S. 433 f.

Otto v. Gierkes Bedeutung für das Arbeitsrecht, in: Arbeitsrecht, Jahrbuch für das gesamte Dienstrecht der Arbeiter, Angestellten und Beamten, 1922, S. 1 f.

SÖLLNER, Alfred: Der industrielle Arbeitsvertrag in der deutschen Rechtswissenschaft des 19. Jahrhunderts, in: Walter Wilhelm (Hrsg.), Studien zur europäischen Rechtsgeschichte, Frankfurt 1972

SOHM, Rudolf: Die sozialen Aufgaben des modernen Staates. Sonderdruck aus: Cosmopolis Okt./Nov. 1897, Leipzig 1898

Der Entwurf zu einem bürgerlichen Gesetzbuch für das deutsche Recht in 2. Lesung, 1896

STINTZING; LANDSBERG: Geschichte der deutschen Rechtswissenschaft, Dritte Abteilung, Zweiter Halbband, München-Berlin 1910

STOLLEIS, Michael: Gemeinwohlformeln im nationalsozialistischen Recht, München 1973

STUTZ, Ulrich: Zur Erinnerung an Otto v. Gierke, in: Zeitschrift der Savigny-Stiftung für Rechtsgeschichte. Germ. Abt. Bd. 43, 1922, S. I f.

TEUTEBERG, Hans-Jürgen: Die Doktrin des ökonomischen Liberalismus und ihre Gegner, dargestellt an der prinzipiellen Erörterung des Arbeitsvertrags im "Verein für Socialpolitik" (1872-1905), in: Wissenschaft und Kodifikation des Privatrechts im 19. Jahrhundert. Hrsg.: H. Coing, W. Wilhelm, Frankfurt 1977

TREUE, Wolfgang: Deutsche Parteiprogramme seit 1861; Programm der Sozialdemokratischen Arbeiterpartei, Gotha 1875; Göttingen 1968

UNTERSEHER, Lutz: Arbeitsvertrag und innerbetriebliche Herrschaft, Frankfurt 1969

VÖLKERLING, Fritz: Der deutsche Kathedersozialismus, Berlin 1959

VONDUNG, Klaus: Das wilhelminische Bildungsbürgertum, Zur Sozialgeschichte seiner Ideen. Göttingen 1976

WAGNER, Adolph: Grundlegung der politischen Ökonomie, Zweiter Teil: Volkswirtschaft und Recht, 3. Aufl., Leipzig 1894

WIEACKER, Franz: Das Sozialmodell der klassischen Privatrechtsgesetzbücher und die Entwicklung der modernen Gesellschaft. Vortrag gehalten vor der jur. Studiengesellschaft in Karlsruhe am 12.12.1952, Karlsruhe 1952

Privatrechtsgeschichte der Neuzeit unter besonderer Berücksichtigung der deutschen Entwicklung, 2. Aufl., Göttingen 1967

Pandektenwissenschaft und industrielle Revolution, Juristenjahrbuch Bd. 9, 1968/69, S. 1 f.

WIELAND, Karl: Gierke und das Handelsrecht. Zeitschrift für das gesamte Handels- und Konkursrecht, Bd. 86, 1923, S. 269 f.

WIGARD, Franz (Hrsg.): Stenographischer Bericht über die Verhandlungen der deutschen konstituierenden Nationalversammlung, Frankfurt 1849

WITTROCK, Gerhard: Die Kathedersozialisten bis zur Eisenacher Versammlung 1872, Berlin 1939

WOLF, Erik: Große Rechtsdenker der deutschen Geistesgeschichte, 1. Aufl., Tübingen 1939; 4. Aufl., Tübingen 1963

ZÖLLNER, Wolfgang: Privatautonomie und Arbeitsverhältnis, in: AcP, Bd. 176, Tübingen 1976, S. 221 f.

ZYCHA, Adolf: Deutsche Rechtsgeschichte der Neuzeit, 1. Aufl., Weimar 1937

RECHTSHISTORISCHE REIHE

Band 1 Studien zu den germanischen Volksrechten. Gedächtnisschrift für Wilhelm Ebel. Vorträge gehalten auf dem Fest-Symposion anläßlich des 70. Geburtstages von Wilhelm Ebel am 16. Juni 1978 in Göttingen. Götz Landwehr (Hrsg.) 1982.

Band 2 Hans Poeschel: Die Statuten der Banken, Sparkassen und Kreditgenossenschaften in Hamburg und Altona von 1710 bis 1889. 1978.

Band 3 Thomas Kolbeck: Juristenschwemmen, Untersuchungen über den juristischen Arbeitsmarkt im 19. und 20. Jahrhundert. 1978.

Band 4 Norbert Hempel: Richterleitbilder in der Weimarer Republik. 1978.

Band 6 Martin C. Lockert: Die niedersächsischen Stadtrechte zwischen Aller und Weser. Vorkommen und Verflechtungen. Eine Bestandsaufnahme. 1979.

Band 7 Joachim Rückert/Wolfgang Friedrich: Betriebliche Arbeitsausschüsse in Deutschland, Großbritannien und Frankreich im späten 19. und frühen 20. Jahrhundert. Eine vergleichende Studie zur Entwicklung des kollektiven Arbeitsrechts. 1979.

Band 8 Peter Bender: Die Rezeption des römischen Rechts im Urteil der deutschen Rechtswissenschaft. 1979.

Band 9 Friedrich Karl Alsdorf: Untersuchungen zur Rechtsgestalt und Teilung deutscher Ganerbenburgen. 1980.

Band 10 Dietmar Willoweit/Winfried Schich (Hrsg.): Studien zur Geschichte des sächsisch-magdeburgischen Rechts in Deutschland und Polen (Sammelband). 1980.

Band 11 Brigitte Hempel: Der Entwurf einer Polizeiordnung für das Herzogtum Sachsen-Lauenburg aus dem Jahre 1591. 1980.

Band 12 Klaus-Detlev Godau-Schüttke: Rechtsverwalter des Reiches Staatssekretär Dr. Curt Joel. 1981.

Band 13 Rainer Polley: Anton Friedrich Justus Thibaut (AD 1772-1840) in seinen Selbstzeugnissen und Briefen. Band 1: Abhandlung. Band 2: Register zum Briefwechsel. In Vorbereitung.

Band 14 Michael Wettengel: Der Streit um die Vogtei Kelkheim 1275-1276. Ein kanonischer Prozeß. 1981.

Band 15 Otto Wilhelm Krause: Naturrechtler des sechzehnten Jahrhunderts. Ihre Bedeutung für die Entwicklung eines natürlichen Privatrechts. 1982.

Band 16 Helga Spindler: Von der Genossenschaft zur Betriebsgemeinschaft. Kritische Darstellung der Sozialrechtslehre Otto von Gierkes. 1982.

ALSDORF, FRIEDRICH KARL
UNTERSUCHUNGEN ZUR RECHTSGESTALT UND TEILUNG
DEUTSCHER GANERBENBURGEN

Frankfurt/M., Bern, Cirencester/U.K., 1980. 218 S.
RECHTSHISTORISCHE REIHE. Bd. 9
ISBN 3-8204-6408-5 br. sFr. 40.-- *)

An etwa 150 ausgewählten Burgen, Schlössern und Ruinen wird die Vielgestaltigkeit mittelalterlicher Besitzverhältnisse dargestellt. Ganerbenburgen als Mittelpunkte von Ganerbschaften standen im gemeinschaftlichen Besitz von Rittern. Verschiedene Arten von Ganerbenburgen werden auf ihre Rechtsgestalt hin untersucht und systematisiert. Ein Vergleich zeigt die enge Verwandtschaft der juristischen Konstruktion von damals mit dem Wohnungseigentumsgesetz vom 15. März 1951.

Aus dem Inhalt: Verbreitungsgebiet - System einer Ganerbschaft - Probleme bei ungeteilten, ideell oder real geteilten Ganerbenburgen - Mischformen - Vergleich mit dem modernen Wohnungseigentum.

GODAU-SCHÜTTKE, KLAUS-DETLEV
RECHTSVERWALTER DES REICHES
STAATSSEKRETÄR DR. CURT JOEL

Frankfurt/M., Bern, 1981. 241 S. 4 Bilder und 2 Karikaturen.
RECHTSHISTORISCHE REIHE. Bd. 12
ISBN 3-8204-6415-8 br. sFr. 55.-- *)

Biographie von Dr. Curt Joel, der aus dem kaiserlichen Reichsjustizamt kommend von 1920 bis 1932 als Staatssekretär und im Kabinett Brüning II als Minister dem Reichsjustizministerium bei ständig wechselnden Ministern vorstand. Ziel der Arbeit ist es, nicht nur den Lebensweg Joels - der nach der nationalsozialistischen Rassenideologie als "Volljude" geltend durch die Hilfe einflußreicher Freunde überleben konnte - aufzuzeigen, sondern auch seinen Einfluß auf die Justizpolitik der Weimarer Republik zu durchleuchten.

Aus dem Inhalt: Joels Politik gegenüber der NSDAP - Joel als juristischer Berater Brünings bei der Notverordnungspolitik und sein Einfluß auf die Personalpolitik im Reichsjustizministerium und auf die Besetzung des Reichsgerichts und der Reichsanwaltschaft.

---

*) unverbindliche Preisempfehlung

Printed by
CPI books GmbH, Leck

FSC
www.fsc.org
MIX
Papier | Fördert gute Waldnutzung
FSC® C083411

Kolibri 360 GmbH
Ferdinand-Jühlke-Straße 7
99095 Erfurt, Deutschland
produktsicherheit@kolibri360.de